Šri Mata Amritanandamayi

Biografija

Njeno življenje in
izkušnje njenih častilcev

Svami Amritasvarupananda

Mata Amritanandamayi Center, San Ramon
California, Združene države

Šri Mata Amritanandamayi, Biografija

Izdal:
Mata Amritanandamayi Center
P.O. Box 613
San Ramon, CA 94583
Združene države

———————— *Amma's Biography (Slovenian)* ————————

Prva slovenska izdaja MA Center: april 2016

V Sloveniji
www.amma.si
amma.slovenia@gmail.com

V Evropi: www.amma-europe.org

V Indiji:
www.amritapuri.org
www.embracingtheworld.org
inform@amritapuri.org

Zahvale

Mnogo dogodkov v tej knjigi je povzetih iz knjige »Biografija svete Matere«, ki jo je v jeziku malajalam napisal profesor M. Ramakrishnan Nair, kateremu dolgujemo iskreno zahvalo. Zahvaljujemo se tudi vsem ostalim, ki so kakorkoli sodelovali pri objavi pričujoče knjige.

Vsebina

Pesmi

Uvod

Pradīpajvālabhirdivasakaranīrājanavidhiḥ
sudhāsūteścandrōpalajalalavairardhyyaracanā
svakīyairambhōbhiḥ salilanidhisauhityakaranam
tvadīyābhirvāgbhistava janani vācām stutiriyam

*O Mati! Ta hvalospev besed Tebi na čast, ki si ga s Svojimi
lastnimi besedami sestavila Sama, je kot čaščenje luči v
čast soncu, ki ga častijo njegovi lastni žarki, daritev vode,
ki izvira iz mesečevega kamna v čast lune in zadovoljnost
oceana nad njegovimi lastnimi vodami.*

Saundarja Lahari, 100. verz

Tu je z mističnim pristopom do vsakogar in vseh, s katero se lahko
pogovarjate in v navzočnosti katere lahko občutite Boga. Ponižna
je, toda neomajna kot zemlja. Preprosta je, a lepa kot polna luna. Je
Ljubezen, je Resnica, je utelešenje odpovedi in samožrtvovanja. Ne
le uči, ampak tudi dela. Daje vse in ne vzame ničesar. Je mehka kot
cvetlica, vendar trdna kot diamant. Je velik Mojster in velika Mati.
Takšna je Mata Amritanandamayi.

Rodila se je s popolnim zavedanjem. Ko je prestala in razodela
(ne vemo kakšno) strogo sadhano (duhovno disciplino), je ves svet
objela z ljubeznijo in sočutjem neopisljivih dimenzij, z ljubeznijo in
sočutjem, ki je njena prava narava in vse njeno bitje.

Že od najnežnejšega otroštva je brez vodstva kakršnegakoli guruja iskala Božansko Mater in Očeta. Zoperstavila se je napadom svojih prijateljev in sorodnikov, racionalistov in nejevernežev ter vseh, ki so jo poskušali uničiti. Sredi tega bojišča se je ravnodušno in z odločnim pogumom soočila z vsem povsem sama. Pri enaindvajsetih letih je navzven postalo vidno njeno stanje Božanske uresničitve in pri dvaindvajsetih letih je pričela v duhovno življenje vpeljevati iskalce Resnice. Pri sedemindvajsetih letih je sveta Mati v svoji rojstni hiši ustanovila duhovni sedež mednarodnega misijona. Pet let pozneje je bilo že skoraj dvajset podružnic ašrama po Indiji in v tujini. Pri triintridesetih letih je sveta Mati na povabilo svojih ameriških in evropskih častilcev naredila svojo prvo svetovno turnejo, da bi po svetu navdihnila in povzdignila mnoge.

Predvsem pa je svetovala, obrisala solze in odstranila bremena milijonom ljudem vseh družbenih slojev in z vseh koncev sveta. Na tebi je, dragi bralec, da se po intuiciji svojega srca odločiš, kdo in kaj je ona.

Svami Amritaswarupananda

Legenda

V Alappad Panchayatu[1], pokrajini Kollam, v državi Kerala v južni Indiji se nahaja majhna vasica, imenovana Parayakadavu. Ta vasica leži sredi neskončnega prostranstva kokosovih palm, ki se raztezajo vzdolž ozkega polotoka, na vzhodu ločenega od celine s priobalnimi vodnimi kanali, medtem ko ob zahodno obalo vasi udarja bleščeče modrozeleno Arabsko morje.

Vaščani pripadajo ponižni skupnosti ribičev, ki svojim prednikom ponosno sledijo daleč nazaj, vse do modreca Parasare. Modrec Parasara se je poročil z ribiško deklico Satyavati, materjo Šri Vede Vyase, slavnega pisca Ved. Mnogo je legend, ki govorijo o svetosti in veličini te vasi, kjer so vsakodnevno življenje in družbene navade še vedno tesno povezani z božanskimi miti, zgodbami, v katere vaščani močno verujejo, da so se zgodile pred tisočletji.

Sledi ena takšnih legend:

Nekoč je Gospod Subramanya[2], sin Gospoda Šive in Boginje Parvati, zagrešil resno napako. Razjarjen zaradi prestopka Svojega sina je Gospod Šiva preklel Subramanyo tako, da se je rodil kot riba. Potrta zaradi usode Svojega sina je Parvati prosila Gospoda, da odpusti Subramanyevi napaki. Namesto da bi Jo potolažil, je postal Šiva še bolj jezen in je tudi Parvati obsodil, da se bo kot deklica rodila v ribiški družini. Pozneje, ko je jeza Gospoda Šive uplahnila,

---

[1] Zveza petih vasi, upravno telo, ki nadzira lokalne zadeve.
[2] Drugo ime za Šri Murugo, brata Šri Ganeše.

je rekel Subramanyi, da bo prišel On Osebno ter oba ob pravem času osvobodil in ju tako blagoslovil.

Skladno s prekletstvom Gospoda Šive je Gospod Subramanya prevzel podobo ribe oziroma bolje povedano, ogromnega kita. Ko se je pojavil v morju Alappada, je kit povzročal ribičem strašansko škodo. Čeprav so bili vajeni ribarjenja tako podnevi kot ponoči, si ribiči sedaj niso več upali na morje. Včasih je kit na majhne kose raztrgal mreže, ki so jih vrgli ribiči, prevračal njihove čolne in ogrožal njihova življenja. Vaščani so bili obsojeni na revščino in stradanje. Kralj ribičev ni našel rešitve. Ker je hranil lačne ljudi, se je spraznila tudi njegova blagajna. Nazadnje je razglasil: tisti, ki bo ujel nadležnega kita, bo bogato nagrajen in se bo lahko poročil z lepo kraljevo hčerko. Ogromni kit pa je vzbujal tak strah, da nihče ni hotel sprejeti izziva. Kralj in njegovi podložniki so bili že popolnoma obupani, ko se je s severa pojavil skrivnostni starec. Nihče ga ni poznal. Ko se je z upognjenim hrbtom od starosti približal kralju, je drzno razglasil, da lahko ujame ogromnega kita in reši ljudi pred popolnim zlomom. Ob spremstvu osuplega kralja in njegovih podložnikov, je starec drzno krenil proti morju.

Starec je iz daljših stebel ovijalk spletel dolgo vrv, en konec je vrgel v morje, drugega pa trdno držal v svoji roki. Pletena vrv je obkrožala prostor, kjer je bil potopljen ogromni kit. Vrv je predal ribičem in jih poučil, naj vlečejo z vso svojo močjo in medtem recitirajo določeno mantro. Tako kot jim je naročil starec, so ribiči pričeli recitirati mantro in vleči vrv. Po urah silnega napora so velikansko žival ujeto v pleteno vrv zvlekli na obalo. Nenadoma je kit na začudenje vseh izginil, na njegovem mestu pa je stal Gospod Subramanya, ki ga je Gospod Šiva osvobodil iz prekletstva. Na mestu, kamor so privlekli kita, so potem zgradili tempelj Gospoda Subramanye. Ta tempelj kot živ spomenik stoji še danes in nas spominja na staro zgodbo.

Legenda pa se tu še ne konča. Sedaj je Gospod Šiva v podobi starca stopil pred kralja in za nagrado zahteval princesino roko. Kralj, ki je obljubil svojo edino hčer zmagovalcu, ki bo rešil njegove ljudi, je bil sedaj v dilemi. On in njegovi podaniki so bili povsem iz sebe. Kako naj oče, še posebej, če je kralj, dá svojo prelepo mlado hčerko za ženo starcu? Kralj ga je rotil, naj prosi za karkoli drugega v vsem kraljestvu, samo za njegovo hčerko ne. Starec je mirno odgovoril, da mora kralj izpolniti svojo obljubo in se držati dane besede. Kralj je bil resnično v zadregi. Resnica je bila moč ribičev. Trdno so verjeli, da je resnica njihov varuh. Govorili so, da bi neresnicoljubni, ki bi šel lovit, skočil v široko odprta kruta usta smrti. Kralj je bil ohromljen; ni mogel prelomiti svoje obljube niti dati svoje ljubljene princese za ženo starcu. Sedaj je princesa, ki je bila v resnici boginja Parvati Sama, stopila predenj in brez obotavljanja spregovorila:»Oče in najplemenitejši kralj, dolžnost vsakogar je, da ščiti in ohranja pravičnost (dharmo). Nič ji ne sme nasprotovati.« Obupan kralj ni imel druge izbire kot da ji dovoli oditi s starcem. Nihče ni posumil, da je skromno ribiško kraljestvo postalo prizorišče božanske drame, v kateri sta se Gospod Šiva in Boginja Parvati znova združila. Težkih src so del poti ljudje sledili božanskemu paru in ju vprašali:»Kam gresta? Radi bi šli z vama.« Odgovorila sta:»Nimava nobenega posebnega bivališča (uru – domače mesto, op. p.). Najino bivališče bo mesto, kamor bova prispela (chellunna uru).«

Gospod Šiva in Boginja Parvati sta nadaljevala pot, ribiško ljudstvo pa jima je sledilo, dokler niso prišli do kraja, kjer so se ustavili. Gospod Šiva se je ustavil obrnjen na vzhod, Boginja Parvati pa na zahod in v tem trenutku sta se spremenila v kamnita kipa. Chelluruna uru (v prevodu pomeni kraj, do koder so prispeli) je pozneje postal današnji Chenganoor.

Sčasoma so na tem mestu zgradili tempelj in začelo se je redno vsakodnevno čaščenje, ko se je pripetilo nekaj zelo nenavadnega. Vedno, ko so za obred čaščenja do najsvetejšega prinesli vodo, so v njej duhovniki našli ribo, kar pa je čaščenje onemogočilo. V iskanju rešitve so odgovorni v templju naredili astrološki izračun in odkrili celotno zgodbo Gospoda Šive, Boginje Parvati in prekletstva Gospoda Subramanye. Astrološka napoved je nadalje razkrila, da se poročna slovesnost starca in princese ni nikoli zgodila. Po običaju bi morali ljudje alappadske obale, kjer se je Boginja Parvati rodila kot ribiška deklica, priti z doto in drugimi poročnimi darili v Chenganoor, da bi tam sklenili poroko. Zato so izvedli potrebne priprave na poroko tako v Chenganoorju kot tudi v Alappadu. Alappadski vaščani so pravočasno zbrali osebne stvari in potovali v Chenganoor, kjer so nato opravili obred božanske poroke. Do današnjega dne vsako leto med praznikom v spomin na to starodavno legendo sledijo temu običaju. Tempelj še vedno ostaja privlačno središče za tisoče častilcev.

Pred nekaj desetletji se je v povezavi s to zgodbo pripetil zanimiv dogodek. Tistega leta se ljudje iz alappadske obale med praznikom niso držali pravil in priprave običaja, misleč, da je brez pomena in potratno zapraviti toliko denarja za pot do Chenganoorja. Mislili so: »Zakaj bi morali sodelovati na praznovanju v tako oddaljenem kraju?« V chenganoorskem templju je takoj prišlo do skrivnostnih dogodkov. Okrašen slon, ki je v sprevodu nosil Gospodov simbol, je obstal na mestu in ni hotel narediti niti koraka več. Ves trud, da bi ga premaknili, je bil zaman. Novico o tem nesrečnem dogodku so takoj poslali v Alappad, vendar prepozno. Koze so že izbruhnile. Ko so spoznali svojo neumno napako in se globoko pokesali, so vaščani brez obotavljanja odpotovali v Chenganoor in v skladu z običajem vzeli s seboj vse potrebno za praznovanje.

Takšno je starodavno izročilo, ki je s to obalno pokrajino in njenimi prebivalci globoko povezano. Je torej čudno, da je ta sveti kraj postal ponovno osrednje prizorišče božanske drame?

Prvo poglavje

Od samega rojstva

»Že od samega rojstva sem imela silno ljube-
zen do ponavljanja Božanskega Imena. Tako
močno, da sem Gospodovo Ime neprestano
ponavljala z vsakim dihom in v mojem umu
je tekel nenehen pretok božanskih misli, ne
glede na to, k je sem bila in kaj sem počela. Ta
nenehna misel na Boga z ljubeznijo in preda-
nostjo je brezmejna pomoč vsakemu aspirantu
na poti do Božanske Uresničitve.«

Mata Amritanandamayi

Thīrthikurvanti tīrthani sukarmikurvanti
karmāni saccāstri kurvanti śāstrāni
modante pitaro nrityanti devatāḥ
sanatha ceyan bhūrbhavati

*Veliki Svetniki prinašajo svetost romarskim krajem,
prikazujejo pravična in dobra dejanja in dajejo duhovno
avtoriteto svetim spisom.
Ko se takšen Svetnik rodi, se oče razveseli, Bogovi pa
radostno plešejo in Zemlja dobi odrešenika.*

Narada Bhakti Sutre, verzi 69 - 71

Predniki

Družina Idamannel je bila starodavna družina, katere posestvo v
vasi Parayakadavu je tvorilo majhen del Alappad Panchayata. Čeprav
je bilo ribarjenje njihov dedni posel, so opravljali tudi druga dela.
Pomemben del njihovega vsakodnevnega življenja je bilo tudi izvaja-
nje verskih obredov in zaveza raznim zaobljubam. Ribiči te družine
so bili znani tudi po svoji velikodušnosti. Ob povratku z morja so
dali najprej nekaj rib dnevnega ulova vsem tam zbranim vaščanom,
ne da bi zato sprejeli denar. Po prodaji njihovega dnevnega ulova pa
so drobiž razdelili med otroke.

V družini Idamannel se je rodilo mnogo pobožnih duš. Takšen
je bil Šri Velayudhan. Bil je zelo sočutna, resnicoljubna in velikodu-
šna osebnost, ki se je trdno držala ideala ahimse (nenasilja). Dovolil
ni niti tega, da bi kdo ubil majhno podgano. Velayudhan je bil

poročen s Šrimati Madhavi, z nedolžno in pobožno ženo, ki je že pred svitom navsezgodaj vstajala, da je lahko naredila venčke iz rož za vsa božanstva v družinskem svetišču. Medtem ko jih je pletla, je vedno recitirala Božja Imena. Še danes, pri svojih osemdesetih letih, vsak dan sedi pred svetiščem in z istim predanim duhom plete venčke. Sugunanandan je bil izmed petih otrok njun najstarejši sin. Navdihnjen od pobožnega ozračja njegove družine je postal vnet častilec Gospoda Krišne. Ko je imel devet ali deset let, je začel proučevati Kathakali, klasično plesno dramo Kerale, ki upodablja igre in igriva razvedrila bogov in boginj. Medtem ko igralci predstavijo zgodbo skozi ples in mudre (božanske kretnje), jo pevci pripovedujejo skozi svoje pesmi. Sugunanandovemu značaju je najbolj ustrezala vloga Šri Krišne. Nekoč se je med predstavo Kathakali z vlogo Krišne tako poistovetil, da se je nezavesten zgrudil na odru.

Ozračje, ki je obdajalo družino Idamannel, je bilo zelo umirjeno in tiho. Kjer so živeli, so jih na treh straneh obdajale notranje vode polne divjega življenja ter bujna vegetacija kokosovih palm, sadnih dreves in dreves indijskega oreščka (akažu). V tistem času je bilo v bližini zelo malo hiš. Ko je bil Sugunanandan še deček trinajstih ali štirinajstih let, je na poti iz šole s svojim bratrancem plezal po drevesih idijskega oreščka in jedel njegove slastne sadeže. To je bilo njegovo najljubše razvedrilo. Nekega dne sta medtem, ko sta zavzeto obirala sadeže, opazila sanjasina (potujočega meniha) z dolgimi lasmi in brado, ki se je bližal Idamannelovim. Še nikoli prej ga nista videla in sta bila zaradi njegove sijoče pojave zbegana. Po kratkem potikanju po posestvu je sanjasin nenadoma planil v blažen smeh in glasno napovedal:»Na tem mestu vidim mnogo asketov pogreznjenih v globoko meditacijo. V preteklosti je bilo tukaj bivališče mnogih velikih duš, katerih grobovi ležijo pod tem mestom. Mnogo sanjasijev bo tukaj doseglo osvoboditev. To bo postalo sveto mesto.« Potem se je sanjasin zopet prevzeto zasmejal in nadaljeval svojo pot. Zbegana zaradi beračevega stanja sta dečka nadaljevala s svojo igro. Mnogo let je minilo, preden sta Sugunanandan in njegov bratranec ob spominu na preroške besede potujočega meniha začudena pokimala z glavo.

Že zelo dolgo je tega, odkar je Sugunanandan začel s prodajanjem rib. Pri enaindvajsetih letih se je poročil z dvajsetletnim dekletom Damayanti iz sosednje vasi Bhandaraturuttu. Damayanti je izhajala iz pobožne družine, ki je redno vsak dan izvajala verske obrede. Njena družina je imela celó svoj lastni tempelj. Damayanti je že od otroštva živela krepostno življenje. Njen oče Punyan in mati Karutta Kunya sta bila vzorna Božja častilca. Vse družinsko ozračje je podpiralo njeno pobožno življenje.

Damayanti je bila tako pobožna, da so jo vaščani spoštljivo imenovali »Pattathi Amma« ali »gospa brahmana«. Ker je bila predanost Bogu središče njenega življenja, se je skoraj vsak dan v tednu držala različnih verskih zaobljub. Pogosto se je obvezala postu in ga prekinila s pitjem vode iz nežnih kokosovih orehov, ki so skrivnostno popadali s palm.

Damayanti in Sugunanandanu se je rodilo trinajst otrok, vendar so štirje umrli ob rojstvu, eden pa po triinpetdesetih dneh. Ostalim otrokom, štirim hčerkam in štirim sinovom, je bilo po kronološkem redu od najstarejšega do najmlajšega ime: Kasturbai[1], Sunil Kumar[2], Sudhamani, Sugunamma, Sajani, Suresh Kumar, Satheesh Kumar in Sudhir Kumar. Od vseh otrok je bilo prav Sudhamani usojeno, da je po vsem svetu postala znana kot Mata Amritanandamayi, Mati Nesmrtne Blaženosti.

Med svojo četrto nosečnostjo je imela Damayanti nenavadna videnja. Včasih je imela čudovite sanje o Gospodu Krišni; drugič je ugledala božansko igro Gospoda Šive in Devi, Božanske Matere. Neke noči je Damayanti sanjala, da je prišla skrivnostna postava in ji zaupala podobo Šri Krišne, ki je bila vtisnjen v čisto zlato. Približno takrat je imel Sugunanandan sanje o Božanski Materi. Ker je bil častilec Gospoda Krišne, ni mogel razumeti, zakaj se je pred njim nenadoma pojavila Devi. Ko je pripovedoval svojo zgodbo Damayanti, mu je povedala, da je nedavno tudi ona imela mnoga

---

[1] Ki so jo klicali Kasturi, pogovorna oblika njenega pravega imena.

[2] Ki so ga klicali Subhagan.

nenavadna videnja. Oba sta se čudila in ugibala, če to morda pomeni, da jih bo kmalu doletela velika sreča.

V tem času sta Sugunanandan in Damayanti živela v majhni koči prav na morski obali, saj jima je zaradi ribištva bolj ustrezalo bivanje v njej kot v svoji drugi koči na družinskem posestvu Idamannel, približno pet minut peš v notranjost. Damayanti je pri svojih prejšnjih treh nosečnostih vedno nekaj tednov pred porodom otekla po vsem telesu. To je bil znak, da preneha z vsakodnevnim rutinskim delom in se vrne v hišo svojih staršev v Bhandaraturuttu, kjer so med porodom skrbeli zanjo. Tudi tokrat je Damayanti čakala, da bo otekla, preden se bo pripravila na rojstvo svojega četrtega otroka. Neke noči je imela Damayanti čudovite sanje. Sanjala je, da je rodila Krišno in da leži v njenem naročju ter pije mleko iz njenih prsi. Naslednje jutro je delala na obali. Nenadoma je začutila, da bo rodila. Damayanti je podvomila v svoje občutke glede na to, da se otekanje še ni pojavilo. A čuden občutek ni popustil in Damayanti je pustila delo ob strani. Iz nekega razloga je čutila nerazložljivo nujo, da mora iti na posestvo Idamannel. Sama je prečkala notranje vode ter se napotila proti notranjosti. Stopila je v majhno hišico in začela pripravljati stvari. Trenutek pozneje je prepoznala znan občutek, da bo vsak hip rodila. Komaj je razgrnila rogoznico in legla, že se je otrok rodil! Damayanti je bila pretresena. Opazila je, da je dojenček deklica. Ozračje, ki je obdajalo otrokovo rojstvo, bilo popolnoma mirno in tiho. Razen začetnega občutka, ki jo je pripravil na porod, Damayanti ni čutila nikakršnega neudobja. Ko je prišla k sebi, jo je zaskrbelo. Nobenega joka novorojenčka ni bilo slišati. Je otrok živ? Zaskrbljeno je pregledovala otroka. Sedaj je bila Damayanti še bolj osupla. Dojenček je imel na svojem drobcenem obrazku žareč nasmeh! Pogled otroka je ganil Damayantino srce in nikoli ga ni pozabila.

V tistem trenutku se je pri vratih koče pojavila soseda. Brž ko je ugotovila, kaj se je zgodilo, je začela tekati naokrog, da bi poskrbela za mater in dojenčka. Tako je bilo zjutraj sedemindvajsetega septembra 1953. V skromni koči iz palmovih listov se je ob zvoku oceanskih valov, ki so odmevali na bližnji obali, rodila drobcena deklica.

Starši so bili zbegani zaradi dojenčkove temno modre polti in dejstva, da otrok leži v padmasani[3] ter drži svoje prstke v činmudri[4], tako da sta se konici palca in kazalca stikali v obliki kroga. Bala sta se, da je ta temno modra senca morda simptom kakšne čudne bolezni in da leži v tem posebnem položaju morda zaradi abnormalne strukture kosti ali izpaha. Posvetovala sta se z različnimi zdravniki. Vendar sta se pomirila, ko so zdravniki zagotovili, da s kostmi ni nič narobe. Barve kože niso mogli pripisati dednosti, saj sta bila oba, Damayanti in Sugunanandan, svetlo rjave polti. V upanju, da bo skrivnostna bolezen izginila, so staršem svetovali, naj otroka šest mesecev ne kopajo.

Po šestih mesecih je bila deklica še vedno temno modra, kar je spominjalo na Gospoda Krišno in Božansko Mater Kali. Sčasoma se je temno modra polt spremenila v temno rjavo. A vendar, ko se je hrepenenje majhne deklice po viziji Gospoda Krišne intenzivno okrepilo, je njena koža zopet prevzela modro polt. Celó danes, zlasti v božanskem stanju Krišne in Devi, je mogoče opaziti temno moder odtenek na koži.

Ironično, prav zaradi njene temno modre polti so Damayanti in ostali člani družine na otroka gledali z velikim prezirom. Njihov odpor do temnega otroka je sčasoma privedel do tega, da so jo imeli za ceneno služkinjo družini in sorodstvu. Pravzaprav je bilo le malo bližnjih sorodnikov obveščenih o njenem rojstvu, saj temu novorojenčku niso posvečali kaj dosti pozornosti. Bila je samo deklica in poleg tega je Damayanti rodila že tri druge otroke.

Le kdo bi si lahko predstavljal, da je ta nenavadno moder otrok, ki se je rodil v majhni koči na obali Arabskega morja z milim nasmeškom na obrazku, v resnici duhovni velikan, ki je prišel na ta svet oblivat trpeče človeštvo z mirom in božansko ljubeznijo? Kdo bi

---

[3] Položaj lotosa pri Hatha jogi.
[4] Mudra simbolizira enost individualnega Jaza z Najvišjim.

lahko napovedal duhovno usodo tega majhnega bitja, da bo pomagalo tisočim in tisočim iskalcem prečiti Ocean preseljevanja duš[5]? Že od rojstva te drobcene deklice je družina pričela opažati nenavadna znamenja, ki so jih lahko razumeli šele leta kasneje. Značilno za otroka je, da preden shodi, napreduje skozi različne stopnje razvoja. Najprej leži na hrbtu, potem se prevrača, nato se obrne na trebušček in se dviguje na roke. Sčasoma se začne otrok plaziti in čez nekaj mesecev se ob opiranju na kakšno stvar postavi na noge. Vse to doseže višek z racanjem v starosti okrog enega leta. Primer te majhne deklice pa je bil povsem drugačen, saj ni bilo nobene od teh faz. Ko je dopolnila šest mesecev, je majhna deklica nenadoma vstala in šla naravnost čez verando. Kmalu za tem je pričela tudi teči, kar je z začudenjem in radostjo napolnilo srca vseh.

Božanski Dragulj

Starši so svojo nenavadno hčerko poimenovali Sudhamani, »Božanski Dragulj«. Za razliko od večine otrok njene starosti je Sudhamani svoj materin jezik malayalam pričela govoriti, ko ji je bilo komaj šest mesecev. Takoj, ko je precej dobro osvojila govor, se je razodela njena strast do petja Božanskih Imen. Pri dveh letih je, ne da bi jo kdo učil, pričela v slavo Šri Krišne moliti in prepevati kratke pesmice. Odveč je reči, kako je bila družina presenečena, ko so jo prvič nepričakovano slišali. V naslednjem letu je Sudhamani pričela z melodičnim recitiranjem Božanskih Imen na glas in odtlej je to počela neprestano. Pri štirih letih je med sedenjem pred svojo najljubšo sliko Gospoda v enem ali dveh stavkih, ki ju je sama sestavila, pela s pobožno gorečnostjo.

Že od zgodnjega otroštva je bila Sudhamani polna življenja in energije. Bila je poslušen otrok in vsi v vasi so jo imeli radi. Celó tujci so čutili nerazložljivo privlačnost in naklonjenost do male Sudhamani. Ljubezen do Boga, skrb za druge in ostale čudovite lastnosti so

---

[5] Metaforičen opis cikla rojstva, smrti in ponovnega rojstva.

se že od malega manifestirale v njej. Zaradi njenih krepostnih vrlin so jo vsi vaščani ljubkovalno klicali »Kundžu«, kar pomeni »mala«.

Nenavadno, vendar iste lastnosti so pozneje postale izgovor za vse več zlorab in trpinčenja s strani njene družine in sorodnikov.

Ko je Sudhamani dopolnila pet let, je iz njenega srca lil viden tok prirojene predanosti Gospodu Šri Krišni in kmalu je ta ljubezen prevzela obliko zrelih duhovnih pesmi. Pesmi so bile napolnjene z bridkim hrepenenjem po njenem ljubljenem Krišni in njeno očarljivo prepevanje iz vse duše teh preprostih, a še vedno globokih mističnih pesmi, je postalo dobro znano po vsej vasi. Med recitiranjem ali prepevanjem je osredotočila svoje oči na majhno sliko Krišne, ki jo je vedno nosila v notranjem pregibu svoje srajce. Nato je dolgo nepremično sedela. Takšno nenavadno vedenje in globoka predanost sta vse presenečali. To je pritegnilo tudi pozornost vseh pobožnih vaščanov. Zgodaj zjutraj so vstajali prav zato, da so poslušali Sudhamanino angelsko prepevanje v pozdrav novemu dnevu.

Ampati tannile

O Gospod, ki si zaščitil Gokulama kot Ampatijevega dragega otroka,
o Gospod oceana Mleka, ki Si barva oblakov,
o Ti z lotosovimi očmi,
častim te s sklenjenimi dlanmi ...

Prosim, odpusti grehe grešnikom,
o Ti, ki Si barva temnih oblakov.
Prosim, pokaži sočutje do ubogih v tej vasi ...

O Gospodar flavte, ki nosiš rumeno oblačilo,
ki nosiš girlando iz jasmina, prosim, zaigraj na flavto.
O uničevalec Putane, prosim, zaščiti me!

O tisti, ki sloniš na veliki kači,
o Gospod Gokulama, ki Si preprečil silen naliv,

prosim, naj bom eno s Tvojimi lotosovimi stopali,
na ta način me reši bolečine v moji duši ...

Že tako zgodaj so se pri Sudhamani pojavljale vidne sledi božanskosti. Med igro ali med raznimi drugimi dejavnostmi se je nenadoma povlekla vase. Ob takšnih priložnostih so jo njeni starši ali drugi člani družine našli nepremično sedeti na samem. Drugič so jo našli sedeti ob notranjih vodah, ko je pozorno gledala v vodo ali tiho opazovala modro nebo, kot da bi bila v drugem svetu. Ni bilo tudi neobičajno, da so jo našli sedeti v samoti z zaprtimi očmi. Ko so jo zmotili, je bila videti odsotna. Starši niso mogli razumeti hčerkinih nenavadnih stanj zavesti. Sudhamani ni bila igriva kot drugi otroci, zato so jo karali. Tako se je pričelo dolgo obdobje trpinčenja njihove hčerke in napačno razumevanje njenih umikov v Božje kraljestvo. Deloma pa je starše tudi skrbelo, da je morda njeno neobičajno vedenje znak kakšne duševne motnje.

Ko je Sudhamani dopolnila pet let, so jo vpisali v prvi razred šole Srayicadu, ki je bila v bližnji vasi. Že pri tej starosti je pokazala sijajno inteligenco in odličen spomin. Če je snov slišala le enkrat, je ni nikoli več pozabila, niti enega samega dela. Brez truda je na pamet povedala vse, kar so se učili v razredu ali kar je prebrala. Ko je bila Sudhamani v drugem razredu, je zlahka, če je samo slišala na glas prebrano besedilo, na pamet ponovila lekcije višjih razredov. Starejše učence, prav tako tudi njenega brata in sestro, je učiteljica včasih strogo kaznovala, ker se poezije niso bili sposobni naučiti s srcem, medtem ko je mala Sudhamani, ki je bila v nižjem razredu, poezijo zapela melodično in nanjo zaplesala kot nežen metulj. Vsi učitelji so jo občudovali in se čudili njenemu izjemnemu spominu. Pri vseh predmetih je imela odlične ocene in je bila najboljša v razredu navzlic temu, da je zaradi gospodinjskih obveznosti pogosto manjkala pri pouku.

Drugi dogodek, ki ponazarja Sudhamanin izjemen spomin, se je pripetil pet mesecev po tem, ko je Damayanti rodila. Tistega dne je Damayanti pustila hišo in otroka v oskrbo Sugunanandanu. Iz neznanega razloga je postalo dete nemirno in je začelo jokati. Nevajen takšnega vedenja se je Sugunanandan močno trudil otroka potolažiti, vendar mu ni uspelo. Ker je še naprej jokala, je Sugunanandan izgubil potrpljenje, se zelo razjezil in jo vrgel na posteljico. Mnogo let pozneje je Sudhamani omenila svojemu očetu: »Oh, kako si me vrgel tistega dne! Najraje bi me ubil!« Najprej Sugunanandan ni razumel smisla Sudhamaninih besed, čez nekaj trenutkov pa je star dogodek preblisnil njegov um in znova je bil presenečen nad hčerkinim spominom.

Sudhamani je v šoli izkoristila vsak prosti čas, da je naredila domačo nalogo z namenom, da bo lahko doma čim več časa preživela ob misli na Boga. Po prihodu domov je mala deklica najprej pomagala materi pri gospodinjskih opravilih. Drugače pa je ob prepevanju nabožnih pesmi pozabila nase.

Sudhamani je bila že od otroštva glede pravilne porabe časa zelo skrbna. Z brezdelnim sedenjem ni zapravila niti trenutka. Medtem ko je opravljala vedno več gospodinjskih dolžnosti, je ves čas ponavljala Božansko Ime Gospoda Krišne. Z vizualiziranjem čudovite podobe svojega ljubljenega Krišne znotraj svojega srca med ponavljanjem Njegovega Božanskega Imena, je kundžu dneve in noči preživela v svojem svetu.

Hiša, v kateri je Sudhamani preživela svoje otroštvo, je imela le dve majhni sobici in kuhinjo. Da bi zmanjšal neudobje tako tesnega bivališča, je Sugunanandan ob kravjem hlevu zgradil še eno majhno sobo.[6] Ta je služila kot študijska soba za otroke, v njej pa je ob meditiranju in petju duhovnih pesmi preživljala svoje otroške dneve tudi mala Sudhamani. V kravjem hlevu sta živeli še dve begunki, zapuščena ženska z imenom Potichi, ki je bila brivka in njen otrok. Ker sta se zaradi njunega brezupnega položaja Sugunanandanu smilili, jima je dovolil tam bivati. Brivka Potichi je imela Sudhamani

---

[6] V neposredni bližini današnjega starega templja Bhava Darshan.

zelo rada. Malo je imela vedno v svojem naročju in v tistih dneh je Potichi skrbela za Sudhamani veliko bolje kot Damayanti.

Tako vidimo, da je nežna Sudhamani živela v kravjem hlevu, svoje srce in dušo pa je osredotočala na očarljivo podobo Gospoda Krišne. Tako kot so bile krave zelo drage Šri Krišni, jih je oboževala tudi mala deklica. Vse proste trenutke je sedela z njimi v samoti, se predajala sanjarjenju o bogu in uživala v blaženem hrepenenju, da bi uzrla bleščečo vizijo Krišne. Zaradi ljubeče narave so jo vedno obkrožali otroci. Kadarkoli so mogli, so se prišli igrat z njo v Idamannel. Skupaj so šli nabirat travo za krave. Čeprav Sudhamaninih malih prijateljev ni zanimalo opravljanje napornih nalog, so se ji, da bi lahko uživali njeno veselo družbo, radi pridružili. Vsi so do nje čutili skrivnostno privlačnost in močno vez ljubezni. Ko so delo opravili, je Sudhamani vključila otroke v različne igre in s svojo uprizoritvijo Krišna Lile, hudomušnih potegavščin Šri Krišne kot otroka, je pritegnila tudi druge otroke. Brez težav je spodbudila vso skupino, da so v glasnem zboru peli duhovne pesmi, ki so se vselej pretakale skozi njen um.

Nihče ni mogel razumeti Sudhamaninega stanja božanske predanosti, ki je postajalo vse bolj intenzivno. Kot so minevali tedni in meseci, je bila zmeraj bolj zatopljena v svoje pobožne aktivnosti. Pela je z globokim hrepenenjem, da bi uzrla božansko lepoto svojega Gospoda. Njena ekstatična stanja so postajala vedno bolj pogosta in niso bila vselej omejena le na prostor v hlevu. Občasno je Sudhamani pozabljajoč na svet okrog sebe plesala v ekstazi, se vrtela v krogu in prepevala duhovne pesmi. Tukaj je pesem, ki jo je kundžu sestavila pri sedmih letih:

Zaščiti me, o najvišji Gospod, ki prebivaš
v mestu Guruvayoor …

O otrok Krišna, ki si igral vlogo kravjega pastirčka,
o Gospod vesolja, soprog boginje Lakšmi,
varuj me, o Krišna, Radhin ljubljeni,
o Krišna, ljubljenec gopijk,

o Krišna, Nandov sin,
o Krišna, ki ga častijo in obožujejo vsi ...

Družina in sosedje niso vedeli nič o vzvišenih stanjih male Sudhamani in so jih imeli le za otroške igre. Kdo bi si lahko predstavljal, da je ta sedemletna deklica, ki ni prejela nobene duhovne izobrazbe, plavala v Oceanu čiste Ljubezni in Blaženosti? Izgubljena v tem svetu se je kundžu včasih zaklenila v sobo, da je lahko ekstatično pela in plesala. Nekoč je Damayanti pokukala skozi vrata in vzkliknila: »Poglej, kako najina hčerka pleše! Morala bi jo naučiti plesati!« Ubogi starši! Poznali so le posvetni ples. Še nikoli niso slišali o nekom, ki pleše omamljen od Božje blaženosti. Če bi bil temu priča kdo, ki je proučeval življenja Velikih Duš, bi morda lahko prepoznal Sudhamanina duhovna stanja. In celó tedaj, kdo bi pričakoval takšno zamaknjeno stanje v tako majhnem otroku? In tako je družina zaključila, da prisostvujejo le norčavemu vedenju njihove nekoliko čudaške hčerke prepolne domišljije.

Sudhamaninino hrepenenje, da bi uzrla svojega najvišjega Gospoda in se zlila z Njim, se je še poglabljalo ... Nenehno je gledala sličico Krišne, ki jo je varno nosila v gubi svoje srajčke. Ko Mu je v pesmi in molitvi izlivala svoje srce, je začela jokati:»O moj dragi Krišna, povsod okrog sebe vidim težave in trpljenje! O Krišna! Prosim, ne pozabi paziti na tega nebogljenega otroka. Neprestano Te kličem. Ali se nočeš priti igrati z mano?«

Naslednjo pesem je Sudhamani sestavila pri osmih letih in daje vpogled v globino njene duhovne intenzitete:

Kanivin porule

O esenca Milosti!
O sočutni, o Krišna, daj mi zavetje!

O Krišna, Ti je zgodba teh žgočih solz,
ki lijejo, neznana?

Z darovanjem cvetja k Tvojim Stopalom,

ki ga je zmečkala kača Kaliya,
Te bom častila, o Krišna ...
Da bi zaščitil Resnico in Pravičnost
si prišel na Kurukšetro kot voznik Ardžune,
O Gospod, ki varuješ Dharmo,
pokaži malo sočutja do nas!

O Gospod Gite, ljubitelj božanske glasbe,
daj mi sposobnost, da zapojem Tvojo pesem ...
o ljubitelj predanega petja,
mar ne slišiš Svojih svetih Imen,
ki se razlegajo iz najglobljega srca?

Obupan obraz deklice in njene žalostne pesmi so prevzele sočutna srca vaščanov. Toda velika skrivnost Sudhamaninega notranjega življenja je še vedno ostala vsem neznana. Kdo bi si lahko predstavljal zaneseno zamaknjenost njene otroške pobožnosti? Kdo razen modrih bi lahko to razumel?

Drugo poglavje

Božanska služabnica

*»Mati je služabnica služabnikov. Nima nobe-
nega posebnega bivališča. Prebiva v tvojem
srcu.«*

Mata Amritanandamayi

Kāminīriti hi yāminishu khalu kāmanīyaka nidhē
bhavān
pūrnasammada rasārnavam kamapiyōgigamya
manubhāvayan
brahmaśankara mukhānapīha paśupanganāsu
bahumānayan
bhaktalōka gamanīyarūpa kamanīya driśna paripāhi
mām

*O zakladnica lepote! Ti, ki si v nočeh na koprneče gopijke
(pastirice o.p.) prenašal takšno silno in brezmejno radost
Duha, kot jo lahko dosežejo le jogiji, in jih tako napravil
vredne spoštovanja celó za Brahmo in Šivo. O Krišna
očarljive podobe, dosegljiv le obdarjenim s predanostjo,
varuj me milostno!*

Srimad Narayaneeyam, 69. spev, 11. verz

Pri devetih letih je Sudhamani začela obiskovati četrti razred.
Ker je bila njena mati kronično bolna, je v tem času opravljala
že večino gospodinjskih opravil. Vstajala še pred zoro in opravila
mnogo svojih dolžnosti in šele, ko je bilo vse njeno delo opravljeno,
je pohitela v šolo. Ko se je zvečer vrnila domov, je čas, ki ji je še
preostal po vseh njenih opravilih, prebila v molitvi in meditaciji.
Svojo dragoceno sliko je vedno nosila s seboj, jo objemala in
jokajoč poljubljala. Damayanti je včasih odšla v nek oddaljen kraj
po vodo. Mala Sudhamani ji je neopaženo sledila, misleč, da bo
morda lahko pomagala svoji materi. Ko ji je Damayanti poskušala
preprečiti, da bi šla za njo, je Sudhamani glasno ugovarjala. Jezna

zaradi hčerkine trmoglavosti, jo je Damayanti včasih celó zaklenila v sobo. Malo deklico je poskušala prestrašiti, rekoč:»Sem prihaja duh! Prihaja pote!«Toda Sudhamani ni mogel nihče prestrašiti. Že kot majhen otrok je bila neustrašna. Tudi to dejstvo je v vaščanih, ki so do izjemnega otroka že tako in tako gojili veliko naklonjenost, vzbudilo še večje spoštovanje. V vasi je živela neka ženska zelo znana po strašenju majhnih otrok. Ko so postali otroci preveč nagajivi, so jo starši poklicali, da bi jih s strašenjem prisilila k poslušnosti. Ime ji je bilo Appisil Amma. Da bi prestrašila malo Sudhamani, so jo včasih poklicali tudi v Idamannel. Razvpita ženska se je pritihotapila do okna, ob katerem je sedela Sudhamani. Z vrečo na glavi je z zastrašujočimi kretnjami skakala in vreščala. Gledajoč skozi okno je kundžu neustrašno odgovorila:»Pojdi proč, saj vem, kdo si! Ti si tista Appisil Amma. Ne trudi se me prestrašiti!«

Kot zapuščen, pozabljen otrok, je Sudhamani klicala svojega ljubljenega Krišno. Vaščani so menili, da živi v povsem drugem svetu. Ne da bi razumeli razloge njenega trpljenja, so z njo sočustvovali, rekoč:»Kakšna škoda! Ubogi otrok! Kaj se ji je zgodilo? Vselej ji tečejo solze po licih. Kako obžalovanja vredno stanje! Se je rodila le zato, da joče? Ali jo njena družina zlorablja? Le kaj je storila, da mora prestajati takšne muke?«Vsem je bilo žal za Sudhamani in nekateri so jo poskušali potolažiti. Toda kdo drug, kot Ljubljeni gopijk (pastiric, op. p) bi lahko utešil njeno neugasljivo željo po duhovni združitvi?

Sudhamanin enakovreden odnos do vseh in vsakogar, plemenit značaj, sočutje do vseh živih bitij in očarljivo petje se je že takrat prikupilo vsem vaščanom. Tisti, ki so imeli srečo, da so jo že tako zgodaj spoznali, so opazili, kako so se k njej odprla njihova srca. Usoda s strani njene družine pa ni bila tako prijazna. Sudhamanina mati in starejši brat sta bila zaradi njenega nenavadnega vedenja izredno sovražna do nje.

Po rojstvu še petih otrok se je Damayantinino zdravje zelo poslabšalo in sčasoma ni mogla več skrbeti za gospodinjska opravila. Naloge, ki jih je Sudhamani večinoma že opravljala, so sedaj povsem padle na njena ramena. Kasturi, najstarejša hčerka, je obiskovala lokalno srednjo šolo in tudi Subhagan, najstarejši sin, je hodil v šolo. Ob vse hujšem trpljenju je Sudhamani garala od treh zjutraj. Začela je s čiščenjem hiše in pometanjem dvorišča. Nato je šla po vodo, skuhala, poskrbela za krave, jih pomolzla, oprala perilo in zdrgnila posodo. Tako težka rutina je bila za otroka skrajno naporna. Že skrb za živino in perutnino je pomenila dovolj dela za enega človeka. Kljub temu pa je Sudhamani potrpežljivo in predano brez pritoževanja opravila vso delo. S tem pa se je njeno izobraževanje že skoraj povsem nehalo. Preobremenjena z delom ni mogla več pravočasno prihajati v šolo. Včasih, ko je opravila svoje dolžnosti in potem pritekla v razred, se je pouk že začel, zato jo je učiteljica zaradi zamude kaznovala tako, da ni smela v razred. Čeprav je bila prisiljena ostati zunaj, se je Sudhamani zbrano osredotočala na snov in tako dokončala četrti razred.

Toda v petem razredu Sudhamani ob opravljanju neskončnih gospodinjskih opravil ni mogla več nadaljevati s šolanjem. Pri desetih letih je bila prisiljena opustiti šolanje. Z delom je pričela zgodaj zjutraj, še pred zoro, in nadaljevala vse do pozne noči. Kljub temu je med svojim težkim delom vedno prepevala ali recitirala Božanska Imena svojega ljubljenega Krišne. Včasih se je sredi kakšne naloge tako zatopila v stanje predanosti, da je povsem izgubila stik z okolico.

Kot rečeno, se je Sudhamanin dan pričel že precej pred zoro. Če je zaradi utrujenosti le malo predolgo spala, se je Damayanti ni obotavljala politi z vrčem mrzle vode. Njeno prvo jutranje opravilo je bilo s tolkačem mlatiti lupine kokosovih orehov, da so iz njih nastala mehka vlakna, ki so jih uporabili v nadaljnji predelavi kokosovih vlaken, kot proizvod lokalne skupnosti. Potem je počistila vso hišo in dvorišče, iz nekoliko oddaljenega vaškega vodovoda prinesla vodo, skuhala jedi, pomila posodo in spravila svoje mlajše brate in sestre v šolo. Naslednja vrsta del je vključevala kopanje in krmljenje krav, po postrežbi s kosilom zopet pomivanje posode, pranje oblačil za vso družino in nabiranje trave za krave. Tedaj je bila ura že štiri popoldne in njeni bratje in sestre so se vrnili iz šole. Sudhamani jim je pripravila prigrizke in čaj, nato pa nekako našla čas tudi za obisk sosednjih hiš, kjer je zbirala zelenjavne ostanke ali riževo kašo za krave. Poleg tega ji je Damayanti naročila, naj v obiskanih hišah opravi vsa dela, ki niso bila primerno postorjena. Potem je moral otrok, ne da bi mu kdorkoli pomagal, zopet pripraviti večerjo za družino in pomiti posodo. Sudhamani so imeli za družinsko služkinjo in vsa hišna opravila je imela na grbi sama. Poleg tega je Damayanti temeljito nadzorovala vsako njeno dejanje. Če je odkrila kakršnokoli še tako neznatno napako, jo je takoj kaznovala. Sudhamanin edini prijatelj je bil Krišna; njen edini navdih je bilo Njegovo Ime. Takoj, ko je opravila številne svoje naloge, ji je intenzivna misel na Njenega ljubljenega Gospoda orosila oči in ob kontemplaciji na Njegovo čudovito podobo je ure in ure jokala.

Sudhamanin delovni dan se je končal okrog enajstih zvečer. Sedaj je imela nedolžna deklica nekaj časa za počitek. Še vedno pa ni želela ležati na postelji ali spati, ampak je iskala počitek le v sami sebi, to je, da bi bila s svojim Gospodom. Ko so vsi končno zaspali, je šla sedet v majhno družinsko svetišče, kjer je svoje srce v duhovnih pesmih izlivala Gospodu Krišni. V temoti noči je Sudhamani s hrepenenjem in petjem jokala, dokler ni končno zaspala.

Krishna niyennil karunyamekane

O Krišna, prosim, pokaži sočutje do mene!
O Gospod Višnu, častim Te z združenimi dlanmi!
Prosim, reši me bremena govora, uma in telesa!
Prosim, zaščiti me z ljubeznijo!

O Krišna, Ti, ki si prijatelj nesrečnih,
ali nimaš niti malo sočutja?
Ali prebivaš le v zlatem templju?
So se Tvoje sijoče oči zameglile?

O Ocean Sočutja,
Ti si ljubeč do častilcev!
Tvoja Stopala so Večna Podpora!

Sudhamanin um je bil že takrat tako dovzeten, da je v trenutku poletel v višave božanskosti, čim ga je ganil kakšen srce prevzemajoč prizor ali pesem.

Nekega dne, ko se je po končanih nakupih vračala s tržnice proti domu, je iz daljave zaslišala melodijo duhovne pesmi. Prevzeta od pesmi in v polzavestnem stanju je Sudhamani skrenila v smer, od koder je prihajalo petje. Žalostinka je odmevala iz hiše krščanske družine, kjer je tistega dne nekdo umrl. Sorodniki so sedeli okrog trupla ter prepevali himne polne bridkosti. Otrokovo srce se je takoj zganilo. Nepremično stoječa v stanju Božanske omame se je izgubila v svojem svetu. Imela je zaprte oči in po licih so ji tekle solze. Nakupljene stvari so ji padle iz rok. Tam zbrani ljudje niso vedeli, kaj je nenadoma ganilo neznano deklico in so napačno sklepali, da je tudi ona žalostna zaradi smrti njihovega sorodnika.

Preden se je Sudhamani delno povrnila v svojo normalno zavest je minilo pol ure. Hitro je pobrala padle zavitke in odhitela proti domu, vendar prepozno. Damayanti jo je čakala. Jezna in v navalu besa jo je neprizanesljivo natepla. Mala je bila še vedno v stanju ponotranjene zavesti, zato je Damayantinino grobo ravnanje sprejela tiho in neprizadeto. Le katera zunanja sila lahko vznemiri um, ki je zatopljen v Bogu?

Sudhamani je bila znana po svoji izjemni bistrosti, neustrašni radosti, zgledni pobožnosti, bridkem petju, predvsem pa po svojem ljubečem sočutju do ubogih in pomoči potrebnih. Čeprav je svoji materi stregla in služila po svojih najboljših močeh, si je Damayanti, po naravi ognjevitega temperamenta, nikoli ni obotavljala za vsako namišljeno napako grobo kaznovati. Damayantinino nenavadno opravičilo njene nenaklonjenosti do male Sudhamani je bila njena temna polt. Poleg tega je Damayanti včasih ujela malo, kako je skrivaj izmaknila maslo, mleko in skuto, tako kot razvpiti tat masla

33

Šri Krišna. Damayanti dolgo ni odkrila, da je bila ta hrana ponujena stradajočim družinam, ki jim je Sudhamani pomagala.

Neopazno se je otrok po tem, ko je nadomestil ukradeno količino mleka z vodo, z mlekom in skuto skrivaj izmuznil. Ko so to odkrili, je tako kot vedno prejela boleče udarce. Pogosto so njeno sočutno nagnjenje izkoriščali njeni bratje in sestre, ki so prav tako kradli hrano, vendar zase in potem obtožili Sudhamani. Čeprav je vedela, kdo je bil pravi tat, ga ni nikoli izdala, ampak je tiho prenašala materine grobe udarce.

Ko je Sudhamani izvedela za kakšno stradajočo družino, je izmaknila denar iz majhne materine skrinjice za prihranke, da bi lahko šla po potrebnih nakupih. Če to ni bilo mogoče, je trmasto nadlegovala svojega očeta, dokler ji ni dal nekaj denarja. Če pa tudi tega ni dobila, je vzela surova živila iz njihove borne družinske shrambe in jih odnesla pomoči potrebni družini.

Razen kakšne otroške hudomušnosti in razposajenosti je vsa Sudhamanina nagajivost temeljila na nesebičnih namerah. Njena dejanja so bila sad njenega naravnega sočutja do vsakogar, ki je trpel. Vendar so takšna dobrodelna dejanja le še bolj razdražila Damayanti, ki ji je brez odlašanja zadajala grobe odmerke telesnega kaznovanja. Ne glede na lastno trpljenje, je Sudhamani našla brezmejno zadovoljstvo in blaženost v podarjanju miru in pomoči drugim. Nenehno kaznovanje je nikakor ni odvrnilo od dobrodelnega ravnanja. Drugim ni nikoli dala vedeti, kaj vse mora pretrpeti, da lahko služi ubogim vaščanom.

Sugunanandan je bil zaradi ribištva večino časa zdoma. V Idamannel se je vračal šele pozno ponoči, ko so vsi otroci že trdno spali. Takoj ko se je vrnil, je Damayanti hitela naštevati svoje obtožbe zoper svojo malo služkinjo. Ob neki takšni priložnosti je Sudhamani, ki se je pretvarjala, da spi, nenadoma zavpila:»Jaz nisem tvoja hčerka! Gotovo sem tvoja snaha!« Damayanti je osupnila ob tem Sudhamaninem izbruhu. Globlji pomen teh besed male pa je bil jasen; spomnila je Damayanti, da bi prava mati potrpežljivo odpustila

34

2 – Božanska služabnica

napake svoje hčerke, medtem ko bi tako pikolovsko, z desetkratnim pretiravanjem o napakah svoje snahe, govorila samo tašča.

Le kdo bi si lahko predstavljal, da bo nenasiten tek, enak kot ga imajo umirajoči od žeje, ki iščejo oazo, krepostne male Sudhamani po pomoči žalostnim in trpečim na daljne obale Arabskega morja kmalu privedel na tisoče ljudi z vsega sveta? Kako lahko kdo razume dejstvo, da je v tej zakotni ribiški vasi komaj desetletna Sudhamani ustvarjala val sočutja, ki mu je bilo usojeno, da ga bo čutiti po vsem svetu?

Čeprav je vse svoje dolžnosti opravljala skrajno resno, jo je mati pogosto svarila, rekoč:»Hej dekle, ne bodi lena! Če boš brezdelno sedela, ti Bog ne bo dal nobenega dela in boš umrla od lakote. Vedno moli k Bogu: 'O Bog, daj mi prosim delo.' Tako molijo vsi.« Potem, ko je slišala te besede, je Sudhamani posvojila to molitev:»O Krišna, daj mi prosim delo, prosim, daj mi Tvoje delo!«

Sudhamani je izkazovala neverjetno potrpežljivost, obzirnost in žrtvovanje. Njena sposobnost, da se je kljub preganjanju nenehno spominjala svojega Ljubljenega, je nakazovala prihod še ene Velike Duše v neprekinjeni indijski zapuščini v Bogu uresničenih odrešenikov. Čeprav je prestala neštete težke preizkušnje in kruta mučenja, je vse jemala kot dobrohotnost Božje Previdnosti. Vse svoje gorje je hranila v svojem srcu in ga zaupala samo Igralcu na Božansko Flavto, Gospodu Krišni.

V temi noči je za zaprtimi vrati družinskega svetišča s solznimi očmi molila h Krišni:»O moj ljubljeni Krišna, nihče razen Tebe ne more razumeti mojega srca. Ta svet je poln gorja in trpljenja. Prevladuje sebičnost. Ljudje iščejo le lastno srečo in užitek. Moj dragi Kana[1], ne želim si nič drugega kot doseči popolno enost s Teboj. O Gospod, mar nisi videl mojega trpljenja danes? O Gospod, prosim pridi! Naj vidim Tvojo Božansko Podobo! Te bridkosti zame niso nič, toda prava muka je biti ločen od tebe.« V tem času je Sudhamani napisala naslednjo pesem:

---

[1] Eno od imen Krišne.

Karunya murte

O črna utelešenost Sočutja,
milostno odpri Svoje oči.

Mar nisi Ti uničevalec gorja?
Tu je tako, odstrani moje trpljenje!

V tem svetu si Ti zavetje,
o Svetli, z očmi kot so cvetni listi rdečega lokvanja,
večno Te častim s cvetjem mojih solza, o Krišna ...

O Gopala, Očarljivec uma,
tavam v temi.
O Ti, ki napolnjuješ štirinajst svetov,
o Sridhara, odpri Svoje oči in me reši iz žalosti ...

Tako so minila tri leta silnega hrepenenja in bolečih preizkušenj. Sedaj trinajstletna Sudhamani je še vedno marljivo delala. Z odraščanjem so se množile tudi njene odgovornosti. Kot doslej je še naprej opravljala naporno delo brez najmanjšega pritoževanja. Istočasno so tudi njene duhovne vaje postajale vse bolj intenzivne. Lahko si videl, kako se njene ustnice neprestano premikajo v ponavljanju Božjega Imena. Sveto ime je tako notranje kot zunanje v neprestanem toku teklo iz njenega srca.

Življenje s sorodniki

Na obalnem območju za delo v kuhinji in druga gospodinjska opravila ni bilo mogoče dobiti služabnikov, saj so bila na razpolago bolj donosna dela, kot na primer šivanje ribiških mrež in pridobivanje kokosovih vlaken. Ne le to, ljudje ribiškega rodu so imeli vsako delo razen ribarjenja za sramotno. Zato so bile deklice, ki so prekinile svoje šolanje, prisiljene v nenehno opravljanje domačih gospodinjskih del. Vrh tega so bile pogosto poslane v hiše svojih sorodnikov, kjer so jim morale služiti. Za sorodnike je bilo povsem običajno, da so vprašali starše takšnih deklet, če bi jim služile. In tako je bilo tudi s Sudhamani. Sorodniki so vztrajali, da jim jo morajo dati na razpolago za služenje v njihovih gospodinjstvih. Nazadnje so jo bili zaradi njihovega vztrajnega pritiska Sudhamanini starši prisiljeni poslati na dom njene babice po materini strani. Tako je Sudhamani naslednja štiri leta preživela v vlogi hišne služkinje v različnih domovih svojih sorodnikov. Sudhamanina babica je živela v Bhandaraturuttu, šest kilometrov južno od Parayakadavu. Do njene vasi si lahko prišel s čolnom navzdol po notranjih vodah ali peš vzdolž obale Arabskega morja. Kot si lahko predstavljamo, sta imeli obe poti na malo Sudhamani omamen učinek. Med vožnjo s čolnom je strmela v modro nebo in tiho radostno jokala z mislijo na modro obarvanega Krišno ter v harmoniji z brenčečim motorjem ponavljala »Aum«. Svojo pozornost je usmerjala na drobne valove, ki so poplesavali po vodi, medtem ko je vizualizirala podobo svojega Ljubljenega in si predstavljala Njegovo božansko igro. Ko je prešla v stanje pobožne gorečnosti, je njen mehki »Aum« prerasel v predano petje. Njeni sopotniki so ob očarljivem petju zelo uživali in niso bili nad njenim početjem prav nič presenečeni, saj so jo vedno imeli za nekoga iz drugega sveta. Ker se je povsem izgubila v svojem svetu, ni na potovanju nikoli čutila razdalje ali dolgčasa.

Radost potovanja s čolnom ni trajala prav dolgo. Nekega dne, ko je prosila mater za voznino, jo je Damayanti brž oštela: »Kdo pa si ti, da boš potovala s čolnom? Si mar srednješolka? Zate je hoja dovolj dobra.« To je bilo v času, ko je Kasturi pričela z visokošolskim študijem, kar je bil za dekleta z obale redek privilegij. Damayanti je bila na to dejstvo zelo ponosna in ji je za vse njene vsakodnevne izdatke vedno dajala dovolj denarja. V družinah, ki so bile veliko prerevne, da bi poslale svoje otroke na nadaljnje šolanje, je bilo za starše velikega pomena, če je njihov otrok postal visokošolec. Četudi so si starši lahko privoščili svoje otroke poslati v šolo, so pogosto hitro opustili to misel ob pomanjkanju interesa ali pobude njihovih otrok. Damayanti je tako pokazala malce razumljive nečimrnosti. Sudhamani temne kože in zgolj služkinja je bila, kot da je ni, prepuščena sama sebi in njena družina jo je povsem napak razumela. A vseeno je mirno sprejemala predsodke in revščino, saj je bila polna navzočnosti Krišne. Zaradi grobih materinih besed ni bila niti malo užaljena. Prav nasprotno! Bila je srečna, da lahko do babičine hiše hodi ob obali. Ko je v samoti radostno prepevala in plesala, je mislila le na ta blagoslov! Za Sudhamani, ki je imela ocean za svojo lastno mater, je postalo šest kilometrov hoje vznesena izkušnja.

Zlahka si jo lahko predstavljamo, kako hodi ob obali, njeno glasno prepevanje pa spremljajo zvoki oceanskih valov. S postopnim pozabljanjem na zunanji svet so tudi njeni koraki postajali vse počasnejši. Njen um je očaral prizor temno modrega oceana in modro sivih nevihtnih oblakov. Bučeči zvok oceana je bil podoben zvoku »Aum« in je imel na Sudhamani trajni božanski omamni učinek. Ob viziji Krišne v valovih je včasih stekla, da bi ga objela! Oceanski vetrič je bil zanjo, kot da bi jo nežno božal Šri Krišna. Včasih je glasno zaklicala: »Krišna! Krišna!« Globoko zatopljena v stanje najvišje predanosti se je z opotekajočimi koraki premikala vzdolž obale. Nazadnje je izgubila vso zunanjo zavest in padla na pesek.

Ko se je zopet delno povrnila v svojo normalno zavest, je Sudhamani planila v jok in molila: »Kanna, moj dragi Krišna, priteci sem! Kam Si izginil in me pustil tukaj? Zakaj Si me zapustil na tej neznani obali? Kje sem? O Ljubljeni Krišna, priteci preden me pogoltnejo valovi tega Oceana Preseljevanja duš! O Krišna, povzdigni to revico iz peska užitkov. Mar nisi Odrešenik Svojih častilcev? Mar ne poznaš bolečine mojega srca? Kakšno napako sem zagrešila Zate, da me puščaš tako trpeti? O Gospod vseh svetov, nočeš pokazati vsaj malo sočutja tej Tvoji ponižni služabnici? Vsak dan čakam, da bi slišala magični zvok igranja Tvoje božanske flavte. O Krišna, prosim pridi, … prosim pridi!!«

Čez nekaj časa se je povrnila v obvladljivo stanje uma in nadaljevala svojo pot vzdolž obale ter še vedno ekstatično prepevala. Mala je še večkrat padla na pesek in pozabila na svet okrog sebe.

Karunya varidhe

O Krišna, Ocean sočutja,
bridkosti življenja so vedno večje.
Za um ni miru ....
Žal je zmeda tako velika ...
ob odpuščanju vseh zmot, obriši z mojega čela pot.
O Kanna, sedaj nimam druge podpore razen
Tvojih čaščenja vrednih Lotosovih stopal ...

O Krišna, grlo se suši,
oči slabijo,
noge so utrujene,
padam na tla, o Krišna ...

Tako je Sudhamani ob pitju nektarja najvišje ljubezni in predanosti nekako prispela do babičine hiše, da bi se tam soočila z napornim delom. Mlada deklica je nadaljevala z opravljanjem svojega težkega dela in zadovoljno ponavljala Imena Gospoda Krišne. Karkoli se ji je že zgodilo, je bil vsak trenutek njenega življenja priložnost dana od Najvišjega Gospoda, da Mu služi in misli Nanj.

Občasno so Sudhamani poslali v mlin, ki je bil nekoliko oddaljen od babičine hiše, da je vanj nesla oluščit riž. Veselo je šla na pot in med hojo prepevala svoje najljubše duhovne pesmi. Na poti v žitnico je morala prečkati del vasi, kjer je mnogo družin živelo v silnem pomanjkanju. Sudhamani, katere prava narava je bila sočutje, se je počutila zelo potrto, ko je videla njihovo mučno stanje. Ko se je iz mlina vračala domov, je po svoji navadi dala nekaj riža na stran za tiste družine, ki so že dneve stradale. Včasih je njena babica odkrila, da nekaj riža manjka in misleč, da ga je Sudhamani prodala v zameno za prigrizek, jo je okarala in natepla. Ne glede na to, kakšen pritisk so vršili na Sudhamani, nikoli ni izdala imena družine, katerim je dala riž. Mislila je, da se bo šla njena babica zagotovo prepirat z njimi, če bo razkrila, komu je nesla riž.

Med bivanjem v Bhandaraturuttu so Sudhamani med drugim včasih poslali tudi na stražo pred vranami in kokošmi na nanovo posejana riževa polja. Ker je bilo polje precej oddaljeno, ji je ta zadolžitev omogočala biti daleč stran od vseh članov družine in prebiti čas v samoti z mislijo in molitvijo h Gospodu. Vsak njen dih je zvenel z Imenom Krišne. Vsak korak je bil storjen z mislijo na Njegovo božansko Podobo. Njena ljubezen in predanost sta bili tako intenzivni, da se je pogosto zrušila v solzah na robu polja.

Velika uteha za Sudhamani je bila, da je bila njena babica častilka Gospoda Krišne in je na njeni steni visel Krišnov portret. Sudhamani je navadno stala pred njim in prepevala pesmi svojemu Gospodu. Ob takšnih priložnostih ji je njen stric Ratnadasan, ki je imel malo zelo rad, prinesel stolček, da ji ne bi bilo treba tako dolgo stati in bi med molitvijo sedela na njem. A Sudhamani ga je zavrnila rekoč:»Oh, kako naj sedim, ko pa Krišna stoji!« Zanjo portret Gospoda ni bil samo kos porisanega papirja. Na njem je stal Krišna iz mesa in krvi. Za pravega častilca inertna snov ne obstaja. Vsaka stvar manifestira slavo Gospoda.

Sosedje so pogosto prihajali poslušat njene globoke pesmi. Otrokovo nebeško petje je njihov um vedno napolnilo z ljubeznijo in predanostjo. Postopoma so se tudi oni naučili Sudhamaninih pesmi in jih peli v svojih domačih svetiščih. Da bi jo zavaroval pred uroki[2], je Sudhamanin stric na čelo svoje nečakinje namazal sveti pepel blagoslovljen s posebnimi molitvami.

Jesen, zima, pomlad in poletje so minili. Sedaj štirinajstletna Sudhamani je bila poslana v hišo Damayantine starejše sestre. Tudi tokrat je morala sama nositi težko breme. Najprej je prevrela svež neoluščen riž in ga potem posušila na soncu. Njene so bile tudi dolžnosti kuhanja, čiščenja in pranja vseh oblačil. Vsi otroci te družine

---

[2] Vraževerje tega območja

so obiskovali visoko šolo in so smatrali gospodinjsko delo za sramo-
tno. Niso verovali v Boga in so Sudhamani zaradi njene pobožne
drže neusmiljeno zbadali ter ji poskušali onemogočiti prepevanje.
Kaj lahko stori nežen otrok obdan s tako brezčutnimi ljudmi? Ko
so ji začasno uspeli preprečiti petje, je skrila obraz v svoje dlani in
zajokala. Čeprav je bila na zunaj tiho, nihče ni mogel nadzorovati
nenehnega toka njenega srca k njenemu Ljubljenemu.

Ker je hiša stala blizu oceana, je bila vsa voda v bližnjih izvirih
slana. Da je lahko priskrbela pitno vodo, je morala Sudhamani do
oddaljenega izvira sladke vode z majhnim čolnom veslati čez notranje
vode. Včasih je igrala celó vlogo čolnarja in je čez notranje vode v
šolo prevažala otroke svojih sorodnikov. Z velikim veseljem je preko
vodá prevažala tudi druge otroke.

Na poti nazaj je sede v kanuju navdušeno uživala nad lepoto
narave. Ker je lahko neovirano jokala k svojemu Gospodu, je želja
njenega hrepenečega srca, da bi videla Krišno, postala silno inten-
zivna. Spraševala je valove, ki so se dvigali po površini reke: »O mali
valovčki, ste kaj videl mojega Krišno, ki je temno modre barve, barve
nevihtnega oblaka? Ste že kdaj slišali milo glasbo Njegove očarljive
flavte?« Ko je gledala valove, kako se še vedno dvigujejo po gladini,
si je Sudhamani predstavljala, da so ji odgovorili negativno. Med
ihtenjem je razmišljala: »Oh, tako kot jaz tudi ti mali valovčki hudo
trpijo, ker ne vidijo Krišne.« Vsepovsod je zaznavala odsev svoje
lastne mučne bolečine ločenosti. Moledujoče je glasno zajokala:
»O temno modri oblaki neskončnega neba, kam ste skrili mojega
ljubljenega Krišno? O beli žerjavi, ki urno preletavate nebo, ali greste
v Vrindavan?[3] Če boste slučajno srečali Krišno, Mu prosim povejte
za tega ubogega otroka, ki v solzah nenehno misli Nanj!« Kmalu
je Sudhamani izgubila vso zunanjo zavest in na čolnu obsedela
nepremično kot kip. Počasi se je povrnila v svoje normalno stanje
zavesti in spoznala, da še vedno sedi v čolnu, ki ga je nosil tok. Ker

---

[3] Kraj, kjer je Krišna preživljal Svoje otroštvo in še danes biva nešteto
Njegovih častilcev.

so se ta vzvišena duhovna stanja dogajala spontano, so bili tudi časi, ko se je Sudhamani morala soočiti z nevarnostmi, ki bi jo lahko stale življenja.

Nekega dne je mala Sudhamani končala opravilo luščenja riža in pričela veslati svoj majcen kanu nazaj, kjer je tedaj stanovala. Med veslanjem je strmela v nebo in gledala nevihtne oblake, ki so se premikali čez obzorje. Prizor ji je napolnil nedolžno srce z mislimi o njenem ljubljenem modro obarvanem Krišni. V naslednjem trenutku je izgubila vso zunanjo zavest in se potopila v samadhi.[4] Veslo ji je padlo iz rok. Medtem ko je pozabila na svojo okolico in so bile njene oči uprte v nebo, je obsedela v popolnem miru in povsem odrevenela. Sem in tja je zaklicala:»Krišna, Krišna!« Povsem se je izgubila iz sveta. Kanu je plul kot ga je nosil tok. Nenadoma je hrup glasnega motorja naznanil približevanje velike barke, ki je plula naravnost proti Sudhamaninemu majcenemu kanuju! Potniki so z vpitjem opozarjali na prihod barke, a so se zaman trudili zbuditi malo deklico. Ljudje, ki so stali na bregovih reke, so kričali in nekateri so v vodo okrog nje metali kamenje. V zadnjem možnem trenutku se je otroku delno povrnila zunanja zavest in nekako mu je uspelo preusmeriti čoln iz območja nevarnosti.

Ko se je zavrtelo leto naokrog, je bila Sudhamani poslana v hišo Damayantinega najstarejšega brata Anandana, ki je živel v mestu Karunagappallly, približno deset kilometrov iz Parayakadavu v notranjost. Sudhamani je na veselje Anandana in njegove žene svoja vsakodnevna opravila izvrševala skrajno iskreno in z navdušenjem. Za srčno opravljene dolžnosti sta jo celó nagradila s parom uhanov.

Sočutje do revnih je bila ena od izjemnih lastnosti značaja male Sudhamani. Pa naj je bila bodisi v stričevi ali tetini hiši ali pri svoji družini doma, nič je ni moglo ustaviti, da ne bi pomagala ljudem v skrajnem pomanjkanju. V okolici stričeve hiše je živelo več muslimanskih družin in večina od njih je bila zelo revnih. Mala je

---

[4] Napredno stanje meditacije, ko je človekova zavest popolnoma združena z najvišjo Zavestjo.

različne stvari svojega strica previdno vtaknila v žep in jih na skrivaj dala pomoči potrebnim družinam. Čeprav tega sprva ni nihče opazil, so čez čas njene kraje odkrili. Tetka jo je večkrat natepla, vendar se Sudhamani zaradi njenih dejanj nikoli ni čutila prizadeto. Mislila je:»Zakaj bi se morala čutiti prizadeto? Nenaklonjenost se pojavi šele, če se imam za drugačno od njih. Nikoli jih nimam za ločene od sebe. Celó doma me starši tepejo. Zakaj ne bi sprejela takšnega ravnanja tudi tukaj?«

Čeprav je bila večkrat hudo tepena, Sudhamani to ni odvrnilo od usmiljenja do prizadetih. Še naprej je dajala drugim. Takšni pripetljaji izpričujejo brezmejno potrpežljivost, sočutje in odpuščanje, kar je njena prava narava. S tem, ko je vsak dogodek v svojem življenju vzela kot poduk, je svoje življenje darovala kot edinstveno žrtvovanje, prav tako pa pripravljala svoje prihodnje sporočilo ljubezni.

Sudhamanin oster razum je bil zlahka sposoben razumeti in iz katerekoli situacije izluščiti bistvena duhovna načela. Pozneje je vse prestane preizkušnje opisala kot redke Gospodove blagoslove, da bi lahko spoznala kratkotrajno naravo sveta in odnosov v njem. Kot je razložila:»Iz vseh teh izkušenj sem jasno spoznala, da je svet poln bridkosti. Nimamo pristnega sorodstva, kajti vsi naši sorodniki nas ljubijo le zato, da bi izpolnili svoje lastne sebične potrebe. Človeška bitja ljubijo drug drugega zaradi svojih želja. Nihče nas ne ljubi nesebično. Z nesebično ljubeznijo nas ljubi samo Bog.«

Sudhamani je jasno razumela, da bo tesna povezanost s stricem in teto ovira njenemu življenjskemu cilju. Nazadnje je ustvarila okoliščine, ki so jo osvobodile tega suženjstva. Da bi prekinila dogovor in zapustila njihovo hišo, se je nekega jutra na vso moč sprla z družino. Brezčutni sorodniki so ji celó odvzeli vsa darila, ki so jih ji dali, vključno z uhani, in jo praznih rok poslali domov. Ko je odhajala, je Sudhamani vzkliknila:»Nekega dne boste potrebovali mojo pomoč. Do takrat pa v to hišo ne bom več vstopila.«

Po enajstih letih so družino njenega strica začele pestiti finančne težave in so prišli v Idamannel prosit pomoči Sudhamani. Šele tedaj se je vrnila v njihovo hišo, da je opravila čaščenje in jim s tem podarila svoj blagoslov. Tistega dne je Sudhamanina teta objokovala svoja pretekla dejanja z besedami:»Oh, nikoli si nisem predstavljala, da bo mala postala tako velika! Kako neusmiljeno sem jo oštevala in tepla!«

Najvišji Gospod se nikoli ne izneveri izpolniti obljube svojemu iskrenemu častilcu. V velikih indijskih epih mnogo takšnih dogodkov ponazarja resnico, da je Bog služabnik Svojih častilcev.

Tretje poglavje

Solze za Krišno

»Ker nimam niti masla niti mleka, da bi Ti ga darovala, Ti bom darovala malo Svoje bolečine. O Kanna, Tvojim Stopalom bom darovala biserne kapljice svojih solza.«

Mata Amritanandamayi

śri bhagavan uvāca
mayyāveśya mano ye mām nitya yuktā upāsate
śraddha parayopets te me yuktatamā matāḥ
mayyeva mana ādhatsva mayi buddhim niveśaya
nivasiśyasi mayyi evq ata rdhvam na samśayaḥ

Blaženi Gospod je rekel:
Tisti, ki osredotočijo svoj um Name, Me vselej neomajno
častijo in so obdarjeni z najvišjo sraddho (nenehnim zave-
danjem, op. p.), so po Mojem mnenju v jogi najbolj vešči.
Usmeri svoj um le Name, osredotoči svoj razum Vame;
brez dvoma boš nato živel v Meni.

Bhagavad Gita, 12. poglavje, 2. in 8. verz

Vrnitev v Idamannel

Po vrnitvi iz stričeve hiše v Idamannel je Sudhamani, sedaj stara okrog šestnajst let, postala popolnoma potopljena v svoje duhovne vaje, medtem ko je hkrati na svoja ramena prevzela ogromno breme gospodinjskih opravil. Celó v tej deželi svetnikov ostaja njena silna strast po duhovni strogosti, kljub soočanju z velikim nasprotovanjem, edinstvena in brez primere.

Kot vselej je bilo njeno delo neprestano čaščenje Najvišjega. Vsi, ki so v tistih dneh videli Sudhamani, so se zelo čudili. Kako je lahko njeno majhno telo kos tako težkemu bremenu? Damayanti je, odkar je trpela zaradi kroničnega revmatizma, ki se je še poslabšal zaradi opravljanja gospodinjskega dela med Sudhamanino odsotnostjo, postala še bolj ognjevita in kruta. Povrh tega ji je Sudhamanina sočutna narava, ki jo je vodila h kraji stvari iz hiš sorodnikov, prinesla slabo ime. To je še povečalo Damayantino sovraštvo do hčerke. Čeprav je brezhibno opravila svoje gospodinjske dolžnosti, jo je Damayanti stalno grajala in tepla.

Kljub tako krutemu ravnanju njene lastne matere, ji Sudhamani ni zamerila. Dejansko je leta pozneje polna spoštovanja govorila o Damayanti kot o svojem duhovnem Guruju. Z njenimi besedami: »Damayanti Amma je bila na nek način moj Guru. Vame je vtisnila marljivost, požrtvovalnost in disciplino. Vsa moja dejanja je pikolovsko nadzirala. Če je po pometanju ostala na dvorišču čisto majcena smet, me je udarila. Ko je bila vsa posoda pomita, jo je temeljito pregledala in če je našla le drobceno sled umazanije, me je okarala. Če mi je med pometanjem iz metle na tla padla le ena vejica, mi kazen ni bila prihranjena. Če mi je v kuhinjski lonec padel le drobec prahu ali pepela, je sledila kazen. Mati je pričakovala od svojih hčera, da so zgodaj zjutraj molile. Ni se obotavljala politi vrča vode na naše obraze, še zlasti na mojega, če smo zaradi izčrpanosti vstali malce prepozno. Ko sem nabirala travo za krave, me je opazovala od daleč, da bi videla, če sem se z drugimi zapletla v klepet. Celó udarila me je z lesenim batom, ki se je uporabljal za tolčenje riža. Ljudje iz okolice, ki so bili priča dejanj moje matere, so jo pogosto rotili: ‹Prosim, ne kaznuj je tako! Nekega dne se bo poročila!› Toda spoznala sem, da so bile takšne izkušnje samo za moje dobro.«

Lahko da bodo bralci pretreseni zaradi Damayantinega brezčutnega ravnanja do lastne hčerke, zlasti zato, ker je bila znana kot pobožna ženska. Tega pravzaprav ni težko razumeti, če vemo, da njena pobožnost ni temeljila na védenju. Mnogi častilci spoštujejo bogove in boginje ter redno opravljajo verske obrede, vendar je njihov koncept Boga zelo omejen. Boga ne dojemajo kot bivajočega v vseh bitjih, ampak kot Nekoga, ki je zaprt med štirimi tempeljskimi zidovi. Takšni častilci izvajajo verske obrede s ciljem, da bi zadovoljili svoje želje ali ugodili Bogu. Njihov pogled na religijo in čaščenje nima ničesar skupnega z izgradnjo značaja niti z izkoreninjenjem njihovih lastnih negativnih nagnjenj. Takšni častilci nimajo nikakršne želje, da bi kot svoj najvišji Cilj uresničili Boga ali svoj notranji Jaz. Častijo, ker so to počeli njihovi očetje ali iz strahu, da bi si nakopali grehe. Častilci, ki razumejo, pa dojemajo Boga kot vse-prežemajočega in Mu služijo v vseh bitjih. Odpovedo se vsem posvetnim željam in predajo vse svoje bitje Gospodovim lotosovim stopalom. Njihov končni cilj v življenju je uresničiti in postati eno z Najvišjo Resničnostjo. Damayanti je imela zelo omejeno vizijo Boga in duhovnosti, kar se je odražalo v njenih krutih dejanjih do njene nenavadne hčerke.

Čeprav majhna je bila Sudhamani zelo močna. Včasih, ko jo je Damayanti nameravala udariti, ji je otrok zadržal roko. Ker Damayanti ni mogla osvoboditi svoje roke iz Sudhamaninega prijema, jo je poskušala brcniti. Mala je potem prav tako zadržala Damayantino nogo. Ker ni vedela, kako naj potem svojo hčerko kaznuje, jo je pretepla. Ob neki priliki jo je Damayanti udarila celó z mačeto, ki so jo uporabljali za odpiranje kokosovih orehov. Redno pa je nedolžnega otroka brez zadržkov obkladala s prostaškim zmerjanjem.

Sudhamani je bila včasih v odnosu do matere zelo smela in predrzna. Ko ji je Damayanti ukazala:»Ne govori!«jo je takoj ostro zavrnila:»Govorila bom!«Ko je Damayanti rekla:»Ne delaj tega!« je Sudhamani odločno vztrajala:»Naredila bom to!«Toda bolj ko ji je vračala milo za drago, krutejša je bila kazen. Damayanti je svojo hčerko celó preklela, rekoč:»Naj bo to predrzno dekle prekleto! Če bo tudi kot odrasla takšna, bo družini zagotovo prinesla slab sloves. O Bog, zakaj ne končaš njenega življenja?«

Toda Sudhamani se zaradi materinih krutih dejanj sploh ni vznemirjala. V njenih očeh so bili vsi ljudje enaki. Že od majhnega je starejše moške klicala»oče«in vse starejše ženske»mati«. To je še dodatno razdražilo njene starše, ki so smatrali njen svojski način naslavljanja drugih za poniževanje družine. Kregali so jo rekoč:»Se ti zdi primerno klicati vse te umazane ljudi oče in mati?«Sudhamani je

49

odgovorila:»Še nikoli nisem videla svojega pravega Očeta in Matere. Zato je vsakdo moj oče in mati.« Mali je bilo prepovedano nanašati sveti pepel na svoje čelo.

Družinski člani so jo zbadali, rekoč:»Hej punca, ali nameravaš postati sanjasin (tisti, ki se je vsemu odrekel, vadi jogo, meditira in moli k svojemu konceptu Boga v upanju na končni cilj, samadhi – razsvetljenje in posledično mokšo – osvoboditev, op. p.)?« Ni ji bilo dovoljeno niti tega, da bi se oblačila kot druga dekleta. Če si je na svoje čelo prilepila rdečo piko[1] ali oblekla karirasto bluzo ali čisto jakno, so se ji rogali:»Zakaj nosiš ta barvasta oblačila in uporabljaš rdečo piko? Komu se boš razkazovala? Dekleta bi morala živeti kar se da skromno.«

Še bolj osupljivo od obžalovanja vredne zlorabe s strani njene družine je bilo njeno vztrajno prenašanje vsega, kar jo je doletelo. Čeprav je bila občasno predrzna, se v njej nikoli ni pojavil niti kanček sovraštva do njenih mučiteljev. Pozneje je preprosto povedala: »Damayanti me ni kaznovala. Za slabo me je imela samo zaradi svojih omejenih pogledov. Vse te preizkušnje so me vodile po pravi poti, zato do nje nisem čutila nobenega sovraštva.«

Starejši brat Subhagan je bil prava nadloga, ne le do Sudhamani, ampak tudi do ostalih v družini in prav tako do vaščanov. Bil je domišljav ateist, ki je vztrajal, da mora biti ženska zadržana in popolnoma tiho. Zelo znan je bil po svoji vročekrvnosti in Sudhamani je postala njegova vsakdanja žrtev. Ni ji dovolil sklepanja prijateljstev z vrstnicami svoje starosti, ker je bil prepričan, da bo družba pokvarila njen značaj. Kadar je šla Sudhamani po pitno vodo za družino, je hodila vedno sama. Če se je pripetilo, da je spregovorila z drugimi dekleti, je lahko pričakovala, da jo bo Subhagan pretepel. A to pravilo Sudhamani ni moglo prestrašiti, saj je bila veliko raje sama in tako je lahko nemoteno mislila na Boga.

V tistem času je bila za vso vas na razpolago le ena vodovodna pipa in voda je pritekala na vetrni pogon. Pred pipo je bila vedno

---

[1] Sveto rdeče znamenje, ki si ga na čelo nanesejo Hindujci.

dolga vrsta, zato je bilo potrebno dolgo čakati na vodo. Tam so se Sudhamani in druge vaščanke zbrale s svojimi glinastimi vrči in včasih več ur čakale, da je zapihal veter. Če je bila vrsta dolga, je Sudhamani pustila svoj vrč v vrsti in šla medtem nabirt travo za krave. Druge ženske, ki so poznale njeno pobožno in delovno naravo, so ljubeznivo napolnile njen vrč in ji ga postavile na stran.

Kot že omenjeno, je Sudhamani pogosto obiskovala hiše v soseščini, da je zbrala zelenjavne ostanke in riževo kašo za krave. Kadar je morala počakati, da so ji to prinesli, je vstopila v družinsko svetišče, kjer je zapela nekaj duhovnih pesmi ali meditirala. Potem je nekaj časa prebila s starejšimi ženskami iz hiše, jih ljubeče spraševala o njihovem počutju in napeto poslušala njihove žalostne zgodbe. Celó njihovi lastni otroci so jih trpinčili in zanemarjali samo zato, ker so bile stare in slabotne. Tako je bila Sudhamani že v zgodnji mladosti priča minljivosti in sebičnosti človeških odnosov. Kadarkoli je bilo mogoče, je te stare ženske peljala domov, jih okopala v vroči kopeli ter nahranila in oblekla v oblačila svojih družinskih članov.

Če je izvedela za koga, da je brez hrane, mu je prinesla vsaj nekaj surovih živil iz svojega doma. Včasih je pripeljala domov majhne otroke, ki so se potikali naokrog lačni, ker starši niso dobro skrbeli zanje. Sudhamani je poskrbela zanje, nato pa jih odpeljala nazaj na njihov dom.

Nekega dne so Sudhamani zasačili, ko je vzela hrano, da bi jo dala nekemu revežu. Čeprav hudo pretepena, ni prenehala s svojimi sočutnimi dejanji. Kadarkoli je videla, da je potrebna pomoč, je še naprej počela enako. Ob drugi priložnosti je Sudhamani videla družino, ki je stradala zaradi pomanjkanja hrane. Ker ni našla ničesar drugega, jim je dala materino zlato zapestnico, da so jo lahko prodali in s tem denarjem kupili nujno potrebno hrano. Ko je njen oče odkril tatvino, jo je ob napadu besa privezal k drevesnemu deblu in jo neusmiljeno pretepal, dokler ni začelo njeno nežno telo krvaveti. Kljub takšnemu ravnanju je ostala Sudhamani pogumna in jim vse odpustila. Z vsem srcem je molila k Bogu, da odpusti strašna dejanja, ki so jih ji iz nevednosti prizadejali njeni nerazsodni sorodniki. Ko je sedela v samoti, je molila:»O Krišna, kakšen svet je to? Celó mati, ki rodi otroka, z njim ravna neprijazno in ne premore čiste ljubezni do svoje lastne družine. Kje v tem svetu lahko najdem nesebično in čisto ljubezen? Mar prava, pristna ljubezen sploh obstaja? Ali ni morda to samo iluzija?« Včasih so se ji, ko je sedela v družinskem svetišču, ulile solze. Medtem ko je razmišljala o vsem tem, je glasno zajokala:»Krišna, Krišna! Na tem svetu nimam nikogar drugega razen Tebe! Moj um vedno teka za Teboj, hrepeneč po tem, da bi uzrl Tvojo božansko Podobo. Me ne boš vzel s Seboj? O Krišna, prosim, priteci k meni!«

V tem obdobju se je v Idamannel priselil starejši moški, njihov daljni sorodnik. Ni imel več družine ali sorodnikov in je bil zelo slabega zdravja. Niti hoditi ni mogel. Povsem je bil priklenjen na posteljo in nezmožen zadrževati blato in vodo, zato je bila postelja ves čas umazana. Ne da bi jo kdo prosil, je Sudhamani pričela skrbeti za starca. Prevzela je popolno odgovornost zanj. Ostali člani družine so komaj kaj pogledali nanj, češ, naj kar sam skrbi zase. Tako je Sudhamani poleg svojih hišnih opravil, predano in potrpežljivo skrbela še za njegove potrebe. Prala mu je oblačila, ga vsak dan okopala v vroči kopeli, odstranjevala njegove izločke in urin in nadzorovala, da je ob pravem času jemal predpisana zdravila. Čeprav je Sudhamani jasno kazala obilo plemenitih vrlin, se v družini nihče ni zmenil za to, še manj pa razumel ali cenil njen vseobsegajoč odnos do življenja. To je bil lahko le božanski paradoks, da je mala za vse, kar je storila, prejemala le kup udarcev.

Med opravljanjem svojega dela je mislila na Krišno in se pretvarjala, da je ona sama Krišna, Radha, gopijka (pastirica) ali kakšna druga osebnost povezana s Krišnovim življenjem.

Včasih je njeno srce med kuhanjem napolnila podoba Krišnove matere Jašode, kako med pestovanjem svojega dojenčka Krišne stepa mleko. Medtem ko je svoje brate in sestre pripravljala za odhod v šolo, si je zamišljala, da krasi Krišno, Balaramo in Gopasa[2] preden

---

[2] Kravji pastirčki Vrindavana.

bodo šli past krave. Ko je vse to uvidela s svojim notranjim očesom, so ji pritekle solze radosti. Kadar je šla na tržnico po nakupih, si je zamišljala gopijke, kako hodijo po ulicah Vrindavana ter prodajajo mleko in maslo. Namesto, da bi klicale: »Mleko, maslo …,« so klicale: »Krišna, Madhava, Govinda, Achyuta…!« tako globoka je bila njihova predanost!

Za Sudhamani je bila Čista ljubezen in predanost gopijk Šri Krišni vedno vir velikega navdiha. Občasno si je predstavljala sebe kot Radho, Šri Krišnovo ljubljenko. Že samo misel na Radho je povsem prevzela njen um in kaj kmalu se je njeno zavedanje zunanjega sveta izgubilo. Povsem jo je prevzelo božansko stanje, nato pa je v ekstazi pela, plesala in prelivala solze.

Kalina kannan

O temno obarvani,
moje oči milo gorijo, da bi uzrle
Tvoja Stopala. O Tisti z lotosovimi očmi,
priteci s kravami in glasbo Tvoje flavte.

Koliko dni Te že kličem?
Nimaš niti malo sočutja?
Kako hudo napako sem zagrešila?
Mar nisi Ti Ljubljeni častilcev?
Preden se zgrudim v solzah, milostno pridi s Svojo flavto,
ne morem živeti brez da bi videla Tebe,
ki si edina Resničnost, pridi, pridi …

Izpolnjevalec želja, Vzrok vsega,
o temno obarvani, pridi, pridi …
Brez odlašanja in poglabljanja moje žalosti,
o utelešenost Sočutja, pridi, pridi …

Medtem ko je hodila po vodo, si je zamišljala gopijke, kako z vrči na glavi odhajajo k reki Jamuni. Medtem ko je prala oblačila svoje družine, si je predstavljala, da pere svilena oblačila Krišne in gopijk. Ko je oblačila obesila, jih je opazovala, kako plahutajo v vetru in razmišljala:»O, glej, kako lepó Krišnova zlato rumena svilena oblačila plešejo v vetriču!« Medtem ko je nabirala travo za krave in jih krmila, je neprestano mislila na Krišno, kako vsak dan pase krave po travnikih in gozdovih Vrindavana. Predajala se je mislim na igre božanskega Pastirja in gopijk.

Sudhamanin najljubši čas dneva je bil mrak, ko je bredla po notranjih vodah in iskala domače živali, race, koze in krave, ki so se čez dan oddaljile. Medtem je mislila na Krišno, kako išče krave in teleta, ki so se oddaljila od črede. Če je zaslišala duhovno petje, kar je v času somraka v Indiji običajno, je nepremično obstala, ker jo je odneslo v drug svet. To se je dogajalo kar pogosto in kakšen od razburjenih družinskih članov jo je moral iti iskat.

Čeprav je bila Sudhamani nenehno zaposlena s takšnim ali drugačnim delom, je bil njen um odsoten. Napolnjevalo ga je hrepenenje po Krišni. Njegovo sveto Ime je bilo neprestano na njenih ustnicah in že sama beseda »Krišna« ji je prinesla solze v oči. Ker je stalno nosila vodo, prala oblačila vseh v njeni družini ali bredla po notranjih vodah, je bila njena preprosta obleka dan in noč mokra. Z njenimi besedami:»Tako zelo sem si želela imeti suho obleko! A četudi sem imela toliko dela, sem molila k Bogu za še več dela, da bi lahko svoja dejanja neprestano posvečala Njemu. Nošenje vode za kuhanje in kadečih se posod riževe kaše na glavi je povzročilo, da so mi na vrhu glave izpadli lasje.«

Karkoli je Sudhamani počela, njene ustnice se nikoli niso ustavile. Nihče ni razumel, da nenehno ponavlja Gospodovo ime. Nekega dne ji je mlajši brat Satheesh, ki je od ostalih članov družine prevzel navado zmerjanja Sudhamani, izrekel ostro opazko:»Nenehno premikanje ustnic je znak norosti!« Ta opazka ni vznemirila Sudhamani. Kljub temu ga je vedno, kadar je imel napad astme, vso pot nesla na hrbtu do bolnišnice, četudi bi to lažje storil kdo drug. Njegovo astmatično stanje ni skrbelo nikogar drugega razen

3 - Solze za Krišno

nedolžnega dekleta, ki je bilo vselej veselo priložnosti, da lahko služi in pomaga drugim. Ko je Sudhamani končala svoja opravila, je bilo že pozno ponoči. V njihovi in sosednjih hišah ni več gorela niti ena luč. Takrat je Sudhamani glasno pela svojemu Gospodu v družinskem svetišču. Damayanti in Subhagan sta ji vsa besna prepovedala peti v temi in motiti druge med spanjem. Njen starejši brat Subhagan se je pritoževal:»Zakaj tako kričiš in tuliš? Je to zato, da te bo Bog v nebesih lahko slišal? Je tvoj Bog gluh?«Čeprav so jo kaznovali in zmerjali, je to ni odvrnilo od petja Bogu v tihih nočnih urah. Nekoč je Subhagan ves jezen vstopil v svetišče in jo ozmerjal zaradi petja v temi. A je hitro dobil odgovor:»Ti opaziš le zunanjo luč, v meni pa gori luč, ki nikoli ne ugasne!«Ni potrebno reči, da neobčutljivi Subhagan ni dojel notranjega pomena njene pripombe.

Sudhamani se je bala, da bo Bog kaznoval njeno mater, očeta in brata, ker so jo tepli zaradi prepevanja duhovnih pesmi. Da bi jih zaščitila pred takšnimi zlimi dejanji, je pogosto pela potihem. Globoko potrta zaradi ovir, ki jih je ustvarjala njena družina, je Sudhamani jokala, ko je sedela v svetišču. Potem pa so zatrjevali, da dela velik greh, ker se joče med petjem duhovnih pesmi in da jih bo to spravilo v veliko nevarnost. Ne glede na to, kaj je Sudhamani naredila, so jo vedno okrivili. Uboga mala Sudhamani! Ona pa je vse tiho prenašala in vse svoje bridkosti raztopila v sladkih mislih na Šri Krišno.

Že od svojega ranega otroštva ni svojih bridkosti nikoli zaupala nobenemu človeškemu bitju. Edini, kateremu se je izpovedala, je bil Gospod Krišna. Govorila je tudi živalim in Naravi in si predstavljala, da Krišna njene besede pozorno posluša. Ker je vse dojemala kot Krišno, se je pogovarjala z vsemi bitji. Ko se je krava ulegla, je legla tudi ona, tako da se je zadovoljno naslonila na njeno telo in si predstavljala, da leži v Krišnovem naročju.

Ko je Sudhamani gledala zvezde, luno in cvetoča drevesa, jih je ogovarjala:»O moji prijatelji, ste kaj videli mojega Krišno? O blagi vetrič, si kdaj pobožal Njegovo očarljivo podobo? O sijoče zvezde in tiha luna, ali Ga tudi ve iščete? Če Ga najdete, Mu prosim povejte, da ga čaka tudi uboga Sudhamani, da bi Ga videla.«

Ningalil arunumundo

Je kdo od vas videl mojega dragega Kannana?
Vi ga lahko vidite, nikoli pa se ne pojavi pred mojimi očmi.

Znamenje sandalove paste na čelu,
lepota rumene svilene obleke,
valujoči prameni las s pavjim peresom …
Oh, kdaj bom zagledala vse to?
Čemú koristi to telo in moje življenje?
Vsa moja sreča se je končala …
Kako dolgo bo še trajalo to trpljenje?

Tudi »Mati Morje« je bila ena izmed Sudhamaninih prijateljev in ocean je imela za svojo lastno mater. Brž ko je imela prost trenutek, je hitro smuknila na morsko obalo in tam izlivala svoje srčne bridkosti, medtem ko je strmela v prostrane vodne razsežnosti. Temno modra barva jo je spominjala na njenega modro obarvanega Ljubljenega in kaj kmalu se je njena zunanja zavest izgubila.

Sudhamani je opazovala sosede, ki so se preživljali s krojaštvom. Z idejo, da bi pomagala drugim z denarjem, ki bi ga s krojaštvom lahko zaslužila, je sedaj gojila željo po učenju šivanja. S tem bi se lahko izognila nevšečnostim, ki so sledile zaradi jemanja stvari iz domače hiše, zato da je lahko pomagala drugim. Polna upanja je izrazila svojo željo staršem. A Damayantin odgovor ni bil spodbuden: »Ne boš se šla učit šiviljstva, ampak se boš kmalu poročila s plezalcem na kokosove palme!« V Kerali so bili plezalci na kokosove palme ljudje nizkega razreda, saj je njihov edini vir dohodka prihajal od nabiranja kokosovih orehov. Sudhamani so pogosto ujeli pri kraji kokosovih orehov. Damayanti je mislila, da jih je pojedla sama, v resnici pa jih je vedno dajala pomoči potrebnim.

Sudhamani kljub temu ni odnehala, dokler ji starši niso dovolili učenja šivanja za eno uro na dan, vendar pod pogojem, da preden zapusti hišo, opravi vsa domača opravila. V tistih dneh je bila Sudhamanina rutina neverjetna. Nekako ji je uspelo dokončati vsa opravila, ki so morala biti opravljena pred poldnevom. Nato je odhitela k pouku šivanja. Občasno so ji druga dekleta iz razreda, ki so poznala Sudhamanin položaj, prišla pomagat dokončat gospodinjska opravila. V žgoči vročini opoldanskega sonca je morala Sudhamani prehoditi dva ali tri kilometre do šiviljske šole. Po eni uri je stekla domov in pravočasno postregla s kosilom.

Preostanek dneva se je kot običajno nadaljeval z njenim napornim urnikom. Edini trenutki, ki jih je imela na voljo za svojo najpomembnejšo dolžnost, molitev in meditacijo, so bili v tihih urah noči. Med hrepenečim ihtenjem se je mala potopila v stanje Božje omame. Ko se je čez čas vrnila v polzavestno stanje, jo je premagal spanec.

Sudhamanina potrpežljivost, vztrajnost in navidezno neizčrpna energija, so bili čudežni in tako je še danes. Katerokoli delo se je že nagrmadilo na njena pleča, ga je opravila srečna in brez godrnjanja. Čutila je, da sta namen in darma njenega rojstva nuditi pomoč vsakomur, ne da bi jo za to prosil. Pozneje je razložila:»Moja radost je videti srečo drugih. Nikoli nisem mislila na svoje udobje in obremenjenost z delom. Kadarkoli sem imela priložnost služiti drugim, sem jim po svojih najboljših močeh kar se da iskreno in z ljubeznijo pomagala.«

Sprva se je Sudhamani učila šivanja na dveh različnih mestih. Pozneje je izbrala učne ure v župnijski delavnici bližnje cerkvice. Hitro je osvojila tehniko šivanja in nato začela opravljati manjša krojaška dela za revne ženske v soseščini. V začetku je sprejemanje denarja za svoje usluge zavračala, kajti tega ni počela z namenom zaslužiti. Šele ko so starši zavrnili plačevanje stroškov njenega tečaja, je bila prisiljena za svoje delo sprejemati plačilo. Tako je lahko plačevala stroške tečaja, s preostalim denarjem pa je pomagala revnim vaščanom. Prav tako je lahko kupila tudi nekaj osnovnih stvari za šivanje. V šivanju je bila zelo spretna in je kar dobro zaslužila. Ne da bi zase vzela en sam paise[3], je ves svoj zaslužek porabila samo za pomoč ubogim.

V cerkveni delavnici se je med šivanjem zatopila v prepevanje nabožnih pesmi in prelivala solze, ki so kapljale na šivalni stroj. Tamkajšnji duhovnik je bil pobožen starejši moški, ki je hitro prepoznal Sudhamanin izreden značaj. Medtem ko so druga dekleta klepetala, je bila Sudhamani povsem zatopljena v svojo pobožnost. To je duhovnika globoko ganilo in Sudhamani mu je postala zelo draga. To je med drugimi dekleti povzročilo ljubosumje, a je mala kljub temu brez sledu sovraštva do njih kazala enako naklonjenost kot prej.

Satheesh je vedno spremljal svojo sestro na njen tečaj in jo nato čakal na cerkvenem dvorišču ali pa sedel v kotu cerkve. Nekega dne ga je Sudhamani v času molitve vprašala:»Zakaj ne sodeluješ pri molitvi?« Odgovoril je:»Kaj nismo hindujci?« Sudhamani mu je rekla:»Vprašaj duhovnika, če lahko pri molitvi sodeluješ tudi ti.« Duhovnik se je vesel strinjal. Od tedaj se je Satheesh zmeraj udeleževal molitev.

Ko je Sudhamani končala s šivanjem, je odšla na cerkveno pokopališče in tam vezla. Uživala je v tamkajšnji samoti. Sedela je na pokopališču in spraševala rajnke duše:»Kakšno je sedaj vaše življenje? Kje sedaj prebivate? Ste tam srečne? Ali kaj čutite?« Jasno je občutila njihovo družbo in jih skušala potolažiti. Na tem pokopališču je bila pokopana prijateljica Sudhamanine starejše sestre Kasturi. Dekle je kazalo brezmejno ljubezen do Sudhamani tudi takrat, ko jo je njena družina strašno zlorabljala. Morda je bil tudi to eden od razlogov, zakaj je Sudhamani tako rada obiskovala to pokopališče. Govorila je dušam, ki so v svojih subtilnih telesih lebdele naokrog in jim pela žalostinke za njihov miren počitek. Ko je v tišini in miru krščanskega pokopališča sedela v meditaciji, je včasih prešla v samadhi.

Če je po vezenju ostalo še kaj časa, se je Sudhamani vrnila v cerkev, katere notranjost je bila podobna votlini. V šibki svetlobi je

---

[3] Enakovreden centu.

strmela v podobo križanega Jezusa Kristusa. Ko je gledala Jezusa na križu, Ga je začutila kot svojega ljubljenega Krišno. To jo je v trenutku prevzelo. Ob povrnitvi v normalno zavest je zajokala, ko je razmišljala o ljubezni in križanju Jezusa Kristusa in Krišni. Razmišljala je:»O kako sta vse žrtvovala za ta svet! Ljudje so se obrnili proti Njima, pa vendar jih še vedno ljubita. Če sta to lahko storila Onadva, zakaj tega ne bi mogla storiti tudi jaz? Saj to ni nič novega.« Sudhamani se je globoko zavedala skrajne revščine vaščanov. Ker je videla njihovo bedo in trpljenje, je v tihih urah, ki jih je preživljala v svetišču, jokala. Molila je:»O Bog, je to sploh življenje? Samo za grižljaj hrane garajo ljudje iz dneva v dan. O Krišna, zakaj dopuščaš, da stradajo? Zakaj jih prizadene bolezen? Kamorkoli se obrnem, se soočam s sebičnostjo in trpljenjem ljudi, ki ga le-ta povzroča. Mladina moli za svoje dolgo življenje in otroci molijo za zgodnjo smrt svojih ostarelih očetov in mater. Nihče ni voljan skrbeti za starejše. O Gospod, kakšen svet je to? Kakšen smisel ima tak svet? O Krišna, kakšna je rešitev za vse to?« Takšne so bile molitve nedolžnega dekleta.

Po treh letih se je Sudhamani odločila opustiti svoje krojaške učne ure, saj je menila, da jo odvračajo od njenih duhovnih vaj, ki jih je želela poglobiti. V tistem času je bil duhovnik premeščen v drugo župnijo. Preden je odšel, je v Idamannel poslal nekaj deklet iz razreda, da so Sudhamani obvestile o njegovem odhodu. Skupaj s Satheeshem sta ga šla še zadnjič obiskat. Ko je strmel v otroka, so se duhovniku ulile solze in je zajokal. Sudhamani ni podlegla čustvom. Duhovnik je rekel:»Hčerka, sedaj nameravam opustiti to službo. Odločil sem se, da bom živel življenje sanjasina.« Ko sta Sudhamani in Satheesh odhajala, je duhovnik rekel Satheeshu: »Boš videl, Sudhamani bo v prihodnosti postala velika.« Nemara se je dovzeten duhovnik že zavedal sijoče božanskosti v Sudhamani.

Ker je sedaj obvladala šivanje, je Sudhamani izrazila željo, da bi imela svoj šivalni stroj. Damayanti jo je grobo zavrnila, češ da je ambiciozna, Sugunanandan pa ji je večkrat obljubil, da ji bo priskrbel šivalni stroj. Vendar se to ni nikoli zgodilo. Sudhamani se je odločila: »Nič več ne bom prosila zanj. Uporabljala ga bom le, če mi ga bo dal Bog.« Po mnogih letih, ko so se v Idamannelu začeli zbirati častilci, ji je eden od njenih nizozemskih častilcev z imenom Peter kupil šivalni stroj in takrat se je spomnila svoje zaobljube. Bog poskrbi za vse potrebe Svojega pravega častilca.

Vsi otroci, razen Sudhamani, so študirali bodisi v srednji šoli ali na gimnaziji. Vsi so bili lepega videza in svetle polti. Sudhamanina temno modrikasta polt in delavnost pa sta bili razlog, da so nanjo gledali samo kot na služkinjo. Niti za obleči ni imela dovolj. Ko so videli vse te bridkosti mlade Sudhamani ter sovražnost njenih staršev in starejšega brata, so vaščani govorili: »Sudhamani so v zameno za nekaj riževih luščin kupili v Kollamu[4].« Njeni starši so za praznike in ob drugih slovesnostih s seboj v tempelj vzeli vse otroke, vedno pa prezrli Sudhamani in jo pustili doma.

Nekega dne je dobila karirasto bluzo in jo vsa vesela oblekla. Njen starejši brat pa ji je ukazal, naj jo takoj sleče. Izpulil ji jo je iz rok in jo pred njo kriče vrgel na ogenj: »Ta pisana oblačila nosiš samo zato, da bi privlačila pozornost drugih!« Drugič jo je zmerjala Damayanti, ker je oblekla sestrino rumeno svileno jakno. Takrat je sklenila, da bo nosila samo še tista oblačila, ki jih ji bo priskrbel Gospod, samo stara in ponošena, ki so jih drugi zavrgli. Sudhamani je takšna oblačila razrezala in si iz njih napravila bluzo in krilo. Da je lahko krpe iz oblek sešila skupaj, je uporabila niti iz stare vrvi za sušenje perila in bila srečna, da ne bo v breme nikomur. O tistih dneh je pozneje pripovedovala: »Brez prave niti, škarij ali šivalnega stroja sem si nekako uspela zašiti svoja oblačila!«

---

[4] Obmorsko mesto, 35 kilometrov južno od Parayakadavu.

Četrto poglavje

Prava flavta

»*Prava flavta je znotraj. Poskušaj uživati ob igranju nanjo. Ko enkrat slišiš ta zvok, nikoli več ne umreš niti se ne rodiš.*«

Mata Amritanandamayi

Vaggadgadā dravatē yasya cittam
rudatyabhīshnam hasati kvacicca
vilajja udgāyati nrityatē ca
madbhaktiyuktō bhuvanam punāti

Častilec, katerega glas dušijo čustva, katerega
srce se topi zaradi Ljubezni, ki znova in znova ihti,
občasno pa prasne v smeh in osvobojen sramežljivosti
začne glasno peti in plesati, posvečuje ves svet.

Šrimad Bhagavatam, skanda X, XIV. spev, 24. verz

Duhovna blaženost in nenavadno vedenje v Bogu uresničene duše je daleč onkraj razumevanja zavesti običajnega človeškega bitja. Nekateri ljudje imajo žejo po Bogu za norost, drugi ji pravijo psihološka represija (potlačitev, op. p.) in spet tretji popolnoma zanikajo njeno resničnost. Velike duše se ne vznemirjajo. Nikoli se ne zmenijo za nesmiselne pripombe skeptikov in kritikov, saj jih je nemogoče kriviti zaradi njihovega omejenega zaznavanja subtilnih območij zavesti. Ali je fizik zaskrbljen, ker se nek moški na ulici roga obstoju subatomskega delca? Ali se razburja zaradi njegove neutemeljene kritike?

Na sveto Sudhamani nista imela nikakršnega vpliva niti posmehovanje niti zaničevanje. Ko je prišla v pozna najstniška leta, je bila potopljena v neprekinjen tok duhovne zavesti. Njena predanost Šri Krišni je bila neopisljivo intenzivna. Sudhamani se je povsem naravno in spontano vzpenjala od ene do naslednje ravni zavesti. Kot bi breme težkega dela lajšala s svojim srčnim hrepenenjem, ki je nenehno lilo v obliki bridkih duhovnih pesmi, katere je prepevala dan in noč.

Niramilla

Mavrica brez barv, cvetlica brez vonja,
ko je moje srce takšno, zakaj joče za sočutjem?

Življenje je postalo polno hladu, brez sledu topline,
kot vina, ki ne ustvarja več mile melodije,
pač pa le žalostno tišino ...

Ali lotosovi cvetovi lahko cvetejo v majhnem potočku sredi
najtemnejšega gozda,
do katerih ne sežejo sončni žarki?

Ko vidi oblake na nebu, pav razširi svoja krila za ples,
vendar zaman, in ptica čataka[1]*čaka na kapljice vode ...*

Nesposobni razumeti pomena njenih ekstatičnih pobožnih stanj so jo starši in starejši brat neusmiljeno kaznovali in mučili. Prepričani so bili, da so vse njene pobožne dejavnosti znaki kakšne mentalne šibkosti ali depresije.

Sedaj je Sudhamani preživljala svoje dneve in noči v meditaciji, petju in ponavljanju Božanskega Imena. Pogosto se je zaklenila v družinsko svetišče in na veliko grozo svojega starejšega brata plesala v ekstazi. Drugič pa je jokala strta zaradi bolečine ločenosti in pozneje se je znašla nezavestna na pesku. Lahko se le čudimo, kako se je njena ljubezen do Krišne, ki ni poznala nobenih meja, samo še poglabljala. Vrata njenega srca so ostajala na široko odprta in Sudhamani je z velikim hrepenenjem čakala, da se prikaže njen Gospod. Kako lahko sploh opišemo intenzivnost njene vdanosti in samopredaje?

Sudhamani je imela nepotešljivo žejo po poslušanju zgodb o Šri Krišni; kadarkoli je slučajno slišala koga pripovedovati zgodbe o

---

[1] Pravijo, da ptica čataka pije samo sveže dežne kaplje. Ne tekne jim nobena druga voda. V pesmi je mišljeno, da sta oba, pav in čataka, srečna ob pogledu na oblake, vendar postaneta žalostna in žejna, ker ne dežuje.

Njem, se je njena pozornost takoj vsrkala Vanj in je prešla v samadhi. Sudhamani je še dolgo potem, ko je bilo zgodbe konec, sedela nepremično. Do sedaj vaščani v njenem neobičajnem vedenju niso odkrili ničesar nenavadnega ali presenetljivega. Včasih je poklicala majhne otroke in jih spodbudila, da so igrali zgodbe o Krišni. Njihovo igro je opazovala s solznimi očmi in si med njihovim pripovedovanjem zgodbe predstavljala, da poleg nje sedi Krišna in jih pripoveduje On. Pozabljajoč na okolico je objemala majhne otroke, saj je mislila, da so resnično sam Krišna Osebno. Nevajeni takšnega vedenja in ker niso poznali Sudhamaninih nenavadnih stanj, so se je fantki včasih bali. Ker jih je resnično videla kot Krišno, je čaščenje majhnih otrok z darovanjem naivedyama[2] in slaščic ob petju molitev postala navada nedolžnega dekleta.

Kdor se je prebudil v tihih urah noči, je lahko slišal ganljive prošnje male, ki so rotile njenega Gospoda: »Krišna, Krišna! Cilj mojega življenja! Kdaj bom uzrla tvojo čudovito podobo? Bo moje življenje in ves moj trud, da bi Te videla, zaman? So moje molitve, da bi se združila s Teboj, neuslišane? O Krišna, rekel Si, da Si poln sočutja do svojih častilcev. Sem užalila Tvoje sočutno srce? Si ne zaslužim biti Tvoja služabnica? Kako dolgo še bodo te molitve ostale neodgovorjene? Ne čutiš nobenega sočutja do tega ponižnega, zapuščenega otroka? O Kanna, si me tudi Ti zapustil? Kje Si? … Kje Si? …«

Nazadnje se je zgrudila na tla, toda njene noči so ostale neprespane. Ne da bi zatisnila oči, je čakala in čakala v pričakovanju, da bo vsak trenutek prišel Gospod.

Včasih je Sudhamani iz gline oblikovala podobo Krišne in jo častila. V mislih je zaupala svojemu Ljubljenemu: »Veš, nihče me ni učil, kako naj Ti služim in kako naj Te častim. Prosim, odpusti moje napake!« Nato je, ker ni imela cvetja, k stopalom podobe darovala pesek. Po opravljenem čaščenju je čutila, da je prišel Sam Krišna in

---

[2] Obrok darovan Bogu ali božanstvu v templju, preden se ga ponudi častilcem.

da stoji tik pred njo. S tresočim telesom in solznimi očmi je postala Sudhamani preplavljena s pobožnostjo in se je znova in znova vrgla na tla pred glinasto podobo. V naslednjem trenutku je čutila, da bo Krišna kmalu izginil in v hipu je skočila naprej, da bi Ga zadržala. Potem pa je spoznala, da je bila vsa igra le njena domišljija in da je bila glinasta podoba še vedno samo glina. Potrta in objokana je ihteče moledovala:»Krišna, Krišna! Prosim pridi in blagoslovi to, ki je sesuta od hrepenenja po tem, da bi imela videnje Tebe! Je vse to preizkus moje ljubezni do Tebe? Zakaj se obotavljaš? O Kanna, lahko prenašam vsako mučenje, razen ločenosti od Tebe. O Krišna, je Tvoje srce izgubilo vse sočutje?«

Sudhamani to ni vzelo poguma. Polno željnega pričakovanja je ponižno dekle z zaupanjem čakalo na prihod svojega Gospoda. Včasih je imela sebe za Ljubljeno Krišne, drugič pa je bila Njegova služabnica. Ta neizobražen otrok, ki ni hodil v šolo dlje kot do četrtega razreda in ni nikoli bral Ved ali Upanišad, je postal utelešenje najvišje predanosti Gospodu Krišni. V mladi Sudhamani so se različni aspekti najvišje predanosti spontano manifestirali.

Tedaj pa so se finančne zadeve družine močno poslabšale, saj je Sugunanandan pri svojem poslu s prodajo rib utrpel veliko izgubo. Damayanti in družina so bili obupani. Nekega dne je Damayanti rekla Sudhamani:»Zakaj nam Bog povzroča toliko gorja? Hčerka, moli za svojega očeta. Ves njegov posel je propadel.« Sudhamani je razmišljala:»O Krišna, kako se prične gorje? Kje je vzrok za to? Mati je potrta, ker hrepeni po tem, da bi jo mož osrečil in želi živeti udobno. Mar ni to želja, ki onesrečuje? O dragi Krišna, ne vpletaj me v to! Če bom odvisna od ljudi, ki so potopljeni v želje in nevednost, bom zagotovo tudi sama postala potrta. O Krišna, naj se moj um vedno drži Tvojih lotosovih Stopal!«

V tem času so se Sudhamanini starši kljub finančnim težavam odločili, da jo bodo poročili. Damayanti je bila glede vzgoje svojih štirih hčera vedno zelo samosvoja in njena domišljavost glede tega med vaščani ni bila skrivnost. V očeh skupnosti bi morale biti njene hčere značajne in krepostne. Če bi se njihov ugled pokvaril, potem bi bilo v Damayantinih očeh vse izgubljeno. Zato je Damayanti svoje hčere vzgajala z izredno strogo disciplino. Ni jim bilo dovoljeno govoriti z nobenim moškim, še posebej pa ne s fanti.

V tistem času je bil Idamannel obdan z vodo z vseh štirih strani, Damayanti pa je kljub temu okrog hiše zgradila ograjo proti bodočim vsiljivcem. Pa tudi s tem ni bila zadovoljna; priskrbela si je še psa, da bi jo opozoril, če bi se kdo približal hiši. Kadar je pes zalajal, je poklicala Subhagana, da naj pogleda, kdo je prišel. Če je bil tujec ali mlad moški, brat ni hotel odpreti vrat. Damayanti je bila glede svojih odraslih hčera vedno zaskrbljena. Zato se je želela znebiti velikega dela svojega bremena - Sudhamani.

Sugunanandan in Subhagan sta končno našla primernega ženina za Sudhamani in določili so dan za njuno prvo srečanje. Tako se lahko straši že pred poroko prepričajo, da sta si mlada všeč. Srečanje so pripravili brez Sudhamanine vednosti ali privolitve. Ne le to, srečanje je bilo v drugi hiši, daleč od Idamannela. Na izbrani dan je neka gospa prišla na Sudhamanin dom pod pretvezo, da ima zanjo šiviljsko delo. Sudhamani je prosila, naj jo pospremi v njeno hišo, da bo lahko vzela vse mere za krila in bluze njenih hčera.

Ko je Sudhamani prišla v hišo, je spoznala, da je bil njihov namen povsem drugačen. Medtem ko ji je gospa ponudila kozarec čaja, ji je rekla:»Poglej sem, Sudhamani, nekdo sedi v sosednji sobi. Nesi mu čaj.« To je običajen način, kako nevesto predstaviti ženinu. Ker je jasno spoznala njihov skriti namen, je Sudhamani odgovorila z resnim tonom:»Ne morem. Prišla sem vzeti mere, ne pa streči čaj.« Zapustila je hišo in se vrnila domov ter povedala Damayanti o tem dogodku. Šele potem je razumela, da so pravzaprav vse skupaj pripravili njeni starši in starejši brat.

Za Sudhamani je prišla druga poročna ponudba. Tokrat so ženin in njegova družba prišli v Idamannel. Ko je perspektivni ženin prišel, je Damayanti sladko prosila Sudhamani, naj zanj prinese nekaj banan. V prisotnosti gostov je uporna nevesta ostro odgovorila:»Ne bom! Če hočeš, mu greš lahko sama kupit banane!« To je bilo konec snubitve!

Toda starši se niso hoteli odreči svoji zamisli. Prišla je še ena ponudba za Sudhamani in zopet so uredili, da je ženin prišel v Idamannel. Damayanti je že vnaprej proseče in v joku nagovarjala Sudhamani:»Hčerka, prosim, ne spravljaj nas na slab glas. Prosim, bodi vljudna do svojega bodočega moža.« Ko je mladenič poln pričakovanj prišel zato, da bi se srečal s Sudhamani, se je mirno usedel v dnevni sobi. Sudhamani je v kuhinji z lesenim batom drobila posušen rdeč čili. Že prej se je odločila, da se bo s situacijo spoprijela na še bolj grob način kot doslej. Stopila je predenj in držala bat z obema rokama, kot vojak pripravljen napasti sovražnika z bajonetom. Kričala je in mu grozila mahaje z batom, pri čemer je delala smešne geste. Damayanti je od sramu skoraj omedlela, mala pa se ni bila pripravljena tako zlahka vdati. Nadaljevala je svojo dramo, dokler ženinova družba, misleč da je blazna, ni ušla iz hiše. Sudhamani je bila seveda takoj kruto, z brcami in udarci, kaznovana.

Po tem dogodku se je Sudhamani odločila, da bo v primeru, če jo bodo starši znova vznemirjali s poročnimi ponudbami, odšla od doma in nadaljevala s svojimi duhovnimi vajami v kakšni votlini ali na kakšnem drugem samotnem mestu. Glede poroke je bila neomajna, a je verjela, da straši še dolgo ne bodo poskušali narediti novega srečanja.

Grdo ravnanje družine se je še okrepilo. Ker tega ni bila več pripravljena prenašati, se je Sudhamani odločila pobegniti od doma. Še istega dne pa je prav pred njo padel košček časopisa, ki ga je prinesel veter. Pobrala ga je in na svoje presenečenje odkrila, da je to odrezek, ki je poročal o strašni usodi dekleta, ki je pobegnilo od doma. To je vzela kot jasno sporočilo od Boga in se zato odrekla misli, da zapusti dom.

Ob drugi priložnosti jo je kruto trpinčenje njene družine pripeljalo do odločitve, da bi s skokom v morje naredila konec svojemu življenju. Ko je premišljevala o tem, je razglabljala:»Kdo umre? Kdo se rodi? Kdo lahko prizadene pravega častilca Boga?« To močno spoznanje je misel na smrt izgnalo iz njenega uma.

V tistih dneh intenzivne sadhane Sudhamani ni mogla spati v nobeni drugi hiši niti jesti hrane pripravljene v kuhinji posvetnega človeka. Če se je primerilo, da je jedla takšno hrano, je postala izredno nemirna ali pa je bruhala. Zato se je večino dni postila. Če je poskušala ostati v kakšni hiši, kjer so spali posvetni ljudje, se ni mogla niti za trenutek spočiti. A kljub temu je ni skrbelo za spanje, saj je raje ostajala budna, da je lahko meditirala in klicala svojega Ljubljenega. Celó bala se je zaspati, da ne bi v tem času prišel Krišna in bi tako zgrešila dolgo pričakovano vizijo Njegove božanske Podobe.

Celó v tej fazi je Sudhamani nekako uspela brezhibno opraviti svoje gospodinjske dolžnosti. Zaradi njenega nenehnega napornega dela, so ji vaščani dali vzdevek »Kaveri«. Kaveri pomeni popoln značaj obdarjen z vsemi vrlinami. Tudi ko je bila bolna, je hodila od hiše do hiše in prodajala mleko. Ker so vaščani videli njene silne stiske in plemenite lastnosti, so do Sudhamani čutili brezmejno spoštovanje in ljubezen.

Grenke življenjske izkušnje, s katerimi se je morala soočati in brutalno okolje, v katerem je odrasla, so Sudhamani prepričale o minljivi in sebični naravi posvetnega življenja. Njen um je zaposlovalo samo globoko opazovanje življenja in njegov cilj. Ko je raziskovala skrivnost življenja, je razmišljala: »O Bog, ali ne vidiš vseh teh muk in trpljenja? Sem sama na tem svetu? Kdo je moj pravi sorodnik? Kdo je moj Oče in kdo je moja Mati? Kje je v vsem tem Resnica? Je tistemu, ki prevzame človeško telo, usojeno trpeti?« Sudhamani je vedno čutila simpatijo do običajnih ljudi, ki so hrepeneli po bežnih užitkih posvetnega življenja. Zanje je molila: »O Gospod, prosim odreši tiste, ki trpijo zaradi nevednosti in zamenjujejo nekaj velikega za kratkotrajen svet. Prosim, daj jim pravo védenje.«

Damayanti so bile krave zelo pri srcu. Četudi bi trpeli člani družine, ne bi nikoli dovolila, da bi morale kaj hudega prestajati krave. V njenih očeh so bile krave isto kot Bog. V času jugozahodnih monsunov so keralske notranje vode poplavljale rečne bregove in postale eno z Arabskim morjem, kar je povzročilo poplave vzdolž cele obale. V Idamannelu je družinski hlev klonil pred naraščajočimi poplavnimi vodami in v tistih obdobjih je Damayanti pripeljala krave v hišo! Dnevna soba je bila polna kravjakov in urina. Vsi v družini so protestirali in preklinjali Damayanti, razen seveda Sudhamani, ki je imela krave zaradi vdane vloge, ki so jo igrale v Šri Krišnovem življenju, še raje kot njena mati.

Zanjo so bili vsi letni časi enako navdihujoči in vse je bila Božanska Igra. Sploh je ni skrbelo zaradi žgoče vročine poleti, hudih monsunskih nalivov niti hladnih oceanskih vetrov pozimi. V Naravi ni videla ničesar drugega kot svojega Ljubljenega. Od tega sveta ni imela kaj pridobiti; njen edini cilj je bil, da se zlije v lotusna stopala Šri Krišne. Celó zvok dežnih kapelj je Sudhamanino srce napolnil z ljubeznijo. Njej so se zdeli vsi zvoki podobni svetemu zlogu »Aum«, zlasti zvok dežja. V ubranosti s tem zvokom je pela hvalnice svojemu Gospodu. Srečna je opazovala dež in v vsaki dežni kapljici vizualizirala Krišno.

Kot so se Sudhamanine duhovne vaje stopnjevale, so tudi njena abstraktna stanja postajala vedno bolj opazna. Včasih se je šla v kopalnico oprhat in tam so jo našli ure pozneje, povsem odsotno iz sveta. Takšna Sudhamanina stanja so bila skrivnost za družino, ki je bila prepričana, da trpi za neko vrsto duševne blaznosti. Mala je bila osamljen popotnik v svojem lastnem svetu. Kako naj si predstavljamo duhovno globino tega nedolžnega dekleta, katere ljubezen ne pozna nikakršnih meja? Katera druga sila kot Bog Sam jo je vodila globlje in globlje k Samouresničitvi?

Medtem ko je nabirala liste za koze, so Sudhamani pogosto spremljali majhni družabniki, ki so ji sledili povsod, kamorkoli je šla. Njeno družbo so imeli zelo radi; Sudhamani je bila njihov vodja. Ko je sedela na drevesni veji in trgala liste, je v Sudhamani prevladal jasen občutek, da je ona sama Krišna. Pozneje se je spomnila:»Vsi dečki in deklice, ki so stali pod mano, so se mi zdeli gopiji in gopijke.«

Imela je številne božanske vizije. Pozno ponoči je prišel Krišna in se pojavil pred njo. Igralec Božanske flavte jo je prijel za roke in z njo zaplesal. Drugič se je z njo igral in jo spravljal v smeh. V teh blaženih trenutkih je plesala v božanski ekstazi kot še nikoli prej, ples Radhe in Krišne. Takrat je slišala očarljivi zvok Krišnove flavte.

Najprej je mislila, da nekje v bližini igra Krišna na svojo nebeško flavto, potem pa je presenečena spoznala, da zvok prihaja iz njene notranjosti! Takoj so jo premagale solze in zgrudila se je pred sliko Šri Krišne. Če se je primerilo, da je zaspala, se je v trenutku pojavil Krišna in jo zbudil. Pozneje je Sudhamani pripomnila:»Njegova polt je bila kombinacija temno modre in svetlo rdeče.« Včasih je videla posteljo prekrito z raznovrstnim dišečim cvetjem. Krišna jo je prijel za roke in z njo zaplesal po njej. Dvignil jo je nad oblake ter ji pokazal različne svetove in čudovite prizore. Toda Sudhamani je razmišljala:»Kakšen čar imajo te stvari, če Njega ni? On je Bistvo; zunanji videz teh svetov se spreminja!« Njeno prepričanje je bilo trdno. Njen notranji polet k njenemu Ljubljenemu je bil pogost pojav. Predanost male je postala popolna.

Včasih je Sudhamani videla Krišno, kako hodi ob njej. Drugič, ko se je notranje poistovetila s Krišno, se je počutila, da bi najraje strgala vse slike bogov in boginj, vključno tisto, s Krišnovo podobo na steni.»Ti portreti so samo papir in barva; niso Krišna! Jaz sama sem Krišna!« Naslednji trenutek se je njeno razpoloženje spremenilo:»Ne, ne smem strgati teh slik; ta portret mi je pomagal doseči Krišno. Vse je prežeto s Krišno, Najvišjo Zavestjo. Torej je tudi ta portret Tisto!«

Videti in prepoznati vse kot Krišno je zaznamovalo vrhunec vseh teh let žrtvovanja in hrepenenja. Sedaj so videli Sudhamani objemati drevesa ali poljubljati rastline in majhne otroke, saj je povsod, v vsem, videla očarljivo podobo Gospoda Krišne. Nikjer ni bilo niti neskončno majhnega delčka, kjer Ga ne bi bilo.

Pozneje je o tem obdobju povedala:»Navadila sem se gledati Naravo in videti vse kot Krišno. Nisem mogla odtrgati niti ene same cvetlice, ker sem vedela, da je tudi ta Krišna. Ko se je vetrič dotaknil mojega telesa, sem čutila, da me boža Krišna. Bala sem se hoditi, ker sem mislila:,Oh, hodim po Krišni!' Zame je bilo vsako zrno peska Krišna. Že tedaj in pozneje sem sebe močno čutila kot

Krišno. Postopoma je to postalo moje naravno stanje. Nisem več mogla najti razlike med seboj in Krišno iz Vrindavana.«

Tako je postala Sudhamani ustaljena v Oceanu čistega Bivanja in Blaženosti ter dosegla popoln mir uma. Njena istovetnost z Najvišjim pa je njeni družini in vaščanom še vedno ostala neznana. Čeprav je bila na zunaj še vedno videti kot ista običajna vaška deklica, je bila v svoji notranjosti eno z Gospodom Krišno, katere naravno stanje bivanja je bila Ena Resničnost.

Peto poglavje

Za dobro sveta

»*Vsa božanstva hindujskega panteona, ki predstavljajo neštete aspekte Enega Najvišjega Bitja, obstajajo tudi znotraj nas. Božanska inkarnacija lahko za dobro sveta po svoji volji manifestira kateregakoli izmed njih. Božansko stanje Krišne (Krišna Bhava) je manifestacija Puruše ali Čiste Zavesti, aspekt Absolutnega.*«

Mata Amritanandamayi

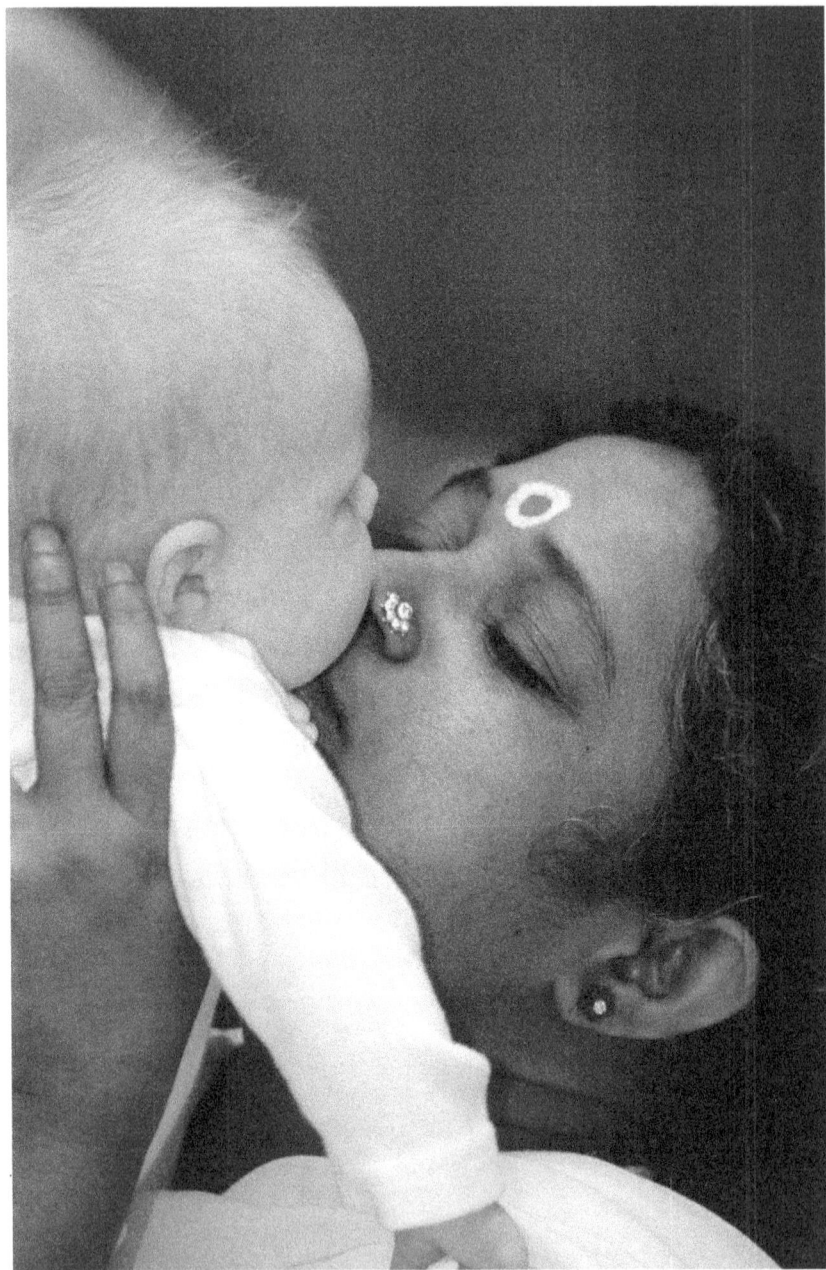

Vamsī vibhūśita karāt navanīra dabhāt
pitāmbarāt aruna bimba phalā taroṣṭāt
purnēntu sundara mukhāt aravinda nētrāt
kṛṣṇāt param kimapi tatva maham na jāne

Ne poznam druge Resničnosti kot je Šri Krišna, katerega
roke držijo flavto,
ki je tako lep kot svež deževni oblak, ki je oblečen v rumeno
haljo,
katerega ustnice so rdeče kot sončni sadež aruna bimba
(Sterculia nobililis op.p.),
katerega obraz je očarljiv kot polna luna
in katerega oči so oblike lotosovih cvetnih listov

Madhusudana Saraswati

Nastop Krišna Bhave

Mlada Sudhamani, katere vse bitje je našlo večni mir v Najvišjem, se je tako kot prej še vedno mučila z opravljanjem gospodinjskih opravil. Močno se je trudila opraviti svoje dolžnosti, toda to, kot bomo videli, ni bilo tisto, kar je imelo Božansko pripravljeno zanjo.

V sredo zvečer septembra leta 1975 so se pripetili dogodki, ki so pozneje zaznamovali začetek novega poglavja v letopisih duhovne zgodovine Indije. Sudhamani je ravno končala z nabiranjem trave za krave in se okrog petih popoldne s svojim mlajšim bratom Satheeshom vračala proti domu. Medtem ko je na glavi nosila velik sveženj trave, je bila v svojem običajnem vzvišenem stanju, na njenih

75

ustnicah pa melodija duhovne pesmi. Ko sta stopila skozi ograd na dvorišče sosednje hiše na severni strani Idamannela, je Sudhamani nenadoma obstala. Slučajno je slišala zadnje verze Šrimad Bhagavatama, ki jih je nekdo glasno bral na dvorišču.[1] Branje se je končalo in začelo se je duhovno petje.

Sudhamani je stala nepremično, ujeta v trenutek, in videti je bilo, kot da napeto posluša prepevanje. Nenadoma pa se je njeno stanje zavesti dramatično spremenilo. Ko je stekla k njim, ji je z glave padel sveženj trave in obstala je sredi zbranih častilcev. Bila je preplavljena z božansko blaženostjo, ob čemer se je njena notranja identifikacija z Gospodom izlila v njeno zunanje bitje ter preobražala njene poteze in gibe v poteze in gibe Samega Šri Krišne!

Osupli častilci so verjeli, da je v podobi tega vaškega dekleta nenadoma resnično prišel k njim Šri Krišna, da bi jih blagoslovil. Sudhamani je prosila enega od častilcev, naj prinese vodo, s katero je potem, kot s sveto vodo, vsakogar poškropila. Novice o Sudhamanini božanski manifestaciji so se hitro širile in kmalu se je zbrala velika množica. Nekateri skeptiki so ugovarjali nenadnemu božanskemu stanju male, rekoč:»Če si res Gospod Krišna, potem nam to dokaži s čudežem. Kako naj sicer verjamemo?«Nemudoma je prišel odgovor: »Ne morem narediti ničesar takšnega, kar ne bi že obstajalo. Vse stvari so dejansko samo projekcije uma. Če imaš v sebi pravi Dragulj, zakaj prosiš za ponaredek? Čeprav je v tebi Čisto Bitje, ga zastira nevednost!«

Nezmožni dojeti to vzvišeno resnico izrečeno od nekoga, ki je nastanjen v Čistem Bitju, so jo znova in znova silili, naj naredi čudež. Sudhamani je odgovorila: »Ne zanima me, da bi iz vas napravila vernike tako, da vam pokažem čudež. Moj namen ni kazati čudežev. Moj cilj je navdihniti ljudi z željo po osvoboditvi skozi uresničitev njihovega večnega Jaza.

---

[1] Vsak mesec je družina moža, imenovanega Šri Narayanan iz sosednje vasi prirejala branje tega velikega epa, ki poudarja življenje in zabave Gospoda Krišne.

Čudeži so varljivi. Niso bistvo duhovnosti. In ne le to; ko boste videli čudež enkrat, jih boste zahtevali vedno znova. Tu nisem zato, da bi ustvarjala želje, ampak zato, da jih odstranim.«

Dvomljivci so vztrajali:»Ne, nič več ne bomo prosili; pokaži nam čudež samo enkrat in potem ne bomo več vztrajali!« Nazadnje je Sudhamani popustila:»Da bi prebudila vero v vas, bom to storila enkrat, toda nikoli več se ne obračajte name s takšnimi željami. Tisti, ki dvomite, pridite na dan naslednje razprave Šrimad Bhagavatama sem, na to isto mesto.«

Ko je bila naslednja razprava Bhagavatama, se je znotraj in zunaj hiše zbrala ogromna množica. Nejeverneži so celó splezali na drevesa in sedeli na vrhu streh v upanju, da bodo razkrinkali prevaro. Poistovetena s Krišno je Sudhamani naročila enemu od dvomljivcev, naj prinese vrč vode, ki jo je nato tako kot že prejšnjikrat kot sveto vodo poškropila po častilcih. Potem je istega moškega prosila, naj v preostalo vodo potopi svoje prste. Na začudenje vseh je voda postala čisto mleko! To so potem kot sveto Božjo daritev razdelili med množico. Nato je Sudhamani poklicala drugega skeptika in ga prosila, naj v vrč potopi svoje prste. Sedaj se je mleko v vrču spremenilo v sladek in dišeč puding (pančamritam), ki je narejen iz mleka, banan, nerafiniranega sladkorja, rozin in sladkornih kristalov. Vsi prisotni so začeli klicati:»O Bog! O Bog!« in so verjeli, da so resnično v božanski prisotnosti Gospoda Krišne. Pančamritam je bil razdeljen med več kot tisoč tam zbranih ljudi, vrč pa je še vedno ostal napolnjen do roba. Dobili so ga tudi nekateri, ki so sedeli v daljavi na obali poleg majhnega banjanovca *(Ficus benghalensis, op. p.)*, a se vsebina posode še vedno ni zmanjšala. A nekaj skeptikov še vedno ni bilo zadovoljnih. Govorili so, da je vse skupaj spretna hipnoza in trdili, da bo pančamritam v nekaj sekundah izginil. Vendar na njihovo veliko razočaranje ni izginil, na rokah vseh pa je sladek vonj ostal še več dni. Ta dogodek je močno povečal vero vaščanov in odtlej so v Sudhamanino božanskost vsi trdno verjeli.

O Krišni Bhavi je Sudhamani pozneje razložila:

»V prvih dneh sem na samem stalno blažena plesala in se vrtela okoli, ves čas v stanju Krišna Bhave, a tega nihče ni vedel. Nekega dne pa sem začutila močno nujo po absorpciji v Najvišje Bitje brez vrnitve. Potem sem zaslišala glas od znotraj, ki mi je rekel: »Tisoče in tisoče ljudi na svetu je potopljenih v bridkost. Zate imam veliko dela, zate, ki si eno z Menoj.«

Šele po tem, ko je slišala ta glas, je Sudhamani manifestirala svojo notranjo identifikacijo z Gospodom Krišno vaščanom. Sudhamani je nadaljevala:

»Lahko sem o vsakomur vedela vse. Popolnoma sem se zavedala, da sem Krišna jaz, jaz sama, ne samo v določenem času manifestacije, ampak ves čas. Nisem se čutila »veliko«. Ko sem videla ljudi in spoznavala njihovo trpljenje, mi je bilo zanje neizmerno žal. Zavedala sem se, da me častilci pozdravljajo in naslavljajo »Gospod«. Lahko sem razumela bridkosti častilcev, četudi mi jih niso povedali.«

Odslej se je Sudhamani poleg majhnega banjanovca, ki je rasel na zahodni strani Idamannela ob poti obmorske obale, redno razodevala v Krišna Bhavi. Okrog drevesa so rasle tudi ljubke cvetoče rastline. Nekaj let prej so vaščani na tem mestu nameravali zgraditi tempelj. Za slovesno otvoritev mesta, na katero bi postavili tempelj, je nekaj vaških mladeničev posadilo še en banjanovec in prižgalo sveto oljno svetilko.

Sugunanandan je spodbujal mladino in aktivno sodeloval pri njihovem trudu. Njegova ostarela mati Madhavi, ki jo je pogosto spremljala Sudhamani, je prišla vsak večer, prižgala oljno svetilko in zapela nekaj svetih pesmi. Pred banjanovcem so zgradili majhno kočo pokrito s prepletenimi kokosovimi listi, vanjo pa postavili portret Gospoda Krišne in Matere Kali.[2]

Sedaj, več let pozneje, je to postalo mesto, kjer je Sudhamani razodevala svojo istovetnost z Gospodom Krišno. Ker je bil ta košček zemlje javna last, je bila to primerna lokacija za zbiranje in udeležbo

---

[2] To majhno svetišče stoji poleg makadamske ceste, ki iz smeri ašrama pelje proti oceanski obali.

ljudi na obetajoči Krišna Bhavi. Leže na tanki veji banjanovca je Sudhamani zavzela položaj Anantasayana, pozo Gospoda Višnuja počivajočega na velikanski tisočglavi kači Ananti. Njeno telo je v tem času samo od sebe postalo tako lahko kot zrak. To je bil za častilce čudovit prizor.

To sveto mesto je postalo pravi Vrindavan, prebivališče Šri Krišne, in ozračje je bilo prežeto z duhovnimi pesmimi v hvalo Gospodu.

Sem so se začeli zgrinjati častilci, ne le zaradi naklonjenega daršana Šri Krišne, temveč tudi zato, da bi jih odrešil njihovih problemov. Namreč po tem, ko so svoje težave med Krišna Bhavo izpovedali Sudhamani, so nadloge častilcev skrivnostno izginile.

V tistih dneh, ko so ljudje molili za rešitev svojih problemov, jim je Sudhamani kot Krišna svetovala, naj prižgejo košček kafre in ji gorečo položijo na njen iztegnjen jezik. Potem jo je z ognjem vred pogoltnila! Ko se je Bhava končala, ni mogel na njenem jeziku nihče najti niti sledu opekline. To dejanje je vero ljudi še povečalo.

Novice o Krišni Bhavi so se hitro širile in v Parayakadavu so se začeli zbirati ljudje iz Kerale in drugih delov Indije. To je pomenilo začetek romanj na ta sveti kraj, ki se še vedno nadaljuje do današnjih dni z vedno večjim številom iskalcev. Nekateri ljudje so prišli prosit ozdravitve, drugi so iskali rešitev materialnih težav, eni so prišli iz radovednosti in spet drugi zaradi pobožnosti. Vsem pa je bilo skupno odkritje, da so se po obisku Sudhamani, vsi našli rešitev za svoje probleme.

Prihajati je pričela tudi skupina lokalnih skeptikov v upanju, da bo razkrinkala prevaro, kar je po njihovo bilo Sudhamanino božansko stanje. Toda mala je v vseh okoliščinah ostala ravnodušna. Pozneje je razložila:

»Med Bhavo prihajajo različni ljudje, da bi me videli, nekateri iz predanosti, drugi zato, da bi dobili rešitev svojih posvetnih problemov in tretji, da bi ozdraveli. Nikogar ne odslovim. Jih lahko zavrnem? So kaj drugačni od mene? Mar nismo vsi biseri nanizani na isti življenjski niti? Vidijo me glede na svoj nivo razmišljanja. Oboji, tisti, ki me ljubijo in tisti, ki me sovražijo, so zame enaki.«

Med prvima dvema Krišna Bhavama je bil Sugunanandan poslovno odsoten. Ko se je vrnil in slišal za skrivnostno preobrazbo svoje hčerke, je posumil, da je to morda kakšna še neodkrita bolezen. Odločil se je, da bo, preden sklene kakršenkoli zaključek, osebno šel pogledat Krišna Bhavo. Tako je v Idamannelu organiziral branje Bhagavatama in tudi tistega dne je Sudhamani razodela svojo enost s Šri Krišno. Ko je videl božansko stanje svoje hčerke, ki je bila že od rojstva polna presenečenj, je bil Sugunanandan tako začuden, da ni mogel izustiti niti besede. Odslej se je Sugunanandan, ki je bil vse življenje goreč častilec Gospoda Krišne, udeležil vseh Bhava Daršanov, ki so postali reden dogodek na tem svetem obalnem ribiškem območju.

Vendar so starši še vedno verjeli, da so Sudhamanina Božanska Stanja le obsedenost z Gospodom Krišno in da so njene vaje čaščenja samo začasne muhe, ki bodo nekega dne prenehale. Čakali so na ta dan, da bi jo potem lahko poročili. Ne moremo jih kriviti za njihovo napačno razumevanje, saj sploh niso imeli pojma o Velikih Dušah in kako se te vedejo. Imeli so preprost pogled na Boga: Njegova manifestacija na zemlji je bila po njihovo strogo omejena na kipce in slike bogov in boginj v svetiščih in templjih. Boga ni mogoče najti nikjer drugje, še najmanj pa v njihovi ekscentrični hčerki!

Navkljub njihovim preteklim izkušnjam so se starši zopet dogovarjali za Sudhamanino poroko in Sudhamani je zopet kruto grozila vsakemu perspektivnemu ženinu, ki je imel takšno smolo, da je prišel v Idamannel. Nazadnje je Sudhamani jezno posvarila svoje starše:»Če vam uspe, da me poročite, bom moža ubila in se potem vrnila v Idamannel!«

Starši, ki jim je vsakič znova grenko spodletelo poročiti Sudhamani, so se odločili, da bodo poiskali nasvet dobro znanega astrologa,[3] ki je živel v oddaljenem kraju in ni še nikoli slišal za Idamannel, Sudhamani ali njeno božansko stanje. Starši so bili

---

[3] V Indiji so poroke tradicionalno dogovorjene med starši po astrološkem nasvetu sinovega ali hčerkinega horoskopa.

polni upanja, da bodo končno ugnali njeno trmoglavost. Po pregledu Sudhamaninega horoskopa, se je astrolog obrnil k Sugunanandanu in mu rekel z resnim tonom: »To dekle je Mahatma (Velika Duša ali Svetnik)! Če poroka še ni dogovorjena, prosim, ne naredite več nobenega nadaljnjega koraka. Če se poroka pripravlja, jo takoj odpovejte. Sicer se boste morali soočiti z veliko nesrečo; in ta vam bo povzročila veliko gorja.« Potrt oče se je težkega srca vrnil domov in vsi načrti za Sudhamanino poroko so propadli.

Ko so ljudje spoznali, da je Sudhamanina manifestacija Krišna Bhave pristna, jih je prihajalo vedno več, da bi prejeli njene blagoslove. Istočasno pa so nekateri ljudje upali, da bodo za podpiranje svojih sebičnih motivov lahko izrabili Sudhamanino božansko radodarnost in da bodo obogateli. Neke noči je k Sudhamani pristopilo nekaj ljudi, ki so želeli videti, če jo bo zamikal denar. Ponujali so ji veliko vsoto denarja, če bi jim pokazala nekaj čudežev. Sudhamani se je glasno zasmejala in jim prijazno povedala:

»Z razkazovanjem čudežev ne pridobim ničesar. Moj cilj ni z razkazovanjem čudežev dobiti slave in materialnega bogastva. V nas je brezmejno in neizčrpno bogastvo božanskosti. Zakaj bi se moral potemtakem človek gnati za kratkotrajnim in cenenim bogastvom sveta? Moj življenjski cilj je nesebično služenje Bogu in trpečemu človeštvu. Tukaj nisem zato, da bi kaj zaslužila, pač pa zato, da se za srečo drugih vsemu odpovem.«

Število častilcev je raslo iz dneva v dan, saj so čudovite izkušnje tistih, ki so prišli k Sudhamani na Krišno Bhavo navdihnile tudi druge, da so pri njej poiskali zatočišče. Morska obala okrog banjanovca je oživela z duhovnim prepevanjem in vaščani, ki so pozabili na medsebojne razlike, so se zbirali skupaj, da bi prejeli njene blagoslove.

Nekoč se je med Krišna Bhavo ob svetišču pod banjanovcem zbrala velika množica častilcev. Nenadoma so se nad njihovimi glavami zbrali temni grozeči nevihtni oblaki in kmalu je sledila nevihta. Ker v bližini ni bilo nobenega zatočišča, so častilci preprosto čakali na neizogiben naliv. Toda na začudenje vseh na mesto, kjer so stali častilci, ni padla niti kaplja, čeprav je vse okrog njih lilo v potokih! V tem času je zlasti ponoči neka strupena kobra pogosto strašila ljudi, ki so hodili po vasi. Ljudje so mnogokrat videli kobro, ki se je prosto plazila naokrog in se ponoči bali hoditi po obali. Nekdo od vaščanov je med Krišna Bhavo pristopil k Sudhamani in jo prosil za rešitev. Tako se je nekega večera med božanskim stanjem pojavila strašna kača. Množica se je razkropila in trepetala na primerni oddaljenosti. Sudhamani pa je neustrašno prijela kobro in se s svojim jezikom dotaknila njenega migljajočega jezička! Potem jo je izpustila. Vaščanov ni nikoli več vznemirjala nobena strupena kača in zopet so se lahko svobodno sprehajali po obali.

Nekoč so »otroci morja«, kakor so običajno imenovali ribiške ljudi, stradali, ker že več dni niso mogli ujeti nobene ribe. Med Krišna Bhavo so pristopili k Sudhamani in ji zaupali svojo nadlogo. Dala jim je tulasijev list[4] in jih poučila, naj ga na določeno mesto vrže v morje kakšen deček in naj potem tam ribarijo. Da bi jo preizkusili, ribiči niso naredili tako kot jim je naročila, pri naslednjem Daršanu pa so ponovno prišli k njej. Preden so uspeli karkoli reči, jih je Sudhamani opozorila na njihovo nagajivost in jim še enkrat ponudila tulasijev list. Presenečeni in skesani so sprejeli list in se napotili k morju, vendar nekako zgrešili določeno mesto. Ker se jih je usmilila, je Sudhamani na naslednjem Daršanu blaženo zaplesala na obali in jim tako podelila svoj blagoslov. Na veliko veselje in olajšanje ribičev je naslednji dan naravnost proti obali priplavala ogromna jata rib. Nikoli prej, v vsej zgodovini vasi, ni bilo tako obilnega ulova. Še dvakrat pozneje je Sudhamani izvedla podobna čudeža v odgovor na iskrene molitve ribičev. Vendar ta samoljubna in z željo spodbujena pobožnost vaščanov od Sudhamani ni bila deležna prav veliko podpore ali spodbude.

---

[4] Tulasi je posebna vrsta bazilike, ki jo imajo za sveto rastlino in je bila še posebej sveta Šri Krišni.

Čeprav je bila Krišna Bhava zunanja manifestacija Sudhamanine neskončne duhovne moči, ki jo je izražala skozi podobo Krišne, so njeni starši in večina vaščanov verjeli, da je bila le v času Bhave začasno obsedena z Gospodom Krišno. Njen starejši brat in starši so prav tako mislili, da trpi za shizofrenijo ali kakšne druge mentalne blodnje. Sudhamani jim je rade volje dopustila, da v to verjamejo. V resnici je bila zadovoljna, da so ljudje kot posledico Bhava Daršana čutili predanost Bogu in se osvobodili svojega posvetnega trpljenja. Ta božanska drama se je razvijala v svojih prihodnjih stopnjah in ob pravem trenutku, glede na potrebe ljudi.

Potek Bhava Daršana ob morski obali je imel tudi svoje senčne plati, čeprav je bilo res, da so se tam lahko častilci svobodno zbirali. Medtem ko so nekateri prihajali zaradi spoštovanja in pobožnosti, je vztrajno prihajala tudi kakšna skupina ljudi, da bi žalila in nadlegovala Sudhamani. Ne le to, ker je izredno hitro naraščalo število častilcev, je to povzročilo čuden splet dogajanj okrog banjanovca. Ena samooklicana skupina vaščanov je celó oblikovala upravni odbor, ki se je takoj odločil postaviti zaklenjeno škatlo za darovanje denarja zase. To je bilo vnaprejšnje opozorilo, da se oblikuje moteče zavezništvo.

Takšni dogodki so Sugunanandana zelo razžalostili. Neke noči je med Krišna Bhavo pristopil k Sudhamani in ji izrazil svojo skrb: »Zame je zelo boleče, ko Te vidim, da opravljaš Bhava Daršan na tem cestnem robu. Pa tudi neznosno je poslušati nejeverneže, ki brijejo norca iz Tebe. Poleg tega Si moja hčerka in srce se mi trga, ko Te vidim na javnem mestu obkroženo z vse mogočimi ljudmi.« Ko je to povedal, so se mu ulile solze.

Sudhamani je odgovorila: »V tem primeru mi ponudi drug prostor, kjer bom lahko sprejemala Svoje častilce. Če ni drugega prostora, bi bil tudi kravji hlev dovolj dober.« Sugunanandan je rade volje privolil in začel za obiskovalce urejati kravji hlev. Kravji hlev je bil zidan, na sredo pa so dodali pol visoko steno, ki je hlev delila na dva prostora. Na eni strani je ostal kravji hlev, druga stran pa je bila pripravljena za Bhava Daršan. Vse štiri strani so bile pokrite s pletenimi palmovimi listi.

Kmalu se je Bhava Daršan izpod obmorskega banjanovega svetišča prestavil v Idamannel, kjer je še danes. Med Krišna Bhavo je sedaj stala Sudhamani v nanovo zgrajenem svetišču. Medtem ko se je naslanjala na pol visoko steno, je sem ter tja z roko pobožala eno od krav, ki so stale na drugi strani.

Neke noči je Sudhamani med Krišna Bhavo poklicala svojega očeta in mu povedala:

»Moji častilci bodo prihajali od vsepovsod. Mnogi od njih se bodo tukaj za stalno nastanili. Soočiti se boš moral z mnogimi ovirami, vendar se ne boj. Potrpi. Proti nikomur se ne maščuj. Ne bodi nevoščljiv. Od nikogar ničesar ne išči. Vse, kar boš potreboval, bo samo od sebe prišlo k tebi, ne da bi za to prosil. Vedno daj del od vsega, kar dobiš, v dobrodelne namene. Sčasoma bo ta prostor postal veliko duhovno središče. Mala bo veliko potovala po svetu. Čeprav boš morda v bližnji bodočnosti moral veliko pretrpeti, te bo Bog vselej blagoslavljal in skrbel za tvoje potrebe. Sorodniki in celó sovaščani te bodo zasovražili in te zmerjali, toda sčasoma bodo postali tvoji prijatelji. Na tisoče mojih častilcev bo postalo kot tvoji lastni otroci. Od tega dne dalje je tvoja mala za vedno čista.«

Sugunanandan je bil znova osupel! Njegova temno modra hčerka, ki je utrpela neštete udarce njegovih lastnih rok, bo šla po svetu?! Zakaj, saj nikoli ni bila dlje od Cape Comorina![5] Na tisoče ljudi bo prišlo v Idamannel? Kje na posestvu pa bodo vsi? Hiša je majcena! In kaj je pomenil njen stavek, da je od tega dne dalje mala za vedno čista?[6] Čeprav so te besede v Sugunanandovem umu zapustile globok vtis, jih je včasih zavračal kot noro besedičenje. Šele

---

[5] Cape Comorin je kraj na jugu Indije, dvesto kilometrov južno od Parayakadavu.

[6] Odkar se je začela Krišna Bhava, ni Sudhamani nikoli več dobila svojega mesečnega perila.

čez nekaj let je spoznal absolutno resnico vsega, kar mu je hčerka povedala tistega dne.

Nekateri lokalni ljudje so mislili, da zaradi prestavitve Krišna Bhave trpijo njihovi interesi in so glasno protestirali, rekoč: »Nočemo Boga, ki sledi željam svojega očeta!« Častilci, ki so se navadili peti pod banjanovim svetiščem, so se zdaj razdelili na dve skupini. Ena skupina je razglašala svoje nasprotovanje z nesodelovanjem, medtem ko je druga skupina tako kot prej prihajala v Idamannel prepevat badžane (duhovne pesmi) med Bhava Daršanom. Jezna zaradi vdane skupine častilcev, je druga skupina vaščanov pričela prihajati v Idamannel z enim samim namenom; to je, da bi se prepirala in povzročala težave. Odkrito so zmerjali pevce badžanov, ker so peli med Bhava Daršanom. Ta sovražna skupina, ki so jo sestavljali tako moški kot ženske, je vztrajala, dokler jih ni bil nekega dne Sugunanandan do grla sit. On in še nekaj drugih častilcev so jih izgnali iz Idamannela. Toda to je bil šele začetek težav.

Gibanje racionalistov

Nekateri od divjaške skupine so bili sinovi vaških posestnikov. Zbrali so se skupaj, da bi oblikovali organizacijo, ki so jo poimenovali »Odbor za odstranitev slepe vere«, znano tudi kot »Gibanje racionalistov«. Iz trinajstih obalnih vasi so uspeli zbrati tisoč mladih, ki so začeli svojo kampanjo, da naredijo konec Sudhamaninemu božanskemu stanju.

Vaščani so ljubili krepostno in plemenito Sudhamani že od njenega otroštva, ko je vsako jutro s svojim očarljivim petjem pozdravljala Krišno. Poleg tega so imeli neomajno predanost in vero v njeno božansko stanje, vendar je Sugunanandanova nepopustljiva narava prebudila prikrita čustva zavisti ali sovraštva, ki so še bila v nekaterih. Že od začetkov Krišna Bhave je Sudhamani med Daršanom posvarila svojega očeta, naj se z nikomer ne prepira ali naj se ne mašču je tistim, ki ji bodo nasprotovali. Ne da bi se menil za njen božanski nasvet, je Sugunanandan vseeno ukrepal proti odboru, kar je le okrepilo sovraštvo tako imenovanih racionalistov.

Izmislili so si slogane, ki so zasmehovali Sudhamani. Nato so o njej objavili vesti z neutemeljenimi in nesmiselnimi kritikami. Njihova maščevalna kampanja pa se tukaj še ni ustavila; njihov trud, da bi očrnili Sudhamani in povzročili konec Krišna Bhave, se je šele začel. Njihov naslednji korak je bil, da so na policiji proti njej vložili lažno peticijo, ki je trdila, da v imenu pobožnosti goljufa ljudi! Kot posledica peticije je v Idamannel prišlo nekaj policistov, da bi jo zaslišali. Povsem mirna je Sudhamani policistom povedala: »Prosim, aretirajte me, če želite, in me odpeljite v zapor. Tukaj mi družina in sovaščani ne dovolijo meditirati. Vsaj v zaporu bom lahko v samoti meditirala na Boga. Če je takšna Božja Volja, naj se zgodi.« Ko je končala, je iztegnila svoje roke. Na policiste je naredil močan vtis njen drzen, a še vedno nedolžen način, kako jih je nagovorila in se soočila s situacijo. Nekateri so mislili, da je najbrž nora, druge pa je očarala njena osebnost in jim je bilo žal, da so takšno Veliko Dušo tako grobo obrekovali in preganjali za nič. Policisti so se ji poklonili in zapustili Idamannel. V tem obdobju lažne peticije in policijskega zaslišanja, je Sudhamani sestavila naslednjo pesem:

Bhagavane Bhagavane

Sočutna Si do svojih častilcev …
O Čista Zavest!
Uničevalka vseh prestopkov!
Ali so sami grešniki na tem svetu?

O Bhagavan! O Bhagavan![7]
Ali obstaja kdo, da bi poučeval pravično pot?

---

7 O Gospod! O Gospod!

Bistvena Načela[8] je najti le
na natisnjenih straneh knjig ...

O Bhagavan! O Bhagavan!
Kar človek vidi,
je le lažen videz in ničvreden kič.
O Kanna, prosim zaščiti pravičnost in
jo ponovno vzpostavi!

Nekega večera je ob mraku v Idamannel med duhovnim prepevanjem zaradi novih pritožb prišel drug policijski uradnik, ki ni bil zadovoljen s prvo preiskavo. Na njegovo presenečenje je ozračje nanj učinkovalo pomirjajoče in ker ni mogel najti nič slabega ali napačnega, je tudi on odšel, ne da bi izustil eno samo besedo.

Neverneži so se še vedno trudili napraviti konec Sudhamaninemu božanskemu stanju. Da bi dosegli svoj želeni cilj, so se sedaj obrnili k še bolj neposrednim in agresivnim taktikam. Njihov naslednji načrt je bil, da gredo med Bhava Daršanom v Idamannel v majhnih skupinah in zgrabijo Sudhamani med njenim božanskim stanjem, jo tako onečastijo in hkrati posnemajo ter se ponorčujejo iz Daršana. Z njo so nameravali grdo ravnati. Ti huligani so bili prepričani, da bo njihov preprost načrt zagotovo uspel, saj so bili ponosni na svoj pogum in svojo moč. Toda še pred koncem noči so polni sramu zapustili Idamannel, ker si iz nekega nerazložljivega razloga med njenim božanskim stanjem niti eden izmed njih ni upal približati Sudhamani.

Ker jih to ni zastrašilo, so sedaj najeli črnega maga, ki je bil zaradi svojega smrtonosnega čaranja na slabem glasu. V Idamannel je prišel sam osebno in Sudhamani ponudil tako imenovani »sveti pepel«, v katerega je priklical zlonamerne sile. Ta pepel je bil pripravljen iz zoglenelega trupla kobre in je bil znan po tolikšni moči, da so njegovi zlobni učinki povzročili smrt osebe, kateri je bil dan.

---

[8] To se nanaša na večne duhovne resnice, ki so zabeležene v vedskih svetih spisih.

Že samo sprejetje takšnega pepela v roko pomeni slabo znamenje, ki prinese veliko nesrečo. Povsem zavestna domnevnih posledic je Sudhamani vzela pepel in si ga pred zlobnim človekom podrgnila po svojem telesu. Mislila si je:»Če bo telo propadlo zaradi tega, pa naj bo tako. Če je to Božja Volja, ji lahko kdo uide?« Brezvestnež je dolgo čakal, da bi bil priča smrtnega učinka svoje magije, ki pa se ni nikoli uresničila. Nazadnje je moral ob priznanju popolnega poraza oditi, saj se niti po nekaj urah ni zgodilo nič nenavadnega.

Sedaj so neverneži v obupu, da bi pokončali Sudhamani in njeno božansko stanje, sprožili svoj najbolj zahrbten načrt. Med Krišna Bhavo so vstopili v svetišče in Sudhamani ponudili kozarec smrtonosnega zastrupljenega mleka. Sudhamani je brezhibno odigrala svojo vlogo in prijazno nasmejana brez obotavljanja spila ves kozarec mleka. Morilski sovražniki so v svetišču nestrpno čakali, da bi videli Sudhamani, kako se bo v krčih zgrudila in umrla. Na njihovo grenko razočaranje je Sudhamani čez nekaj trenutkov pogledala k njim, izbruhala zastrupljeno mleko naravnost prednje in kot da se ni nič zgodilo nadaljevala s sprejemanjem častilcev. Racionalisti so pobegnili in s svojo kampanjo proti njej začasno prenehali. Druga ovira, s katero se je Sudhamani nenehno soočala, je bilo vedenje njene družine. Kljub nenehnemu trpinčenju s strani njenih sorodnikov, ni Sudhamanin um nikoli odstopal od njene mirne, strpne in sočutne odločenosti blažiti bolečino trpljenja ljudem, pa naj je šlo za prijatelja ali sovražnika, sorodnika ali tujca.

Oblikovanje sovražne organizacije in njeni zlobni nameni, da bi škodovali nedolžni Sudhamani, je Suganandanu povzročila veliko duševnih stisk. V tem obdobju je bila Sudhamanina navada, da je svoje noči preživljala zunaj in meditirala pod zvezdnatim nebom. Že od svojega otroštva je vedno imela za sveto samoto in tišino noči, ko se je lahko nemoteno pogovarjala z Božanskim in blažena plesala v stanju Božje omame.

Ko je razmišljal, da bi jo lahko njeni sovražniki neopazno napadli, medtem ko bi sama sedela v meditaciji, se je Sugunanandanov strah za hčerko še povečal. Zato ji je nekega dne ukazal: »Hčerka, pridi spat v hišo!« Sudhamani je neomajna pomirila svojega očeta: »Nimam svoje hiše. Raje spim zunaj. Bog je vspričujoč. Je povsod, zunaj in notri. Torej, zakaj bi me moralo skrbeti? Če bo prišel kdo z namenom, da bi me poškodoval, me bo Bog zaščitil.«

Kar se tiče Damayanti, je imela med Krišna Bhavo vero v Krišno, čim se je Bhava končala, pa je tako kot prej zlorabljala svojo hčerko. Verjela je, da se je Sudhamani polastil Krišna le v času Bhava Daršana, drugače pa tako kot po navadi ostaja njena ponižna služkinja in ekscentrična hčerka. Po nastopu Krišna Bhave Damayanti ni imela druge možnosti kot razrešiti Sudhamani njenih gospodinjskih odgovornosti, kajti njen um je lahko v vsakem trenutku poletel v samadhi, ne glede na to, kje je bila. Če je ravno kuhala ali bredla po notranjih vodah, bi jo lahko popolna absorpcija privedla v resno nevarnost.

Kot že omenjeno, je bila Damayanti zelo ortodoksna kar se tiče hčerkinega obnašanja. Sudhamani je prepovedala, da bi po končanem Daršanu govorila s komerkoli, zlasti z mladimi moškimi. Če pa je, jo je Damayanti večkrat kaznovala in jo natepla brez oklevanja. Še vedno se je bala, da bo njeno nenavadno vedenje prineslo sramoto družinskemu imenu! Čeprav je bila Sudhamani onkraj vseh navezanosti in odpora, so jo starši vedno, razen med Bhava Daršanom, zmotno zamenjevali z navadnim dekletom z vsemi človeškimi čustvi, privlačnostmi in slabostmi. Lahko se le čudimo, kako to, da so bili njeni najbližji najmanj sposobni prepoznati njeno stalno bivanje v Božji Zavesti.

Najbolj trmast član družine je bil Subhagan, Sudhamanin starejši brat. Ni zmogel sprejeti sestrinega načina sprejemanja častilcev in je bil povsem netoleranten do njenega ekstatičnega duhovnega prepevanja in plesa. Sudhamani, ki je bila onkraj vseh dvojnosti, je sprejemala vse na enak način: moške, ženske, otroke in starejše. To je razjarilo Subhagana, ki je poleg tega, da je bil ateist, strastno verjel, da so ženske podrejene moškim in bi morale ostati tihe in nevidne. Svojo sestro je imel za shizofrenika in je naredil vse, kar je mogel, da bi jo oviral.

Nekega dne je namenoma razbil oljno svetilko, ki so jo častilci prižigali v svetišču med Krišna Bhavo. Tisti, ki so to noč prišli na Daršan, so bili povsem obupani, ko so videli razbito svetilko, saj ni bilo nobene druge, s katero bi jo lahko nadomestili. Ko je videla njihove nesrečne obraze, je Sudhamani poslala nekaj častilcev, naj naberejo školjke. Ko so jih prinesli, jim je naročila, naj vanje dajo stenje in jih prižgejo, čeprav ni bilo olja na razpolago. Nakar se je zgodilo nemogoče. Ne le, da so se stenji prižgali, temveč so goreli vso noč, dokler se ni končala Krišna Bhava, in to brez ene same kapljice olja! Ko so jo vprašali, kako je to sploh mogoče, je Sudhamani preprosto rekla: »Lučke so vso noč gorele zaradi sankalpe[9] častilcev.« Na naslednjem Bhava Daršanu je častilec, ki ni vedel za razbito oljno svetilko in zgodbo povezano z njo, svetišču daroval oljne svetilke. Ostalim, ki so ga spraševali o tem, je razkril, da je imel sanje, v katerih je dobil navodilo, naj jih prinese.

Nekateri vaščani, ki so arogantno smešili Sudhamani, so se morali soočiti z veliko nesrečo v svojem življenju. Tu je eden od takšnih dogodkov.

Nekega dne se je Sudhamani po obisku pri sosedih vračala domov. Ob poti je stala skupina vaščanov. Ko je šla mimo, je Sudhamani slučajno slišala enega od njih, ki se ji je rogal. Premožen vaščan je glasno rekel drugemu moškemu: »Poglej to dekle, nora je. Vedno prepeva, pleše in se pretvarja, da je Krišna. Kakšna neumnost! To je primer čustvene histerije. Le če bi jo oče poročil, bi ozdravela.« Ko so slišali te obrekljive pripombe, so njegovi prijatelji prasnili v smeh. On pa je samoljubno nadaljeval: »Če njen oče nima za doto, sem mu zato, da poroči dekle, pripravljen dati dva tisoč rupij kredita. To mu moram povedati še danes!«

Sudhamani ni rekla besede. Ko je prišla domov, je stekla v družinsko svetišče in se zaklenila vanj. Sedla je in svoje srce začela izlivati Krišni: »O Krišna, mar nisi slišal, kaj so rekli? Pravijo, da sem nora! Nič ne vedo o Tvoji lepoti in namesto tega bi me radi

---

[9] Čista namera.

privezali na svoj sebični način življenja. O Krišna, Zaščitnik tistih, ki iščejo zatočišče v Tebi, si me tudi Ti zapustil? Če je tako, kdo Te bo potem, ko bo videl moj obupni položaj, častil? Je to nagrada za solze, ki sem jih prelivala ob misli edino Nate? Sta moja ljubezen in predanost samo blodnji norega dekleta? Vse te dni Si bil moj edini tolažnik. Na modrem nebu vidim Tvoj smejoč obraz, v valovih vidim plesati Tvojo podobo. Jutranja pesem golobic je zvok Tvoje božanske flavte! O Krišna, Krišna. « Ko je tako molila, je začela ihteti in se zgrudila na tla.

Medtem si je premožni moški, ki se je norčeval iz Sudhamani, dal opraviti s pripravljanjem svojih ribiških čolnov in mrež za dnevno ribarjenje. S svojimi delavci je odrinil na morje. Tistega dne so imeli izjemno dober ulov in vsi so bili radostni, ko so veslali nazaj k obali.

Na poti nazaj je eden od delavcev, ki je imel Sudhamani rad in jo je častil, opozoril lastnika čolna: »Veš, ni prav, da se norčuješ iz nedolžnega otroka tako kot si se danes.« Lastnik je porogljivo odgovoril: »In kaj če sem se? Glej, kaj se je zgodilo, ker sem jo zbadal: imeli smo večji ulov kot običajno!«

Častilci so molče sklonili glave. Čoln se je bližal k obali, ko je lastnik nenadoma zaklical: »Hej, zakaj ne gremo v Neendakaro?[10] Tam bomo za svoj ulov dobili dobro ceno. V Parayakadavu so cene zelo nizke.« Strinjali so se in usmerili čoln proti Neendakari. Skoraj so že prispeli do cilja, ko je morje nenadoma postalo nemirno. V hipu so se dvignili silni valovi in udarili ob lesen trup. Čoln poln rib, mrež in mož je na velikanskih valovih divje premetavalo. Ves trud ribičev, da bi obvladali situacijo, je bil zaman. Čoln se je pričel potapljati. Naslednji trenutek jih je zgrabil gromozanski val in čoln treščil ob skale, da se je razbil na koščke. Dnevni ulov je bil izgubljen, eden od najboljših čolnov ponosnega lastnika uničen in njegove ribiške mreže so strgane ležale na skalah. Prihranjena so jim bila le njihova življenja. Ribiči so z velikimi težavami uspeli priplavati do obale.

---

[10] Mesto v Kerali, zelo znano po svojih ribiških tržnicah.

Arogantnega lastnika čolna je doletela povsem nepričakovana nesreča. Sedaj je on hodil s sklonjeno glavo po obali. Strt, ker ni mogel prenesti svoje velike izgube, se je zgrudil na pesek. Delavci, ki so bili oboževalci Sudhamani, so šepetali drug drugemu: »Vidiš rezultat Božje jeze! Prav bahal se je s svojo srečo zaradi norčevanja iz male. Pa poglej sedaj, kaj se je zgodilo!« Drug delavec, tudi častilec, je pridal: »Obale Parayakadava je zapustil po tem, ko je rekel, da mala trpi zaradi histerije in se celó bahal, da bo dal dva tisoč rupij, da jo poročijo. Bomo videli, kje si bo sedaj sposodil ta denar!« Tistega dne je vsega skupaj izgubil petinsedemdeset tisoč rupij. Delavci so se vrnili domov z avtobusom in novice so se bliskovito razširile naokrog.

V tistih dneh je včasih Sudhamani nenadoma postala igriva kot triletni otrok in je razposajeno nagajala častilcem, ki so prišli na Krišna Bhavo. Po končanem Daršanu se je skrivoma prikradla do spečih častilcev. Včasih je privezala en konec ženskega sarija k lasem koga drugega. Drugič je vsula prgišče peska na človeka, ki je spal s široko odprtimi usti. Harshan, Sudhamanin šepav starejši bratranec, je čutil do nje veliko spoštovanje in ljubezen. Če se je zgodilo, da je po Daršanu kje zaspal, ga je Sudhamani poiskala. Prijela ga je za noge, ga vlekla naokoli in se smejala. Tudi njemu je bilo to zelo smešno in vsi častilci so prasnili v smeh, ko so videli Sudhamanine otroške igre. Subhagan ni nikoli maral takšnih norčij svoje sestre in jo je za njeno čudaško vedenje vedno kregal. Kako bi lahko tisti, ki čisto nič ne vé o duhovnosti, razumel povzdignjeno stanje Sudhamani?

O svojem čudnem vedenju je Sudhamani rekla:

»Moj um zato, da bi se zlil z Absolutnim, vedno šviga kvišku. Vedno ga poskušam pritegniti dol; šele potem lahko služim trpečim in se zlijem s častilci. Zato da ohranjam um zaposlen v svetu častilcev, vendar brez navezanosti, se igram takšne igre.«

Šesto poglavje

Kot otrok božanske Matere

»*Ko so se v mojem umu jasno izrazili pleme-
niti navdihi, me je Božanska Mati s sijočimi,
nežnimi rokami pobožala po glavi. Materi sem
s sklonjeno glavo povedala, da je moje življenje
posvečeno Njej.*«

Mata Amritanandamayi

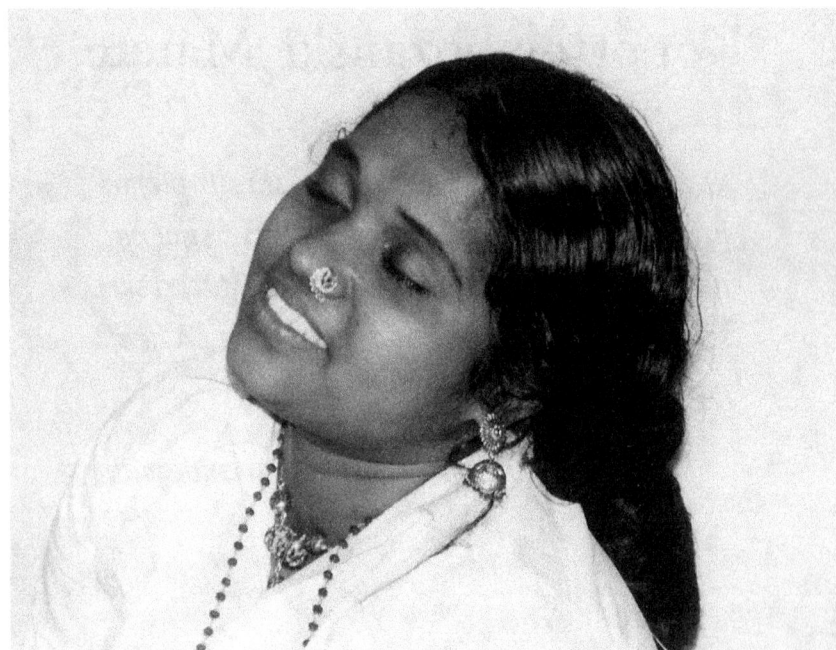

Sivastvam gurustvanca saktistvamēva
tvamēvasi māta pitā ca tvamēva
Tvamēvasi vidyā tvamēvāsi bandhur
gatirmmē matirddēvi sarvam tvamēva

O Devi, resnično Si Šiva, edino Ti si Učitelj,
edino Ti si Najvišja Energija,
edino Ti si Mati, edino Ti si Oče.
Zame so znanje, sorodniki,
hrana in razum Ti.

Devi Bhujangam

Predanost

Edinstvena očarljivost in lepota Bhakti (predanosti) je neopisljiva. Iskrena želja pravega častilca je, da ostane za vedno častilec. Ne želi si doseči niti nebes niti osvoboditve. Zanj je predanost njegovo življenje in Gospod je njegovo Vse v vsem. Častilec izkuša najvišjo radost v opevanju Gospodove slave. Zato Bhakti Šastre[1] navajajo:

Predanost sama je sad predanosti.
V notranji naravi te božanske ljubezni
je nesmrtna Blaženost.

---

[1] Pobožni sveti spisi, kot so *Narada Bhakti Sutre.*

Celó velik svetnik Suka je izkušal nepopisen zanos v opevanju Gospodove slave, čeprav je bil popolnoma nastanjen v Najvišji Zavesti. Takšna je blaženost, ki izvira iz čiste predanosti.

Sudhamani, ki je že bila popolnoma ustaljena v zavesti Krišne, je še vedno imela nepotešeno žejo po tem, da bi uživala blaženost najvišje predanosti, Para Bhakti. Toda njena popolna identifikacija z Gospodom Krišno ji je onemogočala meditirati na Njegovo podobo ali potopitev v Njegovo misel. Tako so njene molitve prenehale teči h Krišni in njena Krišna sadhana se je končala.

Nato je imela Sudhamani vizijo, ki je prinesla veliko spremembo v njeni manifestaciji Boga in njenem služenju svetu. Ta nepričakovana vizija je odprla Sudhamani pot za Devi sadhano, njeno strastno prizadevanje, da spozna Božansko kot vesoljno Mater. Tako je nekega dne doma sama v sobi sedela z odprtimi očmi, njen um pa je bil usmerjen navznoter, absorbiran v notranji Jaz. Nenadoma se je prav pred njo pojavila krogla sijoče luči, rdečkasta kot zahajajoče sonce in hkrati tako pomirjajoča kot luna. Krogla luči ni počivala na zemlji niti ni visela na nebu. Vrtela se je. V ozadju tega žarečega, a še vedno pomirjajočega diska luči, se je pojavila očarljiva podoba Devi, Božanske Matere, s krasno krono na glavi. Vznemirjena zaradi vizije Devi, ki je prevzela njeno srce, je Sudhamani vzkliknila: »O Krišna, Mati je prišla! Prosim, odpelji me k Njej, želim Jo objeti!« Naenkrat je občutila, da jo Krišna dviguje. Z njo se je povzpel nad oblake, kjer je zagledala neznan prizor: veličastne hribe, prostrane goste gozdove, modre kače in strašljive votline. Toda mala ni nikjer našla Devi. Sudhamani je kot majhen otrok zaklicala: »Kje je moja Mati? Videti hočem Svojo Mater!« in začela jokati.

Čudovita vizija veličastne Očarljivke je izginila izpred njenih oči, a je za vedno ostala čvrsto zasidrana v Sudhamaninem srcu. Dolgo časa je ostala pogreznjena v stanje očaranosti. Od tistega trenutka dalje si je želela, da bi ponovno uzrla blag nasmešek in sočutni obraz Božanske Matere. Sudhamani, ki je neštetokrat videla Božansko podobo Krišne, je bila očarana zaradi neopisljivega sijaja Devi. Njeno srce je hrepenelo po Devi in sedaj je bila njena edina želja objeti Božansko Mater, sedeti v Materinem naročju in poljubiti Materino lice.

Tako je Sudhamani, ki ni nikoli meditirala na nobeno drugo podobo, kot na podobo Šri Krišne in je močno verjela, da ni višjega Božanstva od Šri Krišne, sedaj vse svoje bitje posvetila uresničitvi Božanskega kot Univerzalne Matere, Adi Parašakti.[2] Razen v času, ki ga je prebila v Krišna Bhavi, je bila sedaj potopljena v globoko kontemplacijo bleščeče podobe Božanske Matere. V Sudhamaninem srcu je ogenj hrepenenja po viziji Matere gorel neprestano. Prej so njene gospodinjske dolžnosti zahtevale, da je ostajala funkcionalna v vsakdanjem svetu, sedaj pa so bili ti okovi zdrobljeni in je postala povsem izgubljena v tej grobi ravni bivanja. Naporno ji je postalo celó vzdrževanje minimalne skrbi za svoje telo. Mesece je živela le ob žvečenju tulasijevih listov in pitju vode.

Občasno, ko je Sudhamani prišla iz globoke meditacije, je na glas zaklicala:»Amma! Amma! Kam Si odšla? Si tistega dne prišla samo zato, da bi me potem zapustila? Prosim, bodi milostna do tega Tvojega otroka in mu ponovno razkrij Svojo veličastno ljubko Podobo! O Mati, če si zaslužim, me napravi eno s Teboj. Ne morem več prenašati tega hudega trpljenja ločenosti! O vesoljna Mati, zakaj Si tako brezbrižna do srce parajočega klica tega otroka? Prosim, objemi me, vzemi me v Svoje naročje!«

Kannunir kondu

Tvoje noge bom umila s svojimi solzami.
O Katyayani, ne zapusti me.
Koliko dni moram čakati, moja Mati,
na vizijo Tvoje podobe?

Čeprav oklevaš, da bi mi dala, kar želim,
je moj um zadovoljen zaradi Tvoje maje.

---

[2] Prvobitna Najvišja Energija, Ustvarjalka, ženski dvojnik moškega »Šive« ali Čiste Zavesti.

Mi boš dovolila, da ponudim
rdečo rožo Tvojim Stopalom?

Po tej zgubljeni poti tavam v upanju,
da Te najdem.
Je kaj dobrote v Tvojem trdem srcu,
povej mi, o ljubljena Šive?

Ravno tako kot je ob koncu svoje Krišna sadhane Sudhamani občutila, da je vse prežeto s Krišno, je sedaj v vsem začutila božansko Navzočnost Devi. Celó vetrič je bil dih Devi. Nedolžna se je potikala naokrog in se pogovarjala z rastlinami, drevesi, pticami in drugimi živalmi. Zemljo je čutila kot svojo Mater ter se valjala po pesku in klicala:»Amma, Amma! Kje Si? Kje Te ni?«

Nekega dne, ko je po meditaciji prišla iz sobice domačega svetišča, jo je nenadoma preplavil občutek, da je majhen otrok, Narava pa Božanska Mati. V tem stanju se je kot dojenček plazila po vseh štirih do kokosove palme. Tam je sedla, prelivala solze in prosila:»Mati … moja Mati … zakaj se skrivaš pred mano? Vem, da se skrivaš v tej palmi. Ti si v vseh teh rastlinah, Ti živiš v teh živalih, teh pticah! Zemlja ni nič drugega kot Ti! O Mati, kako se skrivaš v oceanskih valovih in v hladnem vetriču! O Mati, moja izmikajoča se Mati! …« Naslednji trenutek je objela kokosovo palmo in jo začutila kot Božansko Mater.

Včasih je Sudhamani legla, toda ne zato, da bi počivala, saj ni bila nagnjena k telesnemu ugodju. Medtem ko je ležala na golih tleh, je neskončno dolgo gledala v brezmejno nebo, srebrnkaste oblake, bleščeče sonce, svetlikajoče zvezde in pomirjajočo luno. Ko so se nad njo zbrali temni nevihtni oblaki, Sudhamani v njih ni videla več Šri Krišne, ampak si je predstavljala dolge padajoče kodraste lase Božanske Matere. Vsaka stvar v neskončnih nebesih je postala znak navzočnosti Devi. Ko je ležala pod milim nebom, ni nikoli spala, ampak je solzna molila k najvišji vesoljni Materi.

O tistih dneh se je Sudhamani pozneje spominjala:»Med hojo sem z vsakim korakom ponovila Božansko Ime. Vsak korak sem naredila šele po ponovitvi mantre. Če bi ob koraku pozabila ponoviti mantro, bi takoj stopila nazaj. Mantro sem ponovila ob popolnem zavedanjem vsakega koraka. Šele potem sem nadaljevala pot. Če se je zgodilo, da sem se morala lotiti kakšne zunanje dejavnosti, sem vnaprej določila število ponovitev mantre pred zaključkom naloge. Med kopanjem v reki sem, preden sem se potopila v vodo, ponovila mantro tolikokrat, kot sem si zadala in prav tako, preden sem se spet vrnila na površje. Nikoli nisem imela Guruja niti me ni nihče vpeljal ali mi dal določene mantre. Mantra, ki sem jo ponavljala, je bila: 'Amma, Amma'.«

V svetih spisih je zapisano pravilo, ki navaja: »V stanju najvišje predanosti dejanja naravno prenehajo.« To je bilo v primeru Sudhamani povsem očitno. Zjutraj si je imela navado umiti zobe, toda že naslednji trenutek se je njen um izgubil v eno samo misel na Božansko Mater. To stanje osredotočene koncentracije se je včasih poglobilo in nadaljevalo več ur. Njena prizadevanja, da bi se okopala, so bila običajno le malo uspešna. Ko je vstopila v kopalnico, je spoznala, da je pozabila prinesti brisačo. Ko se je vrnila z brisačo, je ugotovila, da je prišla brez mila. Obupana je vzkliknila:»O Mati, koliko časa gre v nič samo s tem, ko se poskušam okopati! Naj bo namesto tega moj um raje osredotočen Nate! Če bi Te pozabila samo za trenutek, bi to v mojem srcu povzročilo neznosno bolečino …« Opustila je misel na kopanje in v kopalnici sedela potopljena v samadhi. Minile so ure preden je kdo odkril, da tam sedi potopljena v globoko meditacijo. Da bi jo prebudili in bi se končno okopala, so ji na glavo zlili čeber vode! Če se ni odzvala, so jo divje stresali ali pa so jo preprosto odnesli v hišo.

V območju ob obali ni bilo pravih stranišč. Vsaka družina je na obrežju notranjih voda naredila majhno latrino obdano z obodom iz pletenih palmovih listov. Ker tam ni bilo tal, se je bilo potrebno usesti na desko, da bi lahko opravili svoj klic narave. Ko je Sudhamani sedela na takšni latrini, je mnogokrat zaradi izgube zunanje zavesti padla v vodo.

Sudhamani je dolge ure sedela potopljena v meditacijo na Božansko Mater. Pred začetkom je naredila notranjo namero: »Za to moram sedeti precej časa.« Potem je ukazala telesu: »Telo, sêdi tukaj.« Devi pa je rekla: »Ne šali se z mano. Norčije ohrani Zase. Če mi ne boš dovolila, da sedim in meditiram, Te ne bom spustila!« Če je ob njeno zavest zadela kakšna zunanja motnja, je ugriznila Devi in pulila Njene lase, dokler ni spoznala, da grize svoje lastno telo in da lase puli sebi.

Nekega dne Sudhamani ni mogla sedeti toliko časa kot si je zadala, ker je začutila, da nekdo divje stresa njeno telo in jo moti. Misleč: »To je Njena zvijača! Zakaj mi ne dovoli, da sedim«, je nenadoma odprla oči, stekla iz sobe domačega svetišča in se trenutek pozneje vrnila z lesenim batom, s katerim je nameravala groziti Devi. Ob tem, ko je dvignila bat, je mala zavpila: »Danes bom ...«, že naslednji trenutek pa se je zgrozila ob svoji brezčutnosti: »Kaj! Da bi udarila Devi? Je to prav? Je to mogoče?« Spustila je bat in zopet nadaljevala z meditacijo.

Sudhamani ni zapravila niti sekunde, ne da bi stalno mislila na Božansko Mater. Če se je zgodilo, da ji je kdo kaj govoril, si je predstavljala, da je ta oseba Devi. Oseba je še naprej govorila, dokler ni opazila, da je mala skrivnostno zdrsnila v drug svet. Če se je zavedla, da je minil trenutek brez da bi mislila na Devi, je bila Sudhamani zelo nesrečna in je potožila: »O Mati, toliko časa je šlo v nič!« Da bi nadoknadila izgubljen čas, je tistega dne svojo meditacijo podaljšala. Če se je zgodilo, da je morala meditacijo izpustiti, je celo noč hodila gor in dol, ob vsakem koraku ponavljala mantro in iskreno molila: »O Mati, kakšno korist ima to življenje, če ne morem meditirati Nate? Brez Tebe je samo Maja (slepilo, op. p.), ki čaka, da me bo požrla. O Mati prosim, daj mi moč! Podeli mi Vizijo Tebe! Raztopi me v Tvoj večni notranji Jaz!«

V tihih nočnih urah je Sudhamani nadvse rada meditirala ob oceanu. V bučanju valov ji je odmeval sveti zvok »Aum«. Prostrano temno modro nebo, ki se je iskrilo od neštetih zvezd, je odsevalo neomejeno božanskost Matere. Tukaj se je njen um v trenutku obrnil navznoter in spontano ostal v notranjem Jazu.

Če je v takšnih nočeh Sugunanandan iskal svojo hčer, je postal zelo vznemirjen, kadar je ni mogel najti v hiši ali na dvorišču. Nazadnje ga je iskanje privedlo do morja, kjer jo je našel. Tam je sedela nepremično kot skala, potopljena v globoki meditaciji. Nekateri vaščani, ki so napačno razumeli namen Sudhamaninih nočnih obiskov obale, so začeli širiti zlobne govorice o njej. Ko so te prišle na ušesa Sugunanandanu, je svoji hčerki strogo prepovedal hoditi ponoči k morju.

Ti dogodki, ki označujejo zgodnjo fazo Sudhamanine Devi sadhane, so družini prišli prav, da so bili le še bolj prepričani v njeno norost. Ta visoka stanja čiste predanosti so močno presegala sposobnosti razumevanja običajnega človeka. Včasih je Sudhamani ihtela kot majhen otrok, medtem ko je klicala nevidno Bitje; drugič je ploskala z rokami in se glasno smejala, potem se je valjala po tleh in med klicanjem:»Amma, Amma« poskušala poljubiti valovčke na vodi. A vseeno je malce nenavadno, da so njen polet od edinega k Edini napačno zamenjevali za norost. Celó častilci, ki so jo obiskovali med Krišna Bhavo, so to Sudhamanino strastno prizadevanje, da bi dosegla enost z Božansko Materjo, razumeli popolnoma napačno.

Ironično je, da niso, čeprav jo je družina imela za noro, nikoli poskušali odkriti vzroka za to ali jo zdraviti. Namesto tega so vztrajali v svoji navadi zasmehovanja in trpinčenja, še zlasti njen starejši brat Subhagan. Njihovo ravnanje je nazadnje postalo tako nečloveško, da se je Sudhamani odločila končati svoje življenje s skokom v ocean. Jokala je in rotila Božansko Mater:»Ali sem tako zlobno dekle? Zakaj je moja družina še vedno tako kruta? Ljudje imajo radi le lepe. Nikjer v tem svetu ne vidim čiste ljubezni. O draga Mati, čutim, da je vse iluzija. O Mati, mar nisi zaščitnica Svojih častilcev? Mar nisem Tvoj otrok? Si me tudi Ti zapustila? Če je tako, čemu naj potem nosim to telo? Breme je tako meni kot drugim. Sprejmi Svojega otroka, o Mati Morje!« Sudhamani je odločno stekla k oceanu. Ko je ravno nameravala skočiti, je uvidela, da je prostrano morje Devi Sama.

Nezmožna ohraniti svoj um na fizični ravni je prešla v samadhi in nezavestna padla na pesek.

Harshan, Sudhamanin bratranec in častilec, je nehote slišal njeno poslovilno molitev, ko je tekla iz Idamannela. Naglo ji je sledil, saj je doumel njen namen. Ko jo je tik ob vodi našel nezavestno, jo je zahvaljujoč Bogu, da je še živa, spoštljivo odnesel nazaj v Idamannel. Mnogo vaščanov je sočustvovalo s Sudhamani, čeprav so jo tudi nekateri od njih imeli za noro. Komentirali so:»Glej, kako bedno je njeno stanje! Ubogo dekle! Nihče ne pazi nanjo; celó starši so jo zavrgli. Ko je bila zdrava in normalna, je zanje dan in noč garala, sedaj pa jih sploh ne zanima, da bi skrbeli zanjo. Mar ni njihova hčerka?«

Nekaterim ženskam, ki so živele v soseščini, se je Sudhamani smilila in začele so ji ljubeče služiti. Te ženske so jo že od njenega ranega otroštva zelo občudovale. Sedaj so bile častilke Krišna Bhave in so prepoznale Sudhamanin duhovni sijaj in vse-zaobjemajočo ljubezen. Nekako so nejasno razumele njena vzvišena duhovna stanja. Kadarkoli so mogle, so ji pomagale in jo reševale iz nevarnosti.

Chellamma in njena hčerka Vatsala sta živeli na majhni zaplati zemlje, ki leži pred Idamannelom. Vatsala je imela Sudhamani za svojo bližnjo prijateljico in je do nje čutila brezmejno ljubezen. Ker sta živeli tako blizu Idamannela, sta z materjo pogosto opazili, kako je mala nezavestna padla v notranje vode. Takoj sta jo potegnili ven, jo posušili in oblekli v čista oblačila.

Pushpavathi in njen mož Bhaskaran sta bila oba njena goreča častilca. Sudhamani sta ljubila kot svojo lastno hčerko in bila žalostna, ko sta videla, kako jo njena družina trpinči. Sestrama Remi in Rati, ki sta tudi živeli v bližini Idamannela, je bila mala zelo pri srcu. Še ena vdana prijateljica Aisha, Sudhamanina sestrična po tetini strani, je bila do Sudhamani prav tako izredno prijazna in ljubeča. Te gospe so bile blagoslovljene s služenjem Sudhamani v njenih dnevih intenzivnega tapasa.[3] Ko je Sudhamani povsem pozabila

---

[3] Stroga duhovna disciplina.

na okolico, jo je ena od njih pogosto našla ležati v blatni vodi ali na kakšnem drugem umazanem mestu. Če je niso mogle spraviti k zavesti, so jo na rokah odnesle v svojo hišo. Kot majhnemu otroku so ji umile zobe, jo okopale v vroči kopeli, oblekle v sveža oblačila in jo s svojimi rokami nahranile.

Subhagan je bil tako kot prej še vedno sovražen do Sudhamani in njenega božanskega stanja. Pogosto je pritiskal nanjo, naj prekine s Krišna Bhavo, saj jo je še vedno imel za sramotno razkazovanje, ki bo prineslo sramoto družinskemu imenu. Ker se Sudhamani za njegove zahteve ni zmenila, se je odločil za bolj drastične ukrepe.

Nekega dne je Sudhamani po Bhava Daršanu nameravala vstopiti v hišo, ko ji je pot nenadoma zaprl Subhagan, ki je preteče stal med vrati. Zavpil je nanjo: »Ne boš vstopila v to hišo! Vstopiti ti bo dovoljeno šele po tem, ko boš prenehala s tem sramotnim prepevanjem in plesanjem!« Sudhamani je vzela te besede kot Božji Ukaz in odšla proč, brez da bi zamrmrala eno samo besedo ter sedla na dvorišče. Subhagan ji je tudi to glasno prepovedal. Nato je Sudhamani vzela prgišče peska in ga dala Subhaganu, rekoč: »Če je to tvoje, potem prosim preštej ta pesek!«

Od tedaj je živela na prostem, česar je bila zelo vesela. Nebo nad glavo je postalo njena streha, zemlja njena postelja, luna njena luč, morski vetrič njen pahljača. Te neprijazne razmere so povzročile, da je še bolj okrepila svoje odrekanje in odločnost, da uresniči Božansko Mater. Z rokami dvignjenimi nad glavo in s solzami polzečimi po licih kot majhnemu otroku, ki roti svojo mater, je Sudhamani glasno klicala: »Amma, Amma … Si me pustila tukaj umreti zaradi hrepenenja po viziji Tebe? Dnevi en za drugim minevajo. Moj um še vedno ne najde miru, ker ne vidim Tvoje očarljive Podobe. Vsi moji upi so v Tebi. Me boš tudi Ti zapustila? Mar ne vidiš mojega obupnega stanja?« V tem času je Sudhamani napisala naslednji pesmi:

Bhaktavalsale Devi

O Devi, o Ambika, Poosebljena Lepota,
o Ti, ki si ljubeča
do Svojih častilcev,
prebivaj tukaj,
da boš končala muke častilcev …

Ti si vse, dovolj mogočna,
da končaš mojo bridkost, ki je temelj vsega…

Ti stojiš kot Vladarica vseh bitij,
Ti si svet in prav tako njegova Zaščitnica …

Verujoča to, Te slavim s predanostjo.
O vesoljna Boginja, želim Te videti …

Koliko dni že hrepenim, da bi Te videla …
Slavim Te, ne da bi izgubila en sam trenutek …

Sem mar zagrešila kakšno napako
ali pa Ti ni mar končati mojega trpljenja?

Ali pa morda želiš, da moj notranji Jaz izgori v pepel.
Postajam zbegana;
ne vem ničesar …

Bo resnica, ki jo ohranjam v svojem srcu,
da so Materi vsi otroci enaki, postala zmotna?

Da bi se končala moja bridkost,
Te bom prosila za malo nektarja Tvoje Milosti,
ki lije iz bežnega pogleda Tvojih svetih oči …

Padla bom k Tvojim svetim Stopalom,
da bi videla Tvoj milosten obraz
in prosila za darilo življenjske Izpolnitve …

Oru tuli sneham

O Mati, za izpolnitev mojega življenja
daj mojemu suhemu gorečemu srcu kapljico Svoje ljubezni.
Zakaj, o zakaj podstavljaš goreč ogenj,
da bi pognojila to ožgano ovijalko?

Koliko vročih solza sem v izbruhih
joka darovala pred Tebe?
Mar ne slišiš razbijanja mojega srca
in agonije, ki se izrazi v zatrtih vzdihih?

Naj se ogenj ne razširi in ne pleše
skozi gozd sandalovih dreves.
Naj ta ogenj bridkosti ne pokaže svoje moči
in naj ne izbruhne kot drobljenje opek …

O Devi, ob opevanju Imena »Durga, Durga«
je moj um pozabil na vse druge poti.
O moja Durga, nočem niti nebes niti osvoboditve.
Želim si le čisto predanost Tebi …

Njen tapas je postal tako intenziven, da je Sudhamanino telo postalo izredno vroče, kot da bi stala na gorečem premogu. Vročina je bila tako neznosna, da je težko nosila oblačila. Da bi se rešila žgočega občutka, se je valjala v blatnem pesku notranjih vodá. Včasih je ure ostajala v vodi, potopljena v globoko meditacijo.

Iskreni in goreči Sudhamanini častilci so jo v obdobjih posebnega čaščenja vabili na svoje domove. Verjeli so, da bo njena navzočnost podelila duhovni sijaj in moč vsem prisotnim. Te družine so prihajale v Idamannel in s seboj na svoj dom odpeljale Sudhamani z avtobusom. Včasih je postala Sudhamani med čakanjem na avtobusni postaji omamljena od Boga. Pozabljajoč na zunanji svet se je valjala po tleh in planila v blažen krohot. Seveda ljudje niso mogli razumeti njenega stanja. Zbrali so se okrog nje in jo presenečeno gledali. Drugi so se norčevali in jo obsojali, da je nora. Otroci so stali okrog nje in se ji posmehovali. Toda takšno ravnanje na Sudhamani ni imelo vpliva. Katere porogljive besede bi lahko dosegle svet, ki se ji je razkrival? Kakšno trpinčenje bi lahko omadeževalo omamno stanje Božanske Blaženosti nedolžnega dekleta? V svoji globoki bolečini zaradi ločenosti od Božanske Matere je Sudhamani včasih glasno jokala in kričala. Ob takšnih primerih so se okrog nje zbrali majhni otroci in jo rotili: »Starejša sestra, ne joči! Te boli glava?« Sčasoma so tudi oni spoznali, da joče, ker želi videti Devi. Med takšnimi nenadzorovanimi izbruhi je ena od njenih mlajših sester oblečena v sari in s spuščenimi lasmi stopila pred njo in se postavila v pozo Devi. Sudhamani je radostna stekla k njej in jo objela. Kadar je v tem stanju opazila katerokoli lepo dekle, je očarana neustavljivo stekla k njej, jo objemala in poljubljala ter videla le Devi.

Ko je Sugunandan videl skrajno zanemarjeno telo svoje hčerke, se mu je zasmilila, zato ji je večkrat poskušal zgraditi slamnato zavetje, da bi jo varovalo pred dežjem in soncem. Ko je ležala ali sedela potopljena v meditacijo, so njeni starši izkoristili priložnost in ji napravili senco. Ko se je povrnila v normalno zavest in videla, kaj so naredili njeni starši, je vse odstranila, rekoč: »Tudi to bo postalo razlog za žalost. Koliko dni boste lahko to tukaj čuvali? Kdo pa bo to vzdrževal, kadar vas ne bo tukaj? Naravno naj vzdržim vročino, mraz in dež in jih tako presežem.«

V tistih dneh intenzivnega hrepenenja po Božanski Materi je Sudhamani prevzela naravo dveletnega otroka, otroka Božanske Matere. Njeno poistovetenje z vedenjem otroka do Matere je bilo tako popolno, da je le v luči tega dejstva mogoče razumeti mnogo njenih dejanj. Nekega dne je bila po meditaciji zelo lačna in žejna. Ravno tedaj je zagledala Pushpavathi iz sosednje hiše, ki je dojila svojega dojenčka. Sudhamani je odšla naravnost k njej, odstavila dojenčka in sama legla v njeno naročje, da bi se nahranila. Namesto nelagodnega počutja zaradi tega Sudhamaninega nepričakovanega dejanja, so Pushpavathi do nje preplavila materinska čustva. Podobno se je večkrat dogajalo, dokler Pushpavathi ni spoznala, da je dojenčka varneje hraniti izven vidnega polja nedolžne Sudhamani.

Nekega dne je Sudhamani nezavestna ležala v blatu in pesku blizu notranjih vodá. Častilci, ki so jo našli, so se ustrašili, ko so jo videli ležati tam z nosnicami, očmi, ušesi in lasmi polnimi umazanije in peska. Nenehen tok solza je pustil sledove na njenih temno modrih licih. Častilci so obvestili Sugunanandana o njenem sočutja vrednem stanju, vendar je njihovo prošnjo ignoriral. Osupli zaradi njegove brezbrižnosti so jo odnesli v hišo, vendar je niso mogli zbuditi. Z njenega telesa so očistili umazanijo in jo nezavestno položili na ležišče njenega starejšega brata ter jo pustili tam, da bi udobno počivala.

Ko se je Subhagan vrnil domov, je našel Sudhamani ležati na njegovem ležišču. Povsem je pobesnel in začel divje tresti posteljo. Kot norec je vpil:»Kdo je dal tega bednika na mojo posteljo? Kdo je spravil tega bednika na mojo posteljo?« Postelja se je razletela na kose, Sudhamani pa je ležala sredi teh razbitin, izgubljena v drugem svetu. Pozneje, ko je izvedela o dogodku in da je bila v nevarnosti, je preprosto rekla:»Vse, kar se zgodi, je Božja Volja.« Že ob naslednjem Daršanu je na veliko presenečenje vseh, častilec, ki je bil mizar in ni ničesar vedel o dogodku prejšnjega dne, Sudhamani poklonil posteljo, mizo in stole. Ko so ga o tem povprašali, je rekel, da je imel sanje, v katerih se je pojavil Krišna in mu povedal, naj vse to prinese mali.

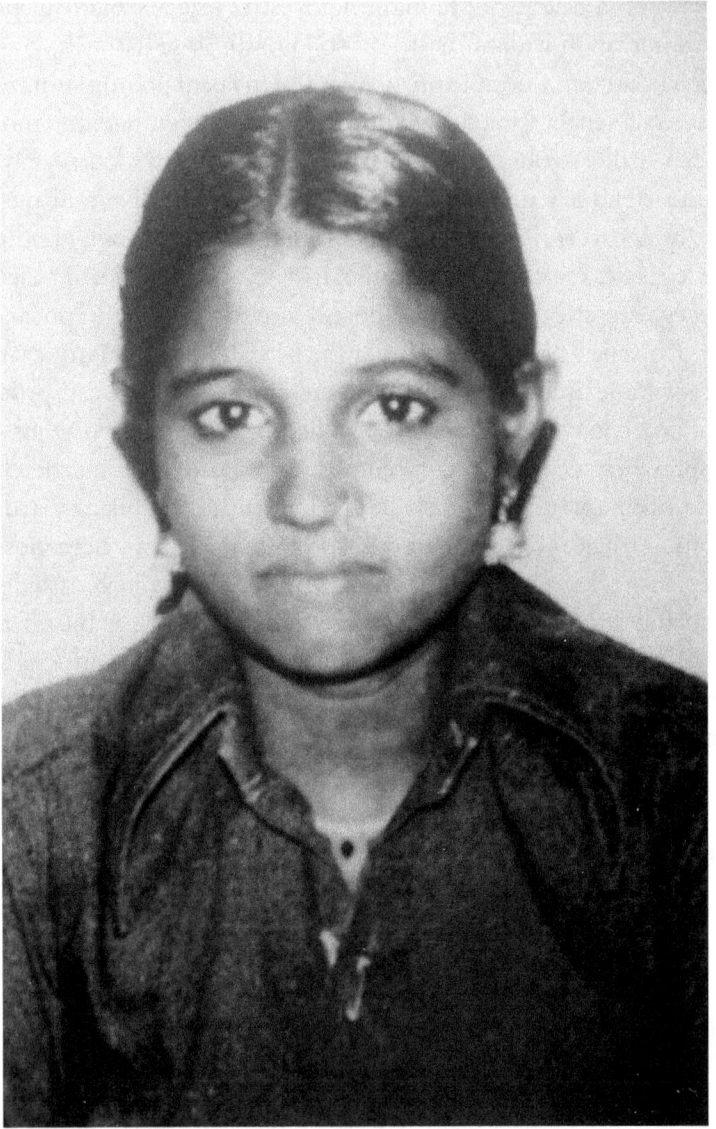

Sedmo poglavje

Veliko boljše kot človek

»Človeška bitja niso edina, ki imajo sposob-
nost govora. Tudi ptice in vse ostale živali
ter rastline imajo to moč, vendar jih nismo
sposobni razumeti. Tisti, ki ima Vizijo Jaza,
pozna vse te stvari.«

Mata Amritanandamayi

Ahimsā pratiśtāyām tat
sannidhau vairatyāgaha

Vsa bitja, ki se približajo nastanjenemu v stanju neško-
dljivosti, prenehajo biti sovražna.

Patandžalijeve Joga Sutre, Sadhana padam, 35. verz

V času, ko je Sudhamani živela na prostem, so psi, mačke, krave, koze, kače, veverice, golobi, papige in orli iskali njeno družbo in postali njeni zvesti prijatelji. To obdobje njene sadhane nazorno prikazuje, kako moč ljubezni, neomadeževane s privlačnostjo in odporom, prinese harmonijo med živali, ki so si sicer naravni sovražniki. V času, ko so jo njeni sorodniki zapustili in silovito nasprotovali njenemu duhovnemu življenju, so ji stale ob strani živali in ji zvesto služile. S svojim vedenjem so jasno kazale, da se jim zdi, da razumejo Sudhamani mnogo bolje kot ljudje. V tistih dneh Sudhamani ni mogla jesti ničesar iz svoje domače hiše, saj je bila izredno občutljiva na hrano, ki so jo pripravili posvetni ljudje. Edina hrana, ki jo je lahko jedla, je bila tista, ki je bila pripravljena ob ponavljanju manter. Nekega dne, ko je po meditaciji prišla iz templja, je bila zelo lačna in žejna. Pred templjem je stala krava njene družine in takoj je začutila, da je Božje darilo. Da bi potešila svojo žejo in lakoto, je kot teliček pila mleko iz njenih vimen, pri čemer je krava imela svoje noge v ustreznem položaju. Od tistega dne je ta krava vsak dan ležala pred templjem, dokler Sudhamani ni nehala meditirati. Dokler je krava ni nahranila, se ni hotela pasti ali nahraniti svojega teliča. Sugunanandan je kravo večkrat poskušal spoditi z mesta, kjer je čakala na Sudhamani. Vlekel jo je za rep in jo polil z več vedri vode, vendar se ni premaknila izpred templja. Včasih je kdo iz soseščine prinesel mleko za malo, da bi ga popila. Vendar mleko ni bilo čisto; bilo je zmešano z vodo. Ko ga je Sudhamani spila, je bruhala in kdor ji je poslal nečisto mleko, je zaradi tega trpel. Zato se je Sudhamani odločila, da bo jedla in pila samo tisto, kar ji bo priskrbel Bog.

V tistem času se je pripetil še en nenavaden dogodek. V vasi Bhandaraturuttu, kjer je kakšnih šest kilometrov proti jugu živela Sudhamanina babica, je Sudhamaninin stric Ratnadasan, tako kot običajno v hlevu odvezal krave, da bi jih privedel na dvorišče, kjer bi jih nato nahranil in okopal. Nenadoma se je ena od krav nepričakovano obrnila in zdirjala k oceanu, kjer je ostro zavila proti severu. Krava je ob obali tekla tako hitro, da jo je Ratnadasan komaj dohajal. Nazadnje se je krava usmerila proti Sudhamanini vasi in stekla direktno v Idamannel, kjer ni bila še nikoli. Usmerila se je naravnost proti mestu, kjer je Sudhamani sedela v meditaciji, in ko je prišla do nje, jo je pričela nežno drgniti z nosom in lizati po licu, kot bi izkazovala ljubezen svojemu staremu prijatelju. Ker je bila Sudhamani še vedno v globoki meditaciji, se je krava ulegla poleg nje in jo pozorno opazovala, kot bi čakala, kdaj bo končala z meditacijo. Čez čas je Sudhamani odprla oči in ko je opazila nekam znano kravo, je stopila k njej. V tistem trenutku je krava dvignila zadnjo nogo in jo tako povabila k pitju svojega mleka. Sudhamani je pila iz vimen, njen stric pa je nejeverno zmajeval z glavo.

Le kakšna skrivnostna moč je navdihnila kravo, da je obiskala Sudhamani? Pred mnogimi leti je Sudhamani med svojim kratkim bivanjem v babičini hiši skrbela za to kravo. Toda kljub temu, ali lahko to razloži nepredvidljivo vedenje živali?

Ko je Sudhamani na prostem sedela v meditaciji, so se včasih pojavile kače in se ovijale okrog njenega telesa, kot da bi ji hotele povrniti zavest v zunanji svet. Nekega dne je Sudhamani po trpinčenju s strani njene družine zapustila Idamannel. Ko je odhajala, jo je srečala neka gospa iz soseščine in jo tolažila. Malo je odvedla v mir svoje hiše. Sudhamani je nemudoma vstopila v družinsko svetišče in začela svoje srce izlivati Božanski Materi. Takrat je napisala naslednjo pesem:

Manasa vacha

Skozi svoj um, govor in dejanja
nenehno mislim Nate.
Zakaj torej oklevaš, da bi pokazala
svojo milost do mene, ljubljena Mati?

Leta so minila, moj um pa še vedno nima miru.
O draga Mati, prosim, nakloni mi malo tolažbe …

Moj um se ziblje kot čoln ujet v nevihti.
O Mati, daj malo miru umu,
da ne bom zblaznela …

Utrujena sem, Mati; to je neznosno.
Nočem takšnega življenja. Ne vzdržim
tvojih preizkušenj. O Mati, ne prenesem več!

Sem nesrečno revše.
Nimam nikogar drugega kot Tebe, Mati.
Prosim, prenehaj s Svojimi preizkušnjami,
iztegni Svojo roko in me potegni gor …

Nenadoma se je njeno stanje spremenilo in dobila je napad božanske norosti. Ko je jokala in se valjala po tleh, je začela trgati svoja oblačila. Naslednji trenutek pa je prasnila v smeh in se še vedno nekontrolirano valjala. Družina jo je osuplo opazovala in ni imela pojma, kako naj jo pomiri. Tedaj se je pri vratih prikazala velika kača in se odplazila naravnost na Sudhamanino telo. Družina je prestrašeno strmela, ko je kača začela s svojim švigajočim jezičkom lizati dekletov nezavestni obraz. To je trajalo nekaj minut in je imelo takoj pomirjajoč učinek na Sudhamani. Ko se je njen um počasi povrnil v normalno zavest, se je kača odplazila z njenega telesa in izginila. Družini se je zdelo, da je kača natančno poznala pravo zdravilo za povrnitev Sudhamanine zunanje zavesti in spretno poskrbela za njene potrebe.

Vsak obiskovalec Idamannela kmalu opazi, da tam prebiva mnogo vrst ptic. Sudhamani je imela še posebej rada papige, ker so bile drage Boginji. Včasih, ko je molila:»O Mati, ali ne boš prišla k meni?«, je k njej priletela jata papig in pristala na tleh poleg nje. Nekega dne ji je nek častilec podaril papigo, ki se je vedno igrala okrog nje. Sudhamani je ni nikoli zaprla v kletko. Nekega dne je razmišljala:»Oh, kako strašen, krut svet je to! Nikjer ni niti malo resnice ali pravičnosti. Ljudje so sleparski in svet je poln grešnikov. Zdi se, da ni nikogar, ki bi človeštvu pokazal pravo pot.« Ko so ji solze tekle po licih, je dolgo ostala v ponotranjenem stanju. Nato je Sudhamani opazila, kako njena papiga stoji pred njo in tudi ona preliva solze, kot da bi trpela zaradi iste bolečine. Njeno intenzivno trpljenje je ganilo tudi ptico.

Poleg papige sta ji delala družbo tudi dva goloba. Kadarkoli je pela Božanski Materi, so vse tri ptice skakljale pred njo, radostno plesale in razširjale svoja krila.

Nekoč je z velikega drevesa na idamannelskem posestvu padlo na tla orlovo gnezdo[1] in iz njega sta padla dva mlada, še slepa in ranljiva ptička. Objestni otroci so v drobna ptička metali kamenje, da bi ju ubili, a ju je Sudhamani pravočasno rešila. Nekaj tednov ju je skrbno hranila in ko sta bila dovolj močna za letenje, ju je izpustila na svobodo. Ti dve Garudi sta se ob začetku vsake Krišna Bhave vedno vračali in dolgo sedeli na vrhu templja. Za častilce sta bili velika zanimivost, saj je ptič Garuda jezdna žival Gospoda Višnuja. Skrivnostna vez, ki sta jo ti dve ptici ohranjali s Sudhamani, ni samo povečala sijaja Daršana, temveč tudi vero častilcev v njeno božansko naravo.

---

[1] V Indiji se orel imenuje »Garuda«. Garuda je jezdna žival Gospoda Višnuja, katerega ena od inkarnacij je Šri Krišna.

V obdobju Devi sadhane, kadar je Sudhamani med hrepenečim jokom po tem, da bi videla Božansko Mater, izgubila zavest, sta se z neba pojavili ti dve ptici in sedli poleg nje, kot bi jo želeli zaščititi. Nekaj žená iz soseske je začudeno opazovalo ti dve ptici, ki sta ob strmenju v Sudhamanin trpeči obraz, prav tako pretakali solze.

Nekega dne je Sudhamani kmalu po meditaciji začutila strašno lakoto. Ena od Garud je takoj odletela k oceanu in se nekaj minut pozneje vrnila z ribo v svojem kljunu. Orel je položil ribo Sudhamani v naročje. Hvaležno jo je vzela in kar surovo pojedla. Ko je to odkrila Damayanti, je tudi ona čakala na prihod Garude z njenim vsakodnevnim darilom. Takoj ko je ptica ribo spustila, jo je zgrabila Damayanti, da jo je šla skuhat za svojo hčerko. V obdobju sadhane, ko se je Sudhamani trudila uresničiti Krišno, je prenehala jesti ribe, saj ji je že vonj po njih izzval bruhanje. Riba, ki jo je prinesla Garuda, pa je bila hrana, ki jo je poslal Bog, zato jo je Sudhamani z veseljem pojedla. Ta vsakodnevna praksa Garude je trajala kar nekaj časa.

Žival, ki se je tudi zdela uglašena s Sudhamani, je bila mačka. Med Bhava daršanom je v tempelj vstopila muca in krožila okrog Sudhamani, kot bi delala pradakšino.[2] Potem je dolgo časa z zaprtimi očmi sedela poleg nje in častilcem se je zdelo, da meditira. Nekdo se je nekoč poskušal te mačke znebiti tako, da jo je odnesel na drugo stran reke, toda že naslednji dan se je muca vrnila in ostala ob Sudhamani.

Izredno zvestobo je izkazoval tudi izjemen črno-bel pes. Kadar je Sudhamani tako močno jokala k Devi, da je v svojih molitvah padla nezavestna, se je pes zato, da bi jo prebudil, drgnil ob njo ter ji lizal obraz in ude. Kadar je Sudhamani hotela zapustiti idamannelsko posest, jo je pes vlekel za krilo in lajal v protest, da bi ji preprečil odhod. Pogosto ji je v svojem gobcu prinesel hrano in jo položil prednjo, da bi jedla. Pes ni pojedel niti zrna riža od tistega, kar ji je prinesel v dar. Ponoči je spal poleg Sudhamani. Imela ga je za blazino, ko je leže opazovala nebo.

---

2 Kroženje (ali vrtenje) v desno okrog svete osebe ali predmeta.

Neke noči je mala sedela na obrežju notranjih voda in meditirala. Potopila se je v samadhi in njeno telo je prekrila debela odeja komarjev. Sugunanandan jo je poklical, toda ni bilo odgovora. Ko je začel grobo stresati njeno telo, je začutil, da je bila lahka kot peresce. »Vse njeno telo je bilo videti brez življenja, toda ker sem jo v takšnem stanju našel večkrat, me ni več skrbelo,« je pozneje pojasnil Sugunanandan. Čim je sedel k svoji hčerki, se je pojavil črno-bel pes in začel divje lajati. V nekaj minutah je Sudhamani odprla oči in se povrnila v svoje normalno zavedanje. Videti je bilo, da so imele živali večjo sposobnost pritegniti Sudhamanino pozornost, kadar jo je prevzelo drugo kraljestvo, kot ljudje.

Včasih je silna ljubezen psa Sudhamani privedla na misel, da je pes Božanska Mati Osebno. Pozabljajoč na vse je objemala in poljubljala psa ter ga glasno klicala: »Moja Mati, moja Mati …!«

Nekega dne je Sudhamani postala izredno vznemirjena med meditacijo. Takoj je vstala in odhitela proti vasi. Črno-bel pes je padel v roke konjedercu; rjovel je in žalostno jokal, vendar se nikakor ni vêdel hudobno. Ker ni mogel pobegniti zanki, se je s svojimi tacami upiral, medtem ko se je konjederec trudil, da bi ga odvlekel. Nekaj vaških deklet, ki so bile prijateljice in oboževalke Sudhamani, je prepoznalo psa kot njenega zvestega prijatelja in rotile so konjederca, naj ga osvobodi. Da bi izpustil psa, so mu ponudile celó podkupnino. V tistem trenutku je prišla Sudhamani. Pes jo je žalostno gledal in začel prelivati solze! To je bilo preveč za konjederca na pse; ni imel druge izbire, kot da izpusti psa.

Tudi neka psička iz soseščine je čutila silno ljubezen do Sudhamani. Nekega dne je med brejostjo prišla do templja in potrpežljivo čakala. Ko je Sudhamani po meditaciji prišla iz svetišča, jo je našla na verandi templja. Ni vstopila, ampak je svoje prednje tace položila na rob tempeljskih tal in zarjula na poseben način, kot bi jo kaj bolelo. Sudhamani je psičko objela in poljubila ter jo vprašala: »Kaj se je zgodilo hčerka, kaj se je zgodilo?« Potem je bitje stopilo s tempeljske verande, leglo na pesek in izdihnilo svoj zadnji dih.

Kadar se je kdo vrgel na tla k Sudhamaninim stopalom, je tudi črno-bel pes stegnil svoje prednje tace in se priklonil pred njo. Ko je plesala v pobožni ekstazi, je pes skakal okoli nje, kot da tudi on pleše z njo v ekstazi. Ko so vsak večer med čaščenjem v mraku pihali sveto školjko, je pes tulil na poseben način, tako, da je skoraj posnemal zvok školjke.

Nekega dne je imela Sudhamani močan občutek, da bo njen prijatelj črno-bel pes poginil zaradi stekline. Kmalu zatem je žival staknila steklino in poginila, kot je imela videnje, vendar brez hudega trpljenja. Ko so Sudhamani vprašali, če je potrta zaradi izgube svojega zvestega prijatelja, je rekla:»Ne, nič nisem žalostna zaradi njegove smrti. Čeprav je umrl, bo prišel k meni. Zakaj bi morala biti potemtakem žalostna?« Pozneje je pojasnila, da se je duša tega psa ponovno utelesila blizu Idamannela, vendar ni razkrila nobenih nadaljnjih podrobnosti.

O kozi, ki je imela do Sudhamani veliko ljubezen, je nekoč pripomnila:»Koza se je borila za življenje zaradi bolezni vimen. Skoraj je že poginila, ko sem opazila njeno trpljenje. Sedla sem k njej in se izgubila v molitvi in meditaciji. Ko sem odprla oči, sem videla, da se je uboga žival po kolenih plazi k meni. Ko je položila svojo glavo v moje naročje in strmela v moj obraz, je tiho poginila. Njena ljubezen je bila zares čista.«

Nekaj let pozneje je ob spominih na vse te dogodke izrazila sledeče misli:»Kako blaženi so bili tisti dnevi! Res nenavadno, da so te živali lahko razumele moja čustva in se po njih ravnale. Če sem jokala, so tudi one jokale z menoj. Če sem pela, so plesale pred mano. Ko sem izgubila svojo zunanjo zavest, so se plazile čez moje telo. Vse lastnosti različnih živali lahko najdemo v človeških bitjih. Ko se človek znebi vseh navezanosti in odporov ter postane do vseh enak, potem v njegovi prisotnosti celó nevarne živali postanejo prijateljske.

117

Osmo poglavje

Bleščeča kot milijon sonc

»Smehljajoča (Devi) je postala Božanski Sijaj in se zlila vame. Moj um je vzcvetel ter se kopal v mnogobarvni Luči Božanstva in v meni so se dvignili dogodki milijonov izginulih let. Odtlej nisem ničesar več videla ločeno od svojega lastnega notranjega Jaza, ene same Edinosti, in ob združitvi z univerzalno Materjo, sem se odrekla vsem čutnim užitkom.«

Mata Amritanandamayi

Driśā drāghīyasā dara dalita nīlotpala rucā
davīyamsam dīnam snapaya kripayā mām api shive

Anenāyam dhanyo bhavati na ca te hānir
iyatāvane vā harmlye vā sama kara nipāto himakaraha

*O Žena Šive! Ali boš s Svojim daleč segajočim pogledom,
lepim kot je rahlo razprta modra lilija, milostno okopala
tudi mene, ki nemočen stojim daleč v daljavi? Ta smrtnik
bo iz Tvojega delovanja prejel najvišje dobro bivanja. Ob
takšnem delovanju ni nobene izgube, saj ga navsezadnje
podpiraš ti. Snežno sijoča luna razliva enak sij tako na
gozd kot na graščino.*

Saundarya Lahari, 57. verz

Ko je položila svojo absolutno vero v Božansko Mater, je Sudhamani
zaplavala v Oceanu nesmrtne ljubezni. Zanjo je bilo vse ozračje
zgoraj, spodaj, desno in levo prepolno Njene božanske Navzočnosti.
Pihljanje vetriča je bilo ljubeče božanje Matere. Drevesa, ovijalke in
cvetlice, vse to so bile Devi in zato vredne Sudhamaninega čašče-
nja, ki ni delalo razlik. Ko je strmela v nebo in videla, česar mi ne
poznamo, so malo premagali nenadzorovani izbruhi joka in smeha,
ki so se umirili šele, ko je nezavestna padla na pesek. Moledujoče
molitve tega zapuščenega otroka njeni izmikajoči se Materi so v
zraku Idamannela odmevale podnevi in ponoči. Bila je na takšni
stopnji Uresničitve, da je vso Naravo videla le kot Božansko Mater
in takrat je napisala naslednjo pesem:

Shrishtiyum niye

Stvarstvo in Stvarnik sta Ti,
Ti si Energija in Resnica,
O Boginja, o Boginja, o Boginja!

Stvarnik vesolja si Ti,
in Ti si začetek in konec …
Bistvo posamezne duše si Ti,
In Ti si prav tako vseh pet elementov …

Medtem ko so nanjo večinoma pazili prijatelji iz živalskega sveta, Sudhamani ni niti spala niti jedla. Nikoli ni imela stikov z drugimi ljudmi, razen če so se ji oni prvi približali. Celó osnovne naloge, kot je umivanje zob, je njen v višavah lebdeči um prezrl. Če pa je že kaj pojedla, je zaužila zavržene čajne liste, kravje govno, koščke stekla ali človeške iztrebke; med vsem tem in okusno hrano ni bila sposobna čutiti nobene razlike. S katerimi besedami bi lahko opisali to stanje, ki ga naš um in razum nista sposobna doumeti?

Mala ni mogla več obvladati svojega trpljenja in njene molitve so se nenehno izlivale k Božanski Materi:

»O Mati, moje srce se trga od bolečine ločenosti! Zakaj se Tvoje srce ne omehča, ko vidi ta neskončni tok solza? O Mati, mnogo Velikih Duš Te je častilo in tako doseglo vizijo Tebe in za večno so postale eno s Teboj. O ljubljena Mati! Prosim, odpri vrata Svojega sočutnega srca tej Tvoji ponižni služabnici! Dušim se kot tisti, ki se utaplja! Če ne želiš priti k meni, potem prosim končaj moje življenje. Naj ta meč, s katerim obglavljaš krute in nepravične, pade tudi na mojo glavo. Naj bom blagoslovljena vsaj z dotikom Tvojega meča! Kakšen smisel ima ohranjati to nekoristno telo, ki je tako težko breme zame?«

Sudhamanina bolečina je postala neznosna in njene molitve izčrpane. Z njenimi besedami:

»Prav vsaka pora mojega telesa je bila na široko odprta s hrepenenjem, vsak atom mojega telesa je vibriral s sveto mantro, moje celotno bitje je v deročem toku drvelo k Božanski Materi«

V strašni agoniji je zajokala:

»O Mati ... tukaj je Tvoj otrok, ki umira utapljajoč se v neizmerni žalosti ... to srce se trga ... ti udi se opotekajo ... Krčevito se zvijam, kot riba odvržena na obalo ... O Mati ... Nisi ljubezniva do mene ... Ničesar nimam, da bi Ti ponudila, razen zadnjega diha svojega življenja ...«

Njen glas se je začel dušiti. Povsem je prenehala dihati in padla je nezavestna. Materina Volja je izbrala trenutek. Božanska Očarljivka Vesolja, vsevedno, povsod pričujoče, vsemogočno Bitje, starodavna, prvobitna Stvarnica, Božanska Mati se je v živi podobi, bleščeča kot tisoče sonc, pojavila pred Sudhamani. Sudhamanino srce je preplavil val nepopisne ljubezni in blaženosti. Božanska Mati se je milo smehljala in se kot Čist Sijaj zlila v Sudhamani.

Božanska prigoda je najbolje opisana v Sudhamanini pesnitvi »Ananda Veethi« ali »Pot Blaženosti«, v kateri je poskušala razumljivo opisati to mistično združitev, ki je onkraj vseh besed.

Ananda Vithi

Nekoč je moja duša radostno
plesala po Poti Blaženosti.
Takrat so vsi notranji nasprotniki, kot sta
privlačnost in odpor, pobegnili in se skrili
v najbolj skrite kotičke mojega uma.

Pozabljajoč nase sem se spojila v zlatih sanjah,
ki so se dvignile znotraj mene. Ko so se vzvišena
prizadevanja jasno manifestirala v mojem umu, me je
Božanska Mati z žarečimi nežnimi rokami
pobožala po glavi. Sklonjene glave sem povedala
Materi, da je moje življenje posvečeno Njej.

Smehljajoča je postala Božanski Sijaj
in se zlila vame. Moj um je vzcvetel,
se kopal v mnogobarvni Luči Božanstva
in dogodki milijonov izginulih let
so se dvignili v meni. Odtlej
nisem ničesar več videla ločeno od svojega lastnega notranjega
Jaza,
ene same Edinosti, in ob združitvi z univerzalno Materjo,
sem se odrekla vsem čutnim užitkom.

Mati mi je povedala, naj prosim ljudi,
da izpolnijo svoje človeško življenje.
Zato razglašam vsemu svetu
najvišjo Resnico, ki jo je izrekla:
»O človek, izlij se v svoj notranji Jaz!«

Tisoče in tisoče jogijev
se je rodilo v Indiji in
živelo načela, ki so jih vizualizirali
veliki Modreci neznane preteklosti.
Da bi odstranili bridkosti človeštva,
koliko golih resnic obstaja!

Danes drhtim od blaženosti
ob spominu na Materine besede:
»O moja ljubljena, pridi k Meni,
pusti vse drugo delo.
Vedno si Moja.«

O Čista Zavest,
o Utelešenost Resnice,
pozorna bom na Tvoje besede.
O Mati, zakaj Si prišla tako pozno?
Zakaj Si mi dala to življenje?

Ničesar ne vem, o Mati,
prosim, odpusti mi moje napake.

Na tej točki je Sudhamani razvila močan odpor do vidnega sveta. Kopala je velike luknje ter se skrivala v njih, da bi pobegnila od raznolikega sveta in ljudi vdanim svojim čutom. Svoje dneve in noči je preživljala ob uživanju trajne Blaženosti Božje Uresničitve in se ogibala vsaki človeški družbi. Tisti, ki so jo že prej imeli za noro, so bili sedaj o njeni blaznosti trdno prepričani. Kdo bi si lahko predstavljal raven zavesti, v kateri se je nahajala? Čeprav je Sudhamani notranje prečkala prag v Absolutno, je bila na zunaj še vedno ista nora Sudhamani, ki je bila za družino in vaščane tri noči na teden obsedena s Krišno. Edina sprememba, če jo je kdo od njih sploh opazil, je bila ta, da je sedaj namesto valjanja po pesku kopala velike luknje.

Nastop Devi Bhave

Nekega dne je Sudhamani zaslišala glas iz svoje notranjosti, ki ji je rekel:

»*Otrok moj, prebivam v srcih vseh bitij in nimam točno določenega bivališča. Nisi se rodila samo zato, da bi uživala čisto Blaženost notranjega Jaza, temveč zato, da boš tolažila trpeče človeštvo. Odslej Mi izkazuj čast v srcih vseh bitij in jim lajšaj trpljenje posvetnega življenja...*«

Po tem notranjem klicu je Sudhamani začela poleg Krišna Bhave izražati tudi Devi Bhavo, stanje zlitja z Božansko Materjo. Takrat je razkrivala svojo enost z Božansko Materjo, čeprav je za častilce sedaj postala le še dodatno obsedena z Devi, tako kot je že bila s Krišno. Naslednji dogodek označuje nastop Devi Bhave.

Od pričetka Krišna Bhava Daršana je minilo le šest mesecev. Sedaj je bilo poznega leta 1975. Neke noči, ko je potekala Krišna

Bhava in so častilci eden za drugim vstopali v tempelj, je celotno ozračje spremenil nepričakovan dogodek. Kot običajno je nekaj častilcev zunaj svetišča na verandi prepevalo badžane. Sudhamani je razodevala svojo notranjo istovetnost s Šri Krišno, z enim od aspektov Najvišjega in radostno sprejemala častilce. Njen sijoč obraz je ožarjal očarljiv nasmešek in častilci so bili očarani nad Božansko Navzočnostjo. V tistem trenutku je v ta majhen tempelj vstopil nek častilec, ki je bil povsem iz sebe. Očitno ga je brezobzirno nadlegoval eden od vaščanov, ki je nasprotoval Krišna Bhavi.[1] Ker ni prenesel ostrih zmerljivk, je planil v jok in rotil Krišno, da naj najde rešitev za takšen položaj.

Z njenega obraza je brez opozorila izginil prikupen nasmešek. Sudhamanin obraz je povsem spremenil svoj izraz. Postal je krut, kot da je prišel čas končnega uničenja. Njene oči so bile videti kot dve žareči železni kroglici. Ko je tako gorela od jeze, se jim je zdelo, da iz Nje švigajo plameni. Prste je držala v Devi mudri.[2] Vsi navzoči v templju in zunaj pred njim so bili pretreseni, ko so slišali silovit smeh, ki je prihajal iz vsega njenega bitja. Takšnega smeha niso slišali še nikoli v življenju. Ko so zagledali nenadno spremembo v Sudhamani, so se tisti, ki so stali v templju, začeli tresti od strahu. Nekateri šolarji, ki so bili prisotni, so začeli glasno ponavljati mantre miru in peti pesmi čaščenja v hvalo Božanske Matere, medtem ko so spet drugi izvajali obred Aratija.[3] Po mnogih molitvah in recitiranju različnih manter, je postala tiha in mirna, Bhava pa se je iz Krišne Bhave preoblikovala v Devi Bhavo.

Sudhamani je pozneje pojasnila:»Ko sem videla žalost tega častilca, me je prevzel občutek, da bi uničila vse nepravične ljudi,

---

[1] Nasprotniki so bili še vedno aktivni in so stali ob cesti, kjer so častilci hodili mimo ter jih zmerjali. Ne le vaščani, v to sta bila vpletena tudi Sudhamanin oče in brat. Častilce so skušali odvrniti celó od tega, da bi ostali do konca Daršana.

[2] Božanska gesta povezana z Božansko Materjo.

[3] Kroženje z gorečo kafro pred Božanstvom kot oblika čaščenja.

ki so stalno zasmehovali častilce. Nevede se je manifestirala Devi krute narave[4], da bi ponudila zatočišče preganjanim.« Od tedaj dalje je poleg Krišna Bhave, Sveta Mati, kot jo bomo odslej klicali, častilcem redno dajala daršan tudi kot Devi.

Sveta Mati je utelešenje univerzalne Ljubezni. Vrline, kot so nagnjenost ljubiti ter pomagati in služiti ljudem, so bile očitne in popolnoma razvite že od njenega zgodnjega otroštva. Mati sprejema posvetne in duhovne, nepismene in izobražene, bogate in revne, bolne in zdrave s povsem enako nežnostjo in sočutjem. Potrpežljivo posluša vse probleme, ki so Ji jih prišli izpovedat, svoje svetovanje pa prilagodi naravi in zrelosti vsakega posameznika. Vsakogar, po njegovih potrebah vodi in potolaži pri vseh njegovih težavah.

Kmalu so se v Materi po prvem Devi Bhava Daršanu zgodile določene spremembe. Med svojo Devi sadhano je bila navadno v osami in nekomunikativna. Ves svoj čas je posvečala molitvi in meditaciji na podobo Božanske Matere. Če so jo prej starši ali brat fizično ali verbalno zlorabljali, je bila tiho, sedaj pa je postala drznejša in spremenil se je tudi njen izraz na obrazu. Ko je prišlo do dogovarjanja s starši in bratom o vprašanju Bhava Daršana in še posebej o njenem druženju s častilci, je postala njena narava neustrašna in nepopustljiva. Začela se je mnogo bolj družiti s častilci in jih poučevati o duhovnosti. To je označilo začetek Materinega duhovnega poslanstva.

Moj lastni brezoblični notranji Jaz

»Od tega dne dalje[5] nisem videla več ničesar, kar bi bilo drugačno kot moj lastni brezoblični notranji Jaz, v katerem obstaja vse vesolje kot drobcen mehurček…«

---

[4] Mati Kali.
[5] To se nanaša na njeno izkušnjo Božanske Matere.

S temi jedrnatimi besedami je Sveta Mati sporočila svoj bogat notranji uvid. Čeprav ustoličena v najvišjem stanju Božanske Uresničitve, je Mati opravljala še dodatno sadhano, da bi dokazala, da so vse različne oblike bogov in boginj le fasete iste ne-dvojne Resničnosti. Zaradi popolnega nadzora nad umom je odkrila, da se lahko poistoveti s katerimkoli aspektom Božanskega, ki ga izbere po svoji volji. Mati je pripovedovala o različnih izkušnjah, ki jih je imela med opravljanjem naslednjih sadhan:

»Nekega dne sem po koncu sadhane začutila, da iz mojih ust moli velik pasji zob. Hkrati sem zaslišala grozno brenčeč zvok. Zaznala sem podobo Devi z velikim pasjim zobom, dolgim iztegnjenim jezikom, gostimi črnimi kodrastimi lasmi, rdečkastimi izbuljenimi očmi in temno modro kožo.[6] Pomislila sem: »Hitro! Bežimo! Devi me je prišla ubit!« Skoraj sem že stekla stran, ko sem nenadoma spoznala, da sem jaz sama Devi. Tudi brenčeč zvok sem ustvarila sama. Naslednji trenutek sem odkrila, da držim Devino vino.[7] Na glavi sem imela Njeno krono in v nosu Materin obroček. Začela sem se spraševati: »Kaj se dogaja? Kako sem postala Devi? Morda je to šala Božanske Matere, da bi ovirala mojo sadhano.« Zato sem pomislila: »Meditirala bom na Šivo in bomo videli, kaj se bo zgodilo.« Toda v trenutku, ko sem začela meditirati na podobo Gospoda Šive, sem postala On, s skuštranimi lasmi, kačami za vratom ovijajočimi se okrog mojih nadlakti. Pomislila sem: »Morda me tudi Šiva preizkuša,« zato sem prenehala meditirati na Njegovo podobo. Nato sem osredotočila svoje srce in dušo na Gospoda Ganeša, odstranjevalca ovir. Moje bitje se je takoj spremenilo v Ganešo, slonji obraz z dolgim rilcem, s parom okel, z enim na pol zlomljenim, in tako naprej. O katerikoli obliki boga ali boginje sem premišljevala, tisto sem postala. Potem sem zaslišala glas iz svoje

---

[6] Opis Matere Kali.

[7] Instrument s strunami, ki ga v svojem naročju drži Saraswati, Boginja Znanja.

notranjosti: »Nisi drugačna od njih. Vsi so se že zdavnaj spojili s tabo. Torej, zakaj bi klicala vse te bogove in boginje?««

Od tedaj je meditacija Svete Matere na Boga z obliko naravno prenehala. Iz Njene notranjosti se je pognal vse-prežemajoči sveti zvok »OM« in vse Njeno bitje se je za vedno spojilo s Tem. Vendar je še naprej sedela in meditirala, da bi bila zgled drugim. Ko so Jo o tem vprašali, je Sveta Mati pojasnila: »Med meditacijo se Mati približa vsem otrokom, zlasti pa tistim, ki intenzivno mislijo Nanjo in tistim, ki trpijo.«

Podoben dogodek se je pripetil v velikem epu Šrimad Bhagavatamu. Nekega dne, ko je sloveč modrec Narada obiskal Dwarako, bivališče Šri Krišne, je tam našel Gospoda, ki je sedel v globoki meditaciji. Narada se je z globokim spoštovanjem priklonil Gospodu in ga vprašal: »O Gospod, na koga meditiraš?« Gospod je z nasmeškom odgovoril: »Meditiram na svoje častilce.«

Čeprav je mala v očeh mnogih postala »Mati«, je za njeno družino ostala Sudhamani. Njeno naravno prebivanje v Najvišjem Jazu je bilo veliko preveč subtilno za njene starše in starejšega brata, da bi lahko razumeli. Še naprej so dvomili in si njeno vedenje napačno razlagali kot shizofrenijo. Bali so se, da bo zaradi svojih stikov s častilci zašla s poti morale in tako spravila družino na slab glas. Še posebej je bil fanatičen v svoji agresiji do Matere njen brat Subhagan. Njegovo vedenje do nje je postajalo čedalje bolj nasilno. Nekega dne so Subhagan in še nekaj njegovih bratrancev pod pretvezo poklicali Mater v hišo njunih sorodnikov. Ko je prišla, so jo zaklenili v sobo in eden od njenih bratrancev ji je začel groziti, nato pa je nenadoma izvlekel dolg nož, ki ga je skrival pod svojo obleko. Subhagan ji je naznanil: »Tvoje obnašanje je šlo predaleč! Pokvarila boš družinsko ime. Ker se nočeš nehati svobodno mešati z vsemi mogočimi ljudmi in vztrajaš pri svojem petju in plesanju, je bolje, da umreš.« Pobesnel je, ko je slišal Materin smeh in oster odgovor: »Smrti se čisto nič ne bojim. Telo se mora slej ko prej srečati s svojim koncem, nemogoče pa je ubiti notranji Jaz. Ker si povsem odločen končati moje fizično življenje, bom izrazila še zadnjo željo.

Obvezno jo moraš izpolniti. Naj za kratek čas meditiram in ko bom v meditaciji, me lahko ubiješ.« Ko so slišali njen drzen odgovor, so postali še bolj razkačeni. Nekdo izmed njih je zavpil:»Kdo pa si, da nam boš ukazovala? Se bomo sedaj mi ravnali po tvoji želji, kdaj naj te ubijemo?« Mati se je smehljala in drzno odgovorila:»Zdi se, da mojega življenja ne more končati nihče drug, kot edino Bog!« Drug bratranec je zavpil: »Bog! Kdo je tvoj Bog?« Čeprav so Sveti Materi verbalno grozili, ni imel nihče od njih toliko poguma, da bi ji kaj storil po tem, ko so slišali njen drzen odgovor in jo videli še vedno povsem umirjeno. Nenadoma je bratranec, ki je vihtel z nožem, skočil naprej in usmeril nož proti njenim prsim, da bi jo zabodel. Toda ni se mogel več premakniti, saj ga je v njegove prsi, na povsem enako mesto, kamor je usmeril nož proti Sveti Materi, takoj zadela huda bolečina. V mukah je padel na tla. Ko so to videli vsi ostali v sobi, jih je popadla groza. V tistem trenutku je prišla Damayanti, ker je pred tem videla Sudhamani odhajati s Subhaganom in njunimi bratranci. Ker je slišala hrup, je začela tolči po vratih in vpiti. Ko so se vrata odprla, je Damayanti zgrabila Sveto Mater za roko in jo odvedla domov po poti ob obali. Na poti nazaj v Idamannel je Mati povedala Damayanti:»Tvoji ljudje so nespoštljivi do mene. Ta ocean je prav tako moja Mati. Srečna me bo sprejela z razširjenimi rokami. Grem v Njeno naročje.« Ob teh besedah je Damayanti zgrabila panika. Začela je kričati:»Ne govori tega, hčerka! Ne govori kaj takega, hčerka! Med Krišna Bhavo mi je Bhagavan povedal, da bodo vsi moji otroci zblazneli, če se zgodi, da boš naredila samomor …« Da bi Sveto Mater odvrnila od te namere, jo je vzela nazaj v Idamannel.

Tu pa se zgodba še ne konča. Bratranec, ki je dvignil nož proti Materi, da bi jo zabodel, je bil v bolečinah sprejet v bolnišnico. Čeprav so mu nudili najboljšo zdravstveno oskrbo, je nazadnje ob nenehnem bruhanju krvi umrl. Ko je bila njegova bolezen na višku, ga je v bolnišnici obiskala Sveta Mati. Ljubeče ga je tolažila in hranila s svojimi rokami. Za svojo hudo napako se je globoko pokesal in se razjokal zaradi njenega sočutja in odpuščanja.

Sveta Mati svojega bratranca, ki jo je poskušal umoriti, ni sovražila niti se ni hotela kakorkoli maščevati za njegovo hudobno dejanje. Preprosto je trpel sadove svojega dejanja. Mati je pojasnila: »Tako kot imajo silno ljubezen do Matere človeška bitja, jo prav tako ljubijo tudi številna subtilna bitja. Če kdo poskuša škodovati Materi, Mati ne reagira. Mati se s takšno osebo, ki je delovala iz nevednosti, sooči brez kakršnegakoli razburjenja in sploh ne pomisli kaj slabega v povezavi z njim. Toda subtilna bitja postanejo jezna in se maščujejo. Razumete, kako je to? Recimo, da neko mater nekdo napade. Se otroci brezbrižno umaknejo? Četudi bi jih njihova mati poskušala zaustaviti, bi poiskali tistega človeka in se mu maščevali.«

S preseganjem meja posvetnega življenja je Sveta Mati sprejemala vse častilce, ne da bi jih razlikovala po kastah, veroizpovedi, razredu ali spolu. V očeh nevednih nevernežev je bilo enakovredno sprejemanje vsakogar in strpnost Svete Matere samo očiten simptom duševne motenosti. Med Bhava Daršanom so neverneži še vedno hodili v tempelj sovražno zasliševat Mater. Čeprav je Mati ostala neprizadeta in mirna, je Sugunanandan zaradi njihovih nesramnih opazk postal zelo potrt. Še več! Čeprav so spodleteli vsi njegovi poskusi, da bi hčerko poročil, te misli še vedno ni zmogel povsem opustiti. Bhava Daršan je začel sedaj čutiti kot veliko oviro za izpolnitev te svoje želje. Pridružil se je Subhaganu pri njegovem odločnem prepričanju, da je Daršan nekaj sramotnega. A skrbelo ga je še nekaj drugega. Telo njegove hčerke je po Bhavi postalo trdo kot kamen in se je šele po urah močne masaže povrnilo v normalno stanje.

Sugunanandanov um je bil odločen, da se pridruži Subhaganu, da nekako naredita konec Bhava Daršanu. Ko je Sugunanandan med naslednjo Devi Bhavo vstopil v tempelj, je rekel Sveti Materi: »Devi mora proč iz telesa male. Tukaj ne potrebujemo več Bhava Daršana. Želimo jo poročiti. Svojo hčerko hočem nazaj!«[8]

---

[8] Spomnimo se, da je bila po prepričanju njene družine, Sveta Mati tri noči na teden obsedena s Krišno in Devi, ves preostali čas pa je bila noro dekle.

Sveta Mati ga je naslovila očim[9] in ga vprašala: »Je ona tvoja hčerka?« Že tako razburjen, ker ga je tako naslovila, je postal še bolj besen in je ostro odgovoril: »Da! Ona je moja hčerka. Imajo Bogovi in Boginje očime? Svojo hčerko hočem nazaj!«

Sveta Mati je mirno odgovorila: »Če ti vrnem hčerko, ne bo nič drugega kot truplo, ki se bo kmalu razkrojilo. Moral jo boš pokopati, ne pa poročiti.« Ne da bi poslušal, je Sugunanandan zahteval: »Naj se Boginja vrne tja, od koder je prišla! Svojega otroka hočem nazaj!«

Mati je rekla: »Če je tako, je tvoja hčerka tukaj. Vzemi jo!« Mati se je nemudoma zgrudila na tla. V nekaj trenutkih je postalo njeno telo togo in srce se ji je ustavilo. Čeprav je imela oči na široko odprte, ni bilo videti nobenega znaka življenja več. Bila je mrtva.

Začelo se je strašno stokanje. Vse, ki so prišli na Daršan, je preplavila žalost. Damayanti in ostale njene hčerke so omedlele. Bliskovito so se razširile novice, da je zaradi napake, ki jo je zagrešil Sugunanandan, Devi vzela Sudhamanino življenje. Vsi so ga obtoževali, da je on kriv za Materino prezgodnjo smrt. V tistem trenutku je celó Narava utihnila.

Okrog trupla so gorele oljne svetilke. Nekateri častilci so planili v jok, drugi so blebetali kot bebci s hipnimi nenadzorovanimi čustvi. Spet drugi so resnobno sedeli poleg trupla in z držanjem rok pred njenim nosom preizkušali, če je iz Matere čutiti dih. Nič. Zdravnik je preveril njen pulz. Bila je mrtva. Bil je strašen trenutek.

Ko je spoznal grozljivost situacije, ki jo je povzročilo njegovo nerazsodno dejanje, je tudi Sugunanandan, ki ni mogel prenesti tako hude bolečine v svojem srcu, padel v nezavest. Zavladala je tišina žalovanja. Misleč, da se je nemogoče resnično zgodilo, je splahnelo vse upanje na ponovno oživitev. Počasi je minevalo polnih osem usodnih ur. Ko je Sugunanandan zopet prišel k zavesti, se je soočil s strašnim prizorom. Glasno je zajokal in molil k Božanski Materi: »O Devi! Rotim Te, odpusti mi besede, ki sem jih izrekel v

---

[9] Že od rane mladosti je za svojo pravo Mater in Očeta sprejemala le Boga in zanjo je bil očim ali mačeha tudi vsak drug človek.

največji nevednosti! Prosim, povrni življenje moji hčerki! Odpusti mi mojo napako! Nikoli več ne bom ponovil tega prezira vrednega dejanja!« Pred templjem je moledujoč padel na tla in leže na tleh nenadzorovano jokal.

Nenadoma je eden izmed častilcev opazil šibke znake premikanja telesa Svete Matere. Častilci so jo opazovali z velikim upanjem, pri čemer so se njihove solze žalosti spremenile v solze radosti. Mati se je vrnila v življenje, toda v Krišna Bhavi! Obrnila se je k Sugunanandanu, ki je bil goreč častilec Krišne in mu rekla: »Brez Šakti[10] ne more biti Krišne!«

Ob tem dogodku je oče močno spremenil svoje stališče do Boga in svoje hčerke. Od takrat naprej ji je pustil, da je počela, kar je želela in nikoli več je ni poskušal poročiti. Pozneje je Mati o tem izjemnem dogodku povedala:

»Bil je nepopustljiv glede tega, da hoče od Devi dobiti svojo hčerko nazaj. Toda če bi bila ona resnično njuna hčerka, bi onadva prav tako imela moč, da bi jo oživila. Tega pa nista mogla storiti. Največ, kar je lahko njuno, je to telo. Ko je zahteval svojega otroka nazaj, je dobil le njegovo telo.«

---

[10] Ženski aspekt kozmične Energije, poosebljen v obliki Devi.

Deveto poglavje

Meč Resnice

»Otroci, tudi ko človek seka drevo, mu medtem le-to nudi senco. Takšen mora biti duhovni aspirant. Le tisti, ki moli tudi za dobrobit tistih, ki ga mučijo, lahko postane duhovni človek. Največje orožje duhovnega aspiranta je meč Resnice.«

Mata Amritanandamayi

Durvrtta vrtta samanam tava dēvi sīlam
rūpam tadhaitadavi cintyamatulya manyaih
vīryam ca hantr hrtadēvaparākramānām
vairisvapi prākatitaiva dayā tvayēdham

O Devi, Tvoja narava ukroti ravnanje zlobnih;
ta Tvoja edinstvena lepota je za druge nepredstavljiva;
Tvoja moč uničuje tiste, ki so bogove oropali njihove
hrabrosti in tako Si pokazala Svoje sočutje tudi do sovra-
žnikov.

Devi Mahatmyam, 4. poglavje, 21. verz

Zdi se, da morajo vse Velike Duše pretrpeti preganjanje povprečno
mislečih. A vendar se zdi, da Veliki, kljub vsemu uspevajo, saj vsaka
ovira na njihovi poti prispeva k njihovi slavi. Življenja Šri Krišne,
Šri Rame, Jezusa Kristusa in Bude bogato ponazarjajo to dejstvo.
Sijajen primer je tudi življenje Svete Matere. Minila so tri leta. Do
leta 1978 je število častilcev naglo naraslo in da bi jih Sveta Mati
obdarila z Daršanom, so se v Idamannel zgrinjali ljudje z vseh koncev
Indije. Bolj ko je raslo število njenih oboževalcev, bolj so neverneži
okrepili svojo zlonamerno kampanjo, vendar nobena posvetna moč
ni mogla preprečiti duhovnega poslanstva Svete Matere.

V tistem času je bilo opaziti nekatera slaba znamenja, ki so v
Idamannelu napovedovala katastrofo. Subhagana pogubne posledice
njegovega poskusa, da bi hladnokrvno umoril svojo sestro, niso nič
naučile. Sedaj je postal do Svete Matere še bolj odkrito arogenten
in sovražen. Svoje sebične zamisli je poskušal vsiliti vsej družini.
Zaradi njegove nestanovitne vročekrvne narave so se mu tudi

ostali bali nasprotovati. Čedalje večje število častilcev in neprestano obrekovanje racionalistov je na njegov vznemirjeni um še dodatno prilivalo olja na ogenj. Pričel je nadlegovati častilce, ki so prihajali na Bhava Daršan in v upanju, da jih bo odvrnil od Daršana, jih je neprizanesljivo zmerjal.

V tem kritičnem času je Subhagana bodisi zaradi usode ali posledice njegovih podlih dejanj prizadela strašna bolezen elefantiaza. Simptomi te bolezni so se pojavili na obeh rokah in nogah. Čeprav se je zdravil na razne načine, ni bilo nobenega zdravilnega učinka. Neprestano ga je preganjala misel, da je neozdravljivo bolan. Postal je bolestno depresiven in je gojil samomorilna nagnjenja. Svojo duševno stisko je večkrat zaupal svojim bližnjim prijateljem. Kot posledica se je razvila nespečnost, zato se je zatekel k jemanju uspavalnih tablet. Kumulativni učinek njegovega fizičnega in čustvenega trpljenja je terjal svoj davek in postopoma je izgubljal svoje duševno ravnovesje.

Nekega dne je Sveta Mati poklicala Damayanti in ji povedala: »Zdi se, da je brat Subhagan na koncu svojega življenja. Da bi ga rešila, lahko sprejmeš zaobljubo tišine, toda pojavile se bodo določene ovire, ki bodo tvojo zaobljubo poskušale prelomiti. Zato bodi po tem, ko boš zaobljubo sprejela, previdna.« Damayanti se je trdno oprijela Materinih besed in se nekega dne zaobljubila tišini. Ko je bila že na pol poti, se je zgodilo, da je neka krava pretrgala vrv in stekla iz hleva. Damayanti je povsem pozabila na svojo zaobljubo in zavpila: »Krava je ušla! Ujemite jo!« Družina je imela to za slabo znamenje, še posebej zato, ker jo je Mati že vnaprej opozorila, da mora zaobljubo zelo skrbno izpolniti. Ta nesrečen dogodek je družino napolnil s strahom in zaskrbljenostjo.

Nekega dne je Subhagan v napadu besa neprizanesljivo napadel muslimanko, ki je prišla v Idamannel na Bhava Daršan. Ker ni vzdržala Subhaganovih zlobnih pripomb, je gospa pritekla v tempelj, izbruhnila v jok in začela udarjati z glavo ob podboj na vhodu v svetišče. Vzkliknila je: »O Mati … o Mati … je to usoda tistih, ki pridejo zato, da bi Te srečali?«

Ko je Mati slišala muslimankin zmeden jok, se je njen sijoč in nasmejan obraz v trenutku spremenil. Strašnega videza je vstala s svetega sedeža. V eni roki držala trizob in v drugi meč. Z resnobnim in globokim tonom je rekla:»Kdor je tej častilki povzročil to nepotrebno bolečino, bo čez sedem dni umrl.«

Ko je Materina napoved prišla na ušesa Sugunanandanu, je le-ta prihitel v tempelj prosit odpuščanja za sinovo nespodobno vedenje. Prosil je Mater, naj prizanese Subhaganu in naj raje vzame njegovo življenje. Mati je mirno rekla:»Nikoli nikogar ne kaznujem. Če zmerja ali trpinči mene, mi ni nič mar. Toda, če mora takšno trpinčenje prenašati častilec, tega niti Bog ne bo odpustil. Vsak mora užiti sad svojih dejanj. Ni druge poti.«

Minilo je sedem dni. Bilo je 2. junija 1978 blizu polnoči, ko je Subhagan, ki je vedel za Materino napoved, naredil samomor tako, da se je obesil. Pustil je napisano sporočilo, da je razlog samomora nevzdržen stres zaradi njegove neozdravljive bolezni. Subhaganov samomor je v hiši Idamannela povzročil kaos in žalost. Neverneži so takoj izkoristili priložnost in okrepili svojo antipropagandno kampanjo proti Sveti Materi. O Subhaganovi smrti so začeli širiti izmišljene verzije. Obtožili so Sugunanandana, ki je svojega najstarejšega sina ljubil kot svoje lastno življenje, da je Subhagana umoril on.

Kljub velikemu trudu, pa s svojimi nepoštenimi obtožbami, neverneži vseeno niso uspeli doseči ničesar, saj je bilo povsem očitno, da je bila smrt posledica samomora. Poleg samomorilnega sporočila napisanega s Subhaganovo pisavo, je Subhagan že prej poslal pisma nekaterim svojim prijateljem in sorodnikom ter jih obvestil o svoji nameri. Obdukcija je prav tako potrdila, da je bil vzrok smrti samomor. Zato vzrok njegove smrti ni bil več pod vprašajem.

Subhaganov samomor je med sorodniki povzročil razburjenje. Odkrito so izražali svoje sovraštvo in odpor s popolnim ignoriranjem celotne družine, kot da ne bi nikdar obstajala. Družina ni bila več vabljena k sodelovanju ali udeležbi na javnih prireditvah, praznikih, poročnih slovesnostih, religioznih obredih in svečanostih. Zapustili so jih vsi sorodniki. Sorodniki so prišli na obisk k sosedom, vendar proti Idamannelu niso niti pogledali. Ko so sorodniki prišli na morsko obalo v bližino Idamannela izvajat obrede za prednike, so odšli takoj po opravljenem darovanju. Takšno ravnanje je bilo za družino zelo boleče in je pomenilo samo še dodatno breme za njihova že tako težka srca.

Šestnajst dni po Subhaganovi smrti, ko se je spet začel Bhava Daršan, se je Sugunanandan s težkim srcem približal Sveti Materi. Pritoževal se je, da Mati ni rešila njegovega dragega sina strašne smrti in planil v jok. Mati mu je tolažeče rekla: »Ne skrbi. Tvoj umrli sin se bo čez tri leta kot častilec ponovno rodil v tej isti hiši.« Čez nekaj let se je najstarejša hči Kasturi poročila. Ko je spočela svojega prvega otroka, ga je Sveta Mati, medtem ko je bil še v maternici, poimenovala »Šiva«. Ker mu je Mati dala moško ime, je bila družina prepričana, da bo otrok deček. Res je bil deček. Mati je nekoč po njegovem rojstvu povedala: »Po Subhaganovi smrti se je njegova duša tri leta zadrževala v bližini tega ašramskega ozračja. Ob poslušanju duhovnih pesmi in vedskih manter se je v tej isti hiši ponovno rodil kot »Šiva«.« Sedaj je Šivan inteligentni mladenič. Že od svojega najzgodnejšega otroštva vedno ponavlja sveti zlog »OM« in sedi v meditaciji, ne da bi ga kdo prosil.

Vrnitev racionalistov

Po začetku Devi Bhave so postali racionalisti še bolj predrzni in sovražni. Sedaj so začeli uporabljati javne medije, preko katerih so skušali zavesti ljudi, da je Sveta Mati nora in da je Bhava Daršan sleparstvo. A bolj ko so se trudili očrniti Mater, večji so bili njihovi neuspehi. Njihova vztrajnost je bila resnično občudovanja vredna!

Neke noči so se neverneži odločili, da bodo zopet poskušali s svojo staro, a neuspešno taktiko, da bi med Daršanom prijeli Mater in jo ponižali ter se tako rogali Božji moči. Na prizorišču sta se pojavila dva nasilneža iz njihove skupine, močno pijana in željna povzročanja težav v svetišču. Da bi vstopila, sta se pridružila ostalim častilcem v vrsti.

Takrat je Mati že sedela pripravljena za Devi Bhavo in nekaterim od častilcev, ki so sedeli ob njej v svetišču, rekla: »Glejte, Mati vam bo sedaj pokazala dobro šalo.« Ko je spregovorila te besede, je pogledala naravnost v pijanca in se jima očarljivo nasmehnila. Medtem sta že prispela do vrat svetišča, toda tisti, ki je stal spredaj, se ni mogel več premakniti. Bil je kot paraliziran. Ni mogel narediti niti koraka več in je stal tam nekaj minut kot zamrznjen. Njegov družabnik, ki je bil tik za njim v vrsti, se je zaradi tega razjezil in ga z osornim glasom spraševal, zakaj ne vstopi v tempelj. »Kaj ne vidiš, koliko ljudi že stoji v templju pred menoj!« je odvrnil v enakem tonu. Prvi pa je začel vpiti: »Že dolgo samo stojiš kot klada! Kaj je to dekle hipnotiziralo tudi tebe?« Ta oster besedni spopad se je med tema dvema razgrajačema sprevrgel v silovit pretep. Nato sta zapustila Idamannel, kot je Sveta Mati že vnaprej videla.

Kot smo že omenili, so v tistih dneh nekateri izmed častilcev, ki so živeli družinsko življenje, redno vabili Sveto Mater na svoj dom, da bi tam vodila čaščenje in duhovno prepevanje. Ko so izvedeli, da bo Mati obiskala določeno hišo, so se tam zbrali tudi neverneži. Nekega lepega večera je Mati obiskala hišo v vasi Panmana, ki se nahaja približno dvajset kilometrov iz Parayakadavu. Dolgo časa je družina te hiše trpela različne fizične in duševne bolezni, za katere niso mogli najti rešitve. Da bi priklicali pomoč različnih Bogov in Boginj, so opravljali razne pudže, toda zaman. Ko so slišali za Sveto Mater, so se udeležili Bhava Daršana in jo prosili za pomoč. Sočutna Mati je privolila, da bo prišla v njihovo hišo in izvedla posebno pudžo, ki bo odstranila njihove bolezni.

Kot se je izkazalo, so bili nekateri člani družine proti čaščenju, zato so se povezali z neverneži in se pripravili, da bodo čaščenje pokvarili. Na večer Materinega obiska je eden izmed članov družine domišljavo rekel Sveti Materi: »Poglej, opazoval bom čaščenje. Vse bom natančno opazoval. Potem bom postavil določena vprašanja.« Nato ga je Mati vprašala: »Je ta ‚jaz‘ nekaj, kar je omejeno le na tvoje telo? Ali je pod tvojim nadzorom?«

Ura je bila dve zjutraj in Mati je pripravila vse stvari za pudžo. Tisti, ki je imel prej samoljubne izjave, je na veliko olajšanje ostalih predanih članov družine padel v nezavestno stanje, kot bi bil v globokem spanju. Takoj, ko se je zaključil zadnji korak pudže, se je domišljavi član presenečen zbudil. Skočil je pokonci in vzkliknil: »Oh, ali je čaščenje že končano? Oh, je že konec …?«

Mati je odgovorila: »Da, končano je. Rekel si, da ga boš natančno opazoval. Si ga videl? Ali sedaj razumeš, da stvar, ki ji pravimo ,jaz' ni pod našim nadzorom? Ko si spal, kam je takrat šel tvoj ,jaz'?« Moški je prebledel in pobesil glavo, ne da bi izrekel besedo.

Nevernežev, ki so se prav tako zbrali tam, se ni dalo tako zlahka odpraviti. Sveto Mater so začeli izpraševati na najbolj grob in nespameten način. Mati je ostala ves čas vedra in mirna, toda bramačarin,[1] ki je prišel pomagat pri pudži, je bil vsega sit. Prosil je Mater: »Prosim, pokaži jim nekaj, kar jim bo zaprlo usta, sicer ne bodo odnehali.«

Minilo je nekaj minut, ko se je s sosednjega pokopališča nenadoma dvignila strašanska plameneča ognjena krogla. Iz nje so švigali ognjeni zublji, kot da bi poplesavali okrog ognjene krogle. Sedaj je bila Mati na vrsti, da postavi vprašanje osuplim izzivalcem: »Tisti, ta pogumni med vami, zakaj se ne sprehodite do pokopališča in nazaj?« Niti eden izmed njih ni stopil naprej, da bi sprejel izziv. V trenutku so se prestrašeni moški spremenili v dečke in pobegnili.

Drug podoben dogodek se je pripetil leta 1980 na domu Šrimati Indire iz Karunagapallyja, mesta, nekaj deset kilometrov oddaljenega od Vallickavu.[2] Indra je bila goreča častilka in je povabila Sveto Mater na svoje dom, da bi ga posvetila. Kot običajno so na napovedan večer prišli tudi racionalisti. Ko jih je družina zagledala, so se prestrašili, saj je bil njihov slab sloves dobro znan. Molili so k Materi, da bi razgnala to tolpo nevernikov.

---

[1] Duhovni aspirant, ki se je zaobljubil celibatu.

[2] Vallickavu je vas na celini prav nasproti Idamannela. Sveto Mater včasih kličejo 'Vallickavu Amma'.

Mati se je potopila v meditacijo. V nekaj sekundah se je na presenečenje vseh pojavila bleščeča se krogla obkrožena z mnogimi svetlimi lučkami, ki so izgledale kot majhne svetilke. Krogla se je pojavila na severni strani hiše in se začela premikati proti jugu skozi vhodna vrata. Častilci so bili polni strahospoštovanja in so izgovarjali ime Božanske Matere. Počasi se je krogla dvigovala vedno višje in nazadnje izginila v daljavi, vendar šele potem, ko je obkrožila sveto drevo bilvo *(Aegle Marmelos)*, ki je raslo na južnem dvorišču. Osupli in prestrašeni so neverneži zapustili hišo. Nikoli več se niso vrnili, da bi motili Materino duhovno petje. Mnogi od njih so po tem dogodku prav tako postali njeni častilci.

Spodletela črna magija

Bil je zelo samoljuben mag, ki je živel v bližini prej omenjene hiše. Nekdo mu je povedal za mlado dekle v Parayakadavu, ki sta jo tri noči na teden obsedala Krišna in Devi. Črni mag se je bahal, da bo tej obsedenosti hitro naredil konec. Opisal je celó čarobne besede, ki jih bo uporabil. »Po sredini bom na dva dela razparal srednje steblo kokosovega lista, pri čemer bom izgovarjal določene mogočne mantre in obiskovanje Boga in Boginje v njenem telesu se bo takoj prenehalo,« je razglašal. Tako je nekega dne prišel v Idamannel. Na vso moč se je trudil, a nobena od njegovih zvijač ni povzročila izida, o kakršnem se je bahal in po tem, ko je okusil odmerek lastnega ega, je moral oditi. Še vedno pa je vztrajal v svojem čaranju proti Materi. Ob različnih priložnostih ji je poslal pepel, ki ga je najprej prepojil z mantrami zla, vendar so vsi njegovi poskusi spodleteli. Kmalu zatem je sam zblaznel in postal berač na ulici. Vedno ga je bilo slišati, ko je prosil ljudi: »Dajte mi deset centov, dajte mi deset centov ...«

Bil je duhovnik, ki je živel v Arickalu, v vasi na istem otoku, kjer je živela Sveta Mati. Poleg tega, da je bil duhovnik v templju, je bil tudi zelo znan mag, ki je bil še posebej učinkovit v izganjanju zlih duhov in subtilnih bitij, ki so obsedla nedolžne ljudi. Zdi se, da se je neka starejša ženska, ki je imela močno antipatijo do Svete Matere, na skrivaj obrnila na tega duhovnika. Njen namen je bil, da bi ga prepričala, da naj uporabi svoje moči za propad Svete Matere in Božanskih Bhav. Da bi lahko zaklinjanje izvedel, je ženska na košček papirja napisala ime Svete Matere in zvezdo njenega rojstva ter ga dala duhovniku.

Tega istega dne se je neki Materini častilki v sanjah prikazala Sveta Mati in ji naročila, naj gre naslednji dan v določen tempelj in tam daruje svoje molitve. Naslednjega dne je ta častilka prišla k Sveti Materi in ji povedala svoje sanje. Mati ji je rekla:»Pojdi tja in se vrni. Potem boš razumela pomen sanj.«

Tako se je ženska z dovoljenjem Svete Matere napotila v tempelj, ki se ji je prikazal v sanjah. Ne da bi vedela, je bil to isti tempelj, v katerem je duhovnik, ki ga je dan prej starejša ženska pregovorila, naj izvede črno magijo proti Materi, vršil dnevno čaščenje. Ko je častilka v templju z molitvami končala, je poiskala duhovnika, da bi z njim spregovorila nekaj besed. Ko jo je duhovnik zagledal, ji je izkazal svojo gostoljubnost in vstal z ležišča, na katerem je sedel. Začel je zvijati žimnico, rekoč:»Pridite, prosim sedite … prosim, usedite se …« Ko je zvijal žimnico, mu je na tla pred častilko padel majhen košček papirja. Pobrala ga je in na njem zagledala napisano ime Svete Matere in rojstno zvezdo. Takoj je razumela smiselni pomen besed na listku, duhovnika-maga in sanj. Začela se je tolči po prsih, rekoč:»Kaj ste storili? Ste storili kaj naši Materi? Če je tako, ne bomo mogli več živeti!« Ko je to izrekla, je planila v jok. Duhovnik je pojasnil:»Ne, ne, nič nisem storil. Neka starejša gospa je včeraj prišla sem in mi neprestano govorila, da bi moral uničiti tisti prostor. Da mi ne bi več sitnarila, sem od nje vzel ta papir in ga shranil tukaj.«

Pomirjena, ko je videla duhovnikovo iskrenost, ga je zaprosila: »Prosim, pridite in se sami prepričajte, kaj se tam dogaja. Potem boste razumeli, kakšna je resnica.« Duhovnik se je strinjal in rekel, da bo šel kmalu tja in si situacijo ogledal sam.

Kot je obljubil, je duhovnik med Bhava Daršanom prišel v Idamannel. Ko se je razširila vest, da je prišel razvpiti duhovnik, se je zbrala velika množica vernikov in nevernežev ter nestrpno čakala, da bo videla srečanje maga z Materjo. Nekateri ljudje so govorili: »Ta duhovnik je velik mag. Vsemu, kar se dogaja tukaj, bo napravil konec.« Častilci z močnim prepričanjem pa so govorili: »Nič ne bo storil.«

Duhovnik je prišel z neko starejšo žensko in ji dal zavojček tolčenega riža,[3] da bi ga držala, medtem ko bo sam vstopil v tempelj. Duhovnik se je že prej odločil, da bo postal Materin častilec, če mu bo lahko dokazala, da je resnično Božansko Bitje. Mati je bila v Krišna Bhavi. Dala mu je prgišče svetega pepela in ga vprašala: »Ali nisi tukaj zato, da bi ponavljal to mantro?« Ko je to rekla, mu je povedala mračno mantro, ki jo je poznal samo on. Duhovnik je bil zaprepaden. Mati je nadaljevala: »Kaj nisi ti častilec Hanumana? Ne ponavljaj zlobnih manter z istim jezikom, s katerim opevaš Njegovo Ime.« Duhovnik je ostal brez besed. Nihče na vsem svetu ni vedel, da je njegovo Upasana Murthi (ljubljeno Božanstvo) Hanuman. Mati je pravkar odkrila največjo skrivnost v njegovem življenju. Toda Mati še ni končala z njim. »Ali nisi prosil gospe, naj počaka zunaj in drži zavojček tolčenega riža? Kuchela[4] je šla k Šri Krišni in mu darovala tolčeni riž. Ali nisi prišel z istim namenom, da boš daroval riž? Toda nekaj je! Kuchela je darovala Krišni tolčeni riž odpovedi in resnice. Čeprav je bilo med rižem polno kamenčkov in peska, tega Gospod ni opazil. Gledal je, a je lahko videl samo Kuchelino čisto predanost in odprto srce. V tem pa ni bilo niti kamenčkov niti peska. Vse je bila ambrozija. Zato ga je Gospod pojedel. Zakaj si si sposodil neobdelan riž od svojega soseda? Zakaj si riž po luščenju pomešal s kamenčki in peskom ter ga prinesel sem?«

---

[3] Zrna riža stolčena v kosmiče, podobna valjanemu ovsu.

[4] Goreča častilka Gospoda Krišne, katere zgodba se pojavi v Šrimad Bhagavatamu.

Ko je nejeverni duhovnik vse to, kar je storil, v vseh natančnih podrobnostih slišal iz ust Svete Matere, je zajokal. Z globoko skesanostjo je prosil odpuščanja za svoja zla dejanja. Od tega dne dalje je postal pravi častilec Svete Matere.

Nadaljnja junaštva Odbora za ustavitev slepe vere

Odbor za ustavitev slepe vere je tedaj skoval še več izprijenih načrtov proti Sveti Materi. Da bi kaj ukrenili proti Bhava Daršanu, so poskušali vplivati na visoke policijske uradnike in vladne avtoritete. Delovanje Odbora je privedlo do več javnih in prikritih preiskav, vendar je bil edini vidni izid vsega tega, da so mnogi preiskovalci postali častilci!

Nekega večera, ko je potekala Devi Bhava, so izzivalci nemirov zahtevali, da dekle, ki je prepevalo duhovne pesmi, preneha peti. Dekle je odgovorilo:»Pela bom. Verjamem v Sveto Mater!« Besedni dvoboj, ki se je s tem pričel, je dosegel višek v prepiru med častilci in razgrajači. Nazadnje je na prizorišče prišel Sugunanandan in jih pregnal.

Kmalu po njihovem odhodu je Sveta Mati poklicala svojega očeta in ga posvarila:»Vložili bodo peticijo zoper nas. Jaz bom prvoobtožena, ti pa drugo. Prehiteti jih moraš in oblasti obvestiti o resnici.« Materinih besed ni jemal resno in je rekel:»Ne bodo vložili tožbe zoper nas. Policije ne bo sem.« Mati pa je vztrajala in vztrajala in nazadnje je Sugunanandan le šel na policijsko postajo. Spoznal je, da je bila napoved Svete Matere popolnoma resnična in je svoj primer jasno in iskreno predstavil.

»Nikogar ne goljufamo. Res je, da moja hčerka prikazuje božanska stanja. Le če pridete osebno tja, boste pravilno razumeli resnico. Častilci prihajajo in pojejo duhovne pesmi. V tem ni nič zlaganega. Voda iz javnega vodovoda in pepel, nabavljen v Oachiri sta snovi, ki se delita kot prasadam.[5] Nikoli ne materializiramo cvetja z

---

[5] Od Boga blagoslovljene daritve.

neba. Darujemo cvetje natrgano z dreves in grmov. Božanskih stanj ne oglašujemo in ne reklamiramo. Ljudje so prišli potem, ko so slišali o izkušnjah drugih, ki so že bili priča Bhava Daršanu. Predvsem pa se to dogaja v moji hiši. Ta pa ni last nikogar drugega. Neverneži se prihajajo v mojo hišo prepirat in spopadat z mano. Je to pravično? Zato vas prosim, da nas zaščitite pred njimi!«

Uradniki temu niso mogli oporekati, ko so slišali, kar jim je Sugunanandan povedal in so videli njegovo pristno iskrenost. Lažna peticija je bila razveljavljena. Neverneži so bili besni. Da bi škodovali Materi, so v povračilo skovali svojo naslednjo zaroto. V tistih dneh je med Bhava Daršanom, ko je Sveta Mati razodevala svojo enost z Devi, nato prišla iz templja in plesala v stanju blaženosti. Nekega večera so neverneži prišli v Idamannel s polno košaro strupenih trnov. Ti trni so bili tako ostri in strupeni, da bi se človek nezavesten zgrudil že, če bi mu le en sam trn prebodel nogo.

Te trne so zaupali skupini lokalnih otrok in jim dali navodila, naj jih raztresejo po tleh, kjer Mati vedno pleše. To naj bi storili med Deeparadhano,[6] ker bo takrat pozornost vseh usmerjena na Sveto Mater, ne pa na otroke, ki bodo raztresali trne. In tako so otroci tudi storili. Ko je Mati stopila iz templja, je nakazala častilcem, kaj se je zgodilo in jih posvarila, naj se ne ganejo z mesta, kjer stojijo. Tedaj je Mati pričela plesati svoji ekstatični ples z mečem in trizobom v dvignjenih rokah. Materin ples je zbujal strahospoštovanje. Častilci so imeli občutek, kot da pred njimi pleše Uničevalka zla, Mata Kali Sama. Plesala je po verandi pred templjem, ko je njen meč nenadoma prerezal vrvice, na katerih so visele slike na steni. Slike so padle na tla in razbito steklo se je razletelo po vsej verandi. Ne meneč se za nevarnost je Mati nadaljevala s plesom, pri čemer je teptala koščke razbitega stekla, kot da bi bili samo cvetni listi.

Tisti, ki so prišli ogrožat življenje Svete Matere, so bili ob tem prizoru prevzeti od začudenja, a še vedno so polni upanja čakali,

---

[6] Kroženje z gorečo kafro pred Sveto Materjo, medtem ko sedi v templju kot Devi

da bi videli njene noge polne trnov krvaveti in da bi bili priča, kako se bo Mati nezmožna prenašati strašno bolečino, zgrudila na tla.

Sedaj je Mati sestopila s tempeljske verande in šla naravnost proti mestu, kjer so bili raztreseni trni. S konico meča ja po tleh zarisala črto in jo vsem prepovedala prestopiti. Nato je sama stopila v krog in dolgo plesala teptaje po strupenih trnih. Neverneži niso mogli verjeti svojim očem. Ko so gledali ta razburljiv prizor, so postali izredno nervozni in so takoj odšli.

Ko je Sugunanandan spoznal, kaj se je zgodilo, je ob misli na ranjene noge svoje hčerke začel poln strahu tekati sem ter tja. Da bi ji pozdravil rane, se je vrnil z zdravilom, toda na njegovo veliko presenečenje ni mogel najti niti sledu o kakšni praski ali trnu.

Čeprav so bili tako imenovani racionalisti priča mnogim takšnim čudežem na lastne oči, se svoji zavisti in sovraštvu do Matere niso bili pripravljeni odreči. Vaščanom in častilcem so bili vsi nenavadni dogodki okrog Matere vir čudenja. Toda za Mater, ki je vselej prebivala v Najvišji Resničnosti, so bili vsi ti dogodki le otroška igra. Ko so prišli k njej nekateri častilci, izredno potrti zaradi brezkončnega toka nadlegovanja, ki so ga njihovi ljubljeni Materi vsiljevali krivični neverneži, jim je rekla:»Otroci, ni sveta brez dvojnosti. Ne bi se smeli vznemirjati zaradi vsega tega. Materini častilci so vsepovsod po svetu. Njih vsa ta dejanja ne bodo prizadela.«

Sveta Mati je častilcem in članom svoje družine svetovala, naj bodo mirni in potrpežljivi. Vdano so sledili Materinemu nasvetu in tiho prenašali strašno ravnanje racionalistov.

Ob neki drugi priložnosti je z objestnimi nameni prišlo v Idamannel nekaj mladih članov racionalističnega gibanja. Nameravali so oponašati ples Svete Matere med Bhavo misleč, da bodo s tem prevarali častilce in se norčevali iz Matere.

Ko so prišli, se je Daršan že pričel. Mati je ljubeče sprejemala častilce enega za drugim. Medtem je k sebi poklicala nekaj častilcev in jim povedala, da nameravajo mladi posnemati njen ples. Častilcem je prepovedala, da bi jim karkoli storili in ko jim je dala potrebna navodila, jih je poslala ven. Zunaj so pozorno čakali. Čez nekaj časa je eden od mladih pričel s predstavo. Poskušal je posnemati določene kretnje, ki jih je v božanskem stanju razodevala Sveta Mati. Pozorni častilci so obkrožili sleparja in ga začeli izpraševati. Nesposoben odgovoriti na njihova vprašanja se je zbal in se ovedel resnosti svojih dejanj. Vsi njegovi prijatelji so takoj pobegnili, tega dečka pa pustili zadaj. Zmeden je tudi on stekel in nazadnje skočil v vodo! Častilci so ga potegnili iz vode. Strogo so ga posvarili, naj nikoli več ne ponovi takšne neumnosti, nato pa ga izpustili, da je šel svojo pot.

V tistem času so neverneži skovali najbolj smele in mračne načrte. Najeli so morilca, da bi med Bhava Daršanom vstopil v tempelj in Mater zabodel do smrti. Skrivajoč nož v svojih oblačilih je morilec vstopil v tempelj. Ko ga je Mati zagledala, se mu je prijazno nasmehnila in nadaljevala s sprejemanjem častilcev. Njen nasmeh je nanj učinkoval nenavadno pomirjujoče. Prišel je k zdravi pameti, spoznal svojo resno napako ter padel k Materinim stopalom in jo prosil odpuščanja. Tempelj je zapustil popolnoma spremenjen. Ko so to neverjetno spremembo na njem opazili njegovi podli tovariši, so ga vprašali, če je Sveta Mati hipnotizirala tudi njega. On pa se jim je samo smejal in od tedaj je goreč Materin častilec.

V tem obdobju se ni zgodilo, da bi Sveta Mati hodila po cesti ali vaški stezi, ne da bi jo zmerjali neotesani rogovileži. Stali so na obeh straneh ceste in jo zelo grobo zasmehovali. Spodbudili so tudi vaške otroke, da so počeli isto. Zgodaj zjutraj so se skrivali za drevesi in grmovjem in vanjo metali celó kamenje. Ta nekulturna skupina pa ni nadlegovala samo Sveto Mater. Žrtev njihove obžalovanja vredne zabave je postala vsa družina. Ko so zagledali kakšnega člana njene družine, so neverneži vzklikali: »Krišna gre! Krišna gre!«

Kadar racionalisti ob večerih niso imeli drugih idej, so šli v tempelj in Materi navajali lažne trditve v upanju, da jo bodo raz-krinkali kot sleparko. Nek moški je prišel k Materi in ji rekel, da je slep. Mati pa je takoj iztegnila kazalec, kot da mu bo izkopala oko. Moški je odskočil in zavpil: »Oh!« Tako je Mati razkrinkala tiste, ki so jo prišli goljufat.

Nekoč je prišel k Materi tudi nek mladenič in ji rekel, da ga zelo boli roka. Pričakoval je, da bo Mati verjela njegovim besedam in mu zmasirala roko. Ona pa je namesto tega prosila bramačarjo, ki je stal v bližini, naj mu zdrgne roko on. Takoj, ko se je bramačarin dotaknil njegove roke, je moški izkusil hudo bolečino na natanko tistem predelu, ki ga je opisal Materi. Nezmožen prenašati strašne bolečine je prosil odpuščanja za svojo nezrelo potegavščino. Brez izjeme so bili vsi, ki so prišli goljufat Mater, sami razkrinkani kot sleparji.

»Današnji sovražnik je jutrišnji prijatelj«

Sugunanandan je bil že sit poslušanja in gledanja teh stalnih neumnosti in zlobnih dejanj racionalistov. Razočaran se je neke noči med Devi Bhavo približal Materi in ji rekel: »Je to sad, ki mi ga daje Bog? Ljudje me kličejo morilec mojega lastnega sina! Ne morem hoditi po vasi brez stalnih očitkov. To je strašno. Devi bi morala kaznovati hudobneže!«

Mati je odgovorila: »Čakaj in glej. Današnji sovražnik je jutrišnji prijatelj. Torej koga naj kaznujem? Tisti, ki ti nasprotujejo danes, bodo prišli in se jutri poročili s tvojimi hčerami. Tolaži se z mislijo, da se vse zgodi po Božji Volji. Če je en tvoj sin odšel, jih bo na tisoče prišlo jutri.« Tudi Damayanti je bila zaradi smrti svojega sina pogreznjena v žalost. Sveta Mati ji je rekla: »Ne bodi žalostna. Toliko otrok bo v prihodnosti prišlo sem iz vsega sveta. Imej jih rada kot svoje otroke.«

Čeprav so bili dnevi in noči Svete Matere posvečeni tolažbi in pomoči častilcem, je še zmeraj našla čas za služenje in pomoč svoji družini, ki se je soočala s kritičnimi trenutki življenja. S posvetnega vidika je bila mlado dekle, a kljub temu popolnoma pravična do tisočih častilcev in prav tako tudi do svojih staršev, brez najmanjšega odmika s poti Resnice in pravičnosti. Njena drža do lastne družine in način, kako je gledala nanje, je bil vir navdiha za častilce, ki so sami živeli v družinah. Mati je bila čisti primer, kako je lahko človek duhoven in še vedno izpolnjuje dolžnosti do svoje družine, pri čemer ostaja nenavezan in čist.

Čeprav se je Sugunanandan ukvarjal s prodajo rib, to ni bilo prav donosno. Nazadnje, ko so zaradi Bhava Daršana pričeli prihajati v njegovo hišo v velikem številu ljudje z vse dežele, je s tem prenehal. Prav tako se zaradi nasprotovanja vaščanov in drugih problemov, ki so se pojavili v zvezi z Bhava Daršanom, ni zmogel več osredotočati na svoj posel. Prisiljen je bil prebiti ves svoj čas v Idamannelu. Poleg vsega tega je še vedno imel tri neporočene hčere, čeprav je bil glede tega videti dokaj brezbrižen. Vsi njegovi sinovi so bili v šoli. Tu in tam je kdo iz družine zbolel in potreboval zdravstveno oskrbo.

V tem času sta verjetno ves ta stres in napetost povzročila, da je bil Sugunanandan v začetku leta 1979 hospitaliziran in je moral na operacijo. Bolnišnica je bila v mestu Kollam, petintrideset kilometrov južno od Vallickavu. Nikogar ni bilo, ki bi pomagal pri gospodinjskih opravilih ali skrbel za Sugunanandana v bolnišnici. Vsi sorodniki so bili popolnoma proti družini. Kasturi je delala v nekem oddaljenem kraju. Damayanti je bila zaradi revmatičnih bolečin priklenjena na posteljo. Dečki so bili bodisi premladi ali pa so hodili v šolo. Vso breme je padlo na ramena Svete Matere.

Častilci so pričeli prihajati na Daršan že od enih popoldne dalje. Ob štirih popoldne je Mati sedla za duhovno petje, čemur je sledil Bhava Daršan, ki se je včasih nadaljeval do osme ali devete ure naslednjega jutra. Dokler niso bili sprejeti vsi, se Mati ni premaknila s svojega sedeža v templju. Med vsem tem pa je dajala tudi napotke duhovnim aspirantom, ki so prišli iskat njenega vodstva. Po končanem Daršanu je Mati opravila vsa gospodinjska dela kot jih je opravljala že toliko let. Vse mlajše bratce in sestrice je pripravila za šolo in jih tja poslala. Ko je bilo vse delo opravljeno, je Mati odšla v bolnišnico v Kollam, kamor je nesla hrano in vse nujne potrebščine Sugunanandanu. Zanj je skrbela z največjo skrbjo in mu ves čas njegove bolezni vdano služila.

Neverneži niso zgrešili nobene priložnosti. Ko je šla Mati po svoji poti v Kollam skozi vas, so se ji rogali in vanjo metali kamenje.

Vpili so:»Krišna, Krišna …«Ko je tiho prenašala vso to njihovo objestno vedenje, je Mati razmišljala:»Vsaj na ta način ponavljajo Gospodovo Ime.«Nekoč je nek razgrajač poskušal celó zgrabiti Sveto Mater, toda ko je skočil naprej, da bi jo prijel, mu je spodrsnilo in padel je v obcestni jarek. Postopoma je Sugunanandan ozdravel. A kmalu potem je bila hospitalizirana tudi Damayanti, za njo pa Suresh. V vsem tem obdobju je Mati skrbela za vse gospodinjske dolžnosti in služila članom družine, ki so bili v bolnišnici.

V družinskem ozračju sta prevladovala kaos in zmeda, toda ne glede na situacijo, je Mati ostala trden steber podpore in oskrbe, vselej mirna in sočutna. Kar predstavljajte si njihov položaj. Razburjenje, ki ga je povzročil Subhaganov samomor, nenaklonjenost njihovih sorodnikov, nasprotovanje racionalistov, zbiranje na tisoče častilcev za Bhava Daršan in tri neporočene hčere v hiši. Ni čudno, da si nihče ni želel poročne zveze s to družino! Če je že kdo iz kakšnega oddaljenega kraja prišel s poročno ponudbo, so ga, še preden je prišel do Idamannela, nekateri vaščani, ki so ga srečali na poti tja, že prej odvrnili od njegovega namena. Več perspektivnih ženinov se je brž umaknilo.

In tako je Sugunanandan ponovno pristopil k Sveti Materi in rekel:»Zaradi Bhava Daršana sem izgubil svoje spoštovanje. Izven Idamannela se sploh ne smem prikazati. Tako vaščani kot sorodniki me sovražijo in moje hčere so ostale neporočene. Kaj naj storim?«

Sveta Mati je odgovorila:»Bhava Daršan ni vzrok tvoje nesreče. Vse se dogaja po Božji Volji. Vse se bo zgodilo ob pravem času. Ni ti treba skrbeti.« Tokrat Sugunanandan ni bil potolažen. Jezno je zavpil:»Spil bom strup in umrl!« Ko je to slišala, se je Mati obrnila k podobi Devi in jo vprašala s solznimi očmi:»O sočutna Mati, ali prinašam tem ljudem le žalost?«

Niso bili redki primeri, ko se je Mati odločila zapustiti Idamannel in se celó začela pripravljati, da bo to zares storila. Toda vsakokrat ji je bilo to skrivnostno preprečeno. Sugunanandan je znova zaskrbljen prišel k Materi. Spet mu je povedala: »Ne skrbi. Poroke tvojih hčerá se bodo kmalu zgodile.«

V mesecu dni so se Materine besede uresničile. Od najbolj nepričakovane družine je prišla poročna ponudba za Sugunammo. Ta družina je zelo nasprotovala Sveti Materi in ženin je bil eden izmed kolovodij racionalističnega gibanja. Ironično, sedaj ko je bila poroka potrjena, pa je Sugunanandan povsem prenehal sodelovati. Popolna odgovornost za organizacijo poroke je padla na Sveto Mater! Ker je bila vselej v stanju popolne ravnodušnosti, se je zdelo, da ne more nič omajati Materine iniciativnosti in učinkovitosti. Poročna slovesnost je potekala uspešno kljub dejstvu, da je Sugunanandan pri vsej organizaciji stal povsem ob strani in le tu in tam opazoval ves dogodek.

Besede Svete Matere: »Današnji sovražnik je jutrišnji prijatelj,« so postale resnične in enako se je ponovilo s porokama drugih dveh hčera.

V jeziku malayalam obstaja rek: »Jasmin, ki raste pred hišo, ne diši.« Pomen tega je, da tistega, ki postane velik in slaven, kot takega nikoli ne bo prepoznala njegova ali njena skupnost. Mnogo je pravičnih duš, ki so trpele resničnost tega reka. Sveta Mati je rekla: »Recimo, da nekdo po radiu posluša lepo pesem. Resnično uživa v prijetni melodiji, dokler ne pride k njemu njegov bližnji prijatelj in reče: 'Ali veš, kdo poje to pesem? Naš sosed Šankar.' Tisti, ki je u</br>žival v pesmi, takoj ugasne radio rekoč: 'Oh, kakšen pevec pa je?! Grozen!' Otroci, tako se vedejo ljudje. Težko jim je sprejeti človeka, ki so ga vedno poznali in živeli blizu njega.« Tako je bilo tudi v primeru Svete Matere.

Okoliščine, ki so obdajale Mater, še zdaleč niso bile prijazne. Te mlade ribiške deklice ni nihče podpiral. Ker so bili častilci iz različnih delov dežele, niso mogli storiti ničesar proti nevednim in nekulturnim vaščanom, ki so nadlegovali Sveto Mater. Poleg tega so častilci večinoma verjeli, da sta Krišna in Devi obsedla Mater le med Bhava Daršanom. Niso mogli razumeti globine ali popolnosti Materine Božje Realizacije. Ne le to; večina častilcev je v teh zgodnjih dneh prihajala prvenstveno zaradi reševanja posvetnih težav in ne zaradi duhovnega povzdignjenja. Če je bila njihova želja izpolnjena, so se vrnili šele, ko se je pojavila nova želja. Če njihova želja ni bila izpolnjena, potem niso nikoli več prišli in njihova predanost Materi se je tukaj končala. Mati ni imela niti pedi svoje lastne zemlje in niti centa na razpolago. Njeni prijatelji in sorodniki ji niso bili naklonjeni in so ji na smrt nasprotovali. Člani njene lastne družine so nasprotovali njeni želji in volji. Niso ji niti pomagali niti je spodbujali na noben način.

Ob neki priložnosti je nek častilec vprašal Mater o neskončnih preizkušnjah in trpljenju, s katerimi se je morala soočati med in po sadhani. Spraševali so se, kako lahko sploh pride do Uresničitve, če je potrebno pretrpeti toliko trpljenja, za katerega so dvomili, da bi ga lahko prenesli. Mati jih je hitro spomnila, da njeno lastno življenje kaže, da je mogoče uresničiti Boga celó v najhujših možnih okoliščinah.

Bralcem bo zelo zanimivo izvedeti, kako je Sveta Mati sredi tega strašnega viharja ustanovila ašram. O tem bomo pripovedovali v naslednjem poglavju.

Deseto poglavje

Mati nesmrtne Blaženosti

»Vselej se zavedajte, da je Mati povsod pričujoča. Verujte, da sta Materin in vaš notranji Jaz eno. Otroci, mati, ki vas je rodila, lahko pazi na stvari, ki se tičejo tega življenja; dandanes je celó to zelo redko. Materin cilj pa je, da vas privede na takšno pot, da boste lahko uživali blaženost v vseh svojih prihodnjih življenjih.«

Mata Amritanandamayi

Trailōkya sphuta vaktāro
devādyasura pannagāha
guruvaktra sthitā vidyā
gurubhaktyā tu labhyatye

Gurujeve modrosti se ne da naučiti
niti od bogov višjih svetov;
gurujevo Znanje se prebudi v tistem,
ki svojemu Guruju služi z najčistejšo ljubeznijo.

Guru Gita, 22. verz

Skupina mladih

»Otroci, hlad vetriča, žarki lune, prostranost vesolja in
vse, kar obstaja na svetu – vse to je prežeto z Božansko
Zavestjo. Spoznanje in izkustvo te Resnice je Cilj človeškega
rojstva. V tej temačni dobi bo skupina mladih, ki se bo
odpovedala vsemu, razširila duhovno luč po vsem svetu.«

Mata Amritanandamayi

Že leta 1976 je iz vasi Alappad prišel k Sveti Materi dvajsetletni
mladenič z imenom Unni Krishnan. Bil je bolj ko ne berač.
Čeprav je imel dom in družino, ga je bolj redko obiskal. Po tem,
ko je srečal Sveto Mater, je začutil močno žejo po duhovnem
življenju. Sveta Mati je to razumela in ko mu je leto pozneje zaupala
opravljanje dnevnega čaščenja v templju, mu je dovolila ostati v
njeni prisotnosti v Idamannelu. Svoje dneve je preživljal v majhnem

svetišču, kjer je opravljal vsakodnevno čaščenje in recitiral Šri Lalito Sahasranamamo,[1] kot ga je poučevala Sveta Mati. Prav tako je delal tudi druge duhovne vaje, bral svete spise in pisal duhovno poezijo. Ponoči je spal na tempeljski verandi in si je na tla namesto žimnice pogrnil le tanko brisačo. Bil je tako miren in tih, da nihče od obiskovalcev ni vedel, da tam prebiva. Tako je postal prvi prebivalec bodočega ašrama. Ob koncu leta 1978, ko je prišla skupina zelo izobraženih mladeničev, ki se je odpovedala domu in življenju v svetu ter se z edinim ciljem doseči Uresničitev Boga in služiti človeštvu zatekla k stopalom Svete Matere, je jedro ašrama začelo rasti. Očarane zaradi magnetno privlačne osebnosti in vse objemajoče ljubezni Svete Matere, je te mladeniče kljub velikim oviram navdihnilo živeti božansko življenje. Večina od njih je bila iz mesteca Haripad[2] in so prihajali iz družin višjega razreda. Po srečanju s Sveto Materjo so bili povsem prepričani, da je pot, ki jo kaže Mati, najvišji cilj, ki si ga lahko v svojem življenju prizadevajo doseči.

V mesecu dni so Šrikumar, Ramesh Rao, Venugopal, Ramakrishnan in Balagopalan (Balu)[3] prišli k Sveti Materi in jo ponižno prosili, če bi jih vodila k njihovemu izbranemu cilju. Vendar jim je Sugunanandan skušal preprečiti, da bi za stalno ostali ob Sveti Materi. Njegovo nasprotovanje je motiviralo dejstvo, da ostale njegove hčere še niso bile poročene. Ti mladi aspiranti so bodisi še študirali na fakultetah ali že bili v službah, razen Baluja, ki je svoj univerzitetni študij ravno zaključil. K Materi so prihajali skoraj vsak dan ali vsak drugi dan, medtem pa izpolnjevali svoje obveznosti v svetu.

Pri večini je njihova nenadna preobrazba iz posvetne mladine v iskalce Boga v njihovih družinah in med prijatelji povzročila pravi vihar. V njihovih očeh je bila namreč Sveta Mati čarovnica, ki je

---

[1] Sveta mantra, ki jo sestavlja tisoč Imen Božanske Matere.

[2] Leži 20 km severno od Vallickavu.

[3] Sedaj znan kot Svami Amritasvarupananda Puri, po tem, ko je od Svete Matere prejel tradicionalno iniciacijo v sanjasina.

s svojim mojstrskim čaranjem hipnotizirala njihove sinove. Vedno na preži, da bi v povezavi s Sveto Materjo odkrili kakšno napako, so racionalisti priložnost dodobra izkoristili. Časopisne medije so začeli polniti s senzacionalističnimi zgodbami, da bi izzvali javni odziv proti Sveti Materi.

Častilce in mladeniče so zaskrbele te izmišljene zgodbe v časopisih. Ko je Mati izvedela za njihovo zaskrbljenost, je prasnila v smeh in rekla:»Mi nismo črke in besede natisnjene na košček papirja. Nadaljujte s svojimi duhovnimi vajami in ne izgubljajte časa s pozornostjo na takšne reči. Tisti, ki nasprotujejo danes, bodo jutri postali častilci.« Ta napoved Svete Matere se je resnično iz dneva v dan uresničevala.

Novembra istega leta je v Idamannel prišel nek študent, da bi se srečal s Sveto Materjo. Že prvi obisk je v njem povzročil veliko preobrazbo. Mater je obiskoval čim je bilo mogoče. Razvil je intenzivno željo, da bi opustil posvetno življenje. Sveto Mater je prosil za nasvet, kje naj prebiva, da bo delal svoje duhovne vaje, saj je v tistih dneh Sugunanandan odpodil vsakega mladega aspiranta, ki je želel ostati v prisotnosti Svete Matere. Nekega večera se je moral tudi on soočiti s Sugunanandanovim pridiganjem. Ukazal mu je, da naj zapusti Idamannel. Z bolečino v srcu je prosil Sveto Mater, naj mu predlaga zanj primeren kraj, kjer bi lahko nadaljeval s svojim duhovnim urjenjem. Usmerila ga je v Tiruvannamalai, prebivališče velikega modreca Ramane Maharshija in mu svetovala, da naj se za enainštirideset dni zaobljubi tišini.

Preden je odšel, je vprašal:»Mati, če bo Sugunanandan še naprej tak do častilcev, kako bo lahko kdaj ta prostor postal ašram? Neprijazen je do tebe in do tistih, ki želijo ostati poleg tebe. Mati, koliko muk prestajaš dandanes! Ne morem prenašati, ko vidim, kako trpiš! Ali ni nikogar, ki bi skrbel zate in gledal na tvoje potrebe?

Mati mu je tolažeče rekla:»Ne skrbi. Potem, ko se boš vrnil iz Tiruvannamalaija, se bo vse uredilo. Tam so ljudje, ki bodo pazili na Mater in na bodoči ašram. Tam so moji otroci iz drugih dežel, ki nestrpno čakajo, da me vidijo. Prišel bo dan, ko te bo Sugunanandan z vso ljubeznijo in naklonjenostjo prisrčno sprejel.«

Potem je prosil Mater za uro, da bo lahko ohranjal svojo vsakodnevno rutino in za malo iz rudrakše[4] za ponavljanje mantre. Sveta Mati je rekla: »Ne prosi Matere za takšne reči oziroma niti ne pomisli nanje. Dober aspirant se ne bo nikoli premaknil z mesta, kjer sedi. Vse, kar potrebuje, zagotovo pride. Poglej pajka in pitona. Nikoli ne gresta iskat plena. Pajek mirno sedi v svoji mreži in majhen mrčes pride sam od sebe ter se ujame vanjo. Dolžnost Boga je, da skrbi za Svoje častilce. Vse posveti Njegovim Stopalom, pojdi na Arunačalo in vse, kar potrebuješ, bo prišlo k tebi.«

Z Materino podobo v svojem srcu in mislijo na njeno brezmejno ljubezen je mladenič z denarjem, ki mu ga je za ta namen dal prijatelj, odšel v Tiruvannamalai. Ko je prišel do svetega bivališča Gospoda Šive, je prebil nekaj dni v votlini na sveti gori Arunačali. Prva dva dni je preživel le ob listih in vodi. Zvečer tretjega dne pa je zaradi pomanjkanja hrane na glas slabotno poklical: »Amma!« Materi je v pismu napisal: »Bilo je okrog petih popoldan, ko sem oslabel zaradi lakote. Ležal sem na gori v polzavestnem stanju. Tedaj sem jasno zaslišal Materin glas, ki me je poklical: ‹Moj sin!› Čutil sem, da mi nekdo nežno otira čelo. Ko sem odprl oči, sem pred seboj videl Mater, ki je stala pred menoj v svojih belih oblačilih. Ob tem prizoru sem bil izredno ganjen!«

Potem ko je Sveta Mati prejela to pismo, so se častilci spomnili, da je bilo to natanko takrat, ko je Sveta Mati v Vallickavu nenadoma zaklicala: »Oh moj sin!« in se obrnila k častilcem, ki so sedeli poleg nje, rekoč: »Moj sin je v Tiruvannamalaiju in že tri dni strada, sedaj pa joče, da bi me rad videl!« Po tem dogodku ni imel več nikoli težav redno dobiti hrane.

Zaradi pomanjkanja pravega prostora za opravljanje duhovnih vaj, je mladenič preživel svoje dneve na gori, ponoči pa je spal ob

---

[4] Temno rjava semena, ki so znana po svojih koristnih učinkih, tako fizičnih kot duhovnih.

vznožju hriba. Ko se je vračal z gore, je bila prva oseba, ki jo je srečal Avstralka z imenom Gayatri. Čez nekaj dni je srečal Madhusudhanana[5], po rodu z otoka Reunion, katerega predniki so prišli iz Indije. Vsi trije so čutili tok ljubezni, ki jih je povezal skupaj. Ob spominu na besede Svete Matere je imel močan občutek, da sta oba njena otroka. Začel jima je pripovedovati o Sveti Materi in jima pokazal njeno majhno fotografijo. Gayatri je bila očarana nad Materino blaženo zunanjostjo in njenimi žarečimi očmi na fotografiji.

Čeprav je Gayatri skušala redno meditirati, ni bila zadovoljna s svojim duhovnim napredkom. Po tem, ko je videla fotografijo Svete Matere in slišala o njeni nesebični ljubezni in sočutju, je imela svojo prvo duhovno izkušnjo. Z njenimi besedami: »V sebi sem videla blesk luči in v tej luči zaznala živo podobo Matere. Nenadoma se je iz mene pognal krik: ,Amma! Amma! Amma!' Potem so vse misli poniknile in moj um se je pogreznil v tišino. Ko sem odprla oči in pogledala na uro, sem videla, da je minilo dvajset minut. Nič nisem vedela.«

Madhu, željan deliti srečo, ki jo je izkusil ob poslušanju o Sveti Materi, je mladeniča predstavil ameriškemu častilcu z imenom Nealu, ki je bil po svoji naravi kontemplativen. Njegov duhovni učitelj, ki je bil neposredni učenec Šri Ramane Maharshija, je štiri leta prej preminil. S služenjem svojemu učitelju je Nealu živel v Tiruvannamalaiju že enajst let. V tem času je večino časa priklenjen na posteljo trpel zaradi akutnih bolečin v trebuhu in hrbtenici. Že samo nekaj trenutkov je zelo težko sedel ali hodil. Zdravniki za njegovo bolezen niso poznali vzroka niti zdravila.

Ko je izvedel, da Madhu išče prostor za meditacijo, mu je Nealu ponudil kočo svojega pokojnega učitelja. Fant mu je povedal o Sveti Materi, vendar ga sprva ni kaj dosti zanimalo. Videl je že mnogo velikih svetnikov in ga je skrbelo le, kako naj ozdravi svojo bolezen, da bo lahko nadaljeval s sadhano. S to mislijo v umu ga je prosil, naj ga odvede k Sveti Materi po tem, ko bo izpolnil zaobljubo tišine. Nato je Nealu dal mlademu sadhaku (aspirantu) uro in malo iz

---

[5] Sedaj znanega kot Prematma Chaitanya.

rudrakše, misleč, da mu bo to dvoje koristilo pri njegovih duhovnih vajah. Mladenič se je spomnil besed Svete Matere, da bo vse prišlo, ne da bi za to prosil, ob čemer so ga preplavila čustva. Sedaj je resno pričel s svojo zaobljubo.

Nekega dne je med obredno hojo okrog Arunačale opazil visokega belca, ki je ponavljal tamilske verze, medtem ko je s skupino ljudi hodil okrog hriba. Bilo je na dan rojstnodnevnega praznovanja Šri Ramane. Ko ga je pogledal, mu je moški pogled vrnil, čeprav nekoliko ponosno. Mladi sadhak je pomislil:»Čeprav ponosen, se zdi, da bi bil lahko tudi on sin Svete Matere.« Ta moški z imenom Ganga je bil častilec iz Francije, ki je pozneje prišel in ostal ob Sveti Materi.

Po enainštiridesetih dneh tišine sta mladi Materin častilec in Nealu odpotovala v Vallickavu. Nealujevo prvo srečanje s Sveto Materjo je bilo zanj izrednega pomena.[6] Kot je sam opisal:»Ko sem tam prebil prve štiri dni, sem čutil, kot bi bil v samih Nebesih, takšno blaženost sem izkusil v Materini prisotnosti! Nekega večera ob koncu Devi Bhave, je Mati stala pri vratih templja, jaz pa sem stal zunaj in jo gledal z združenimi dlanmi. Preplavila me je radost. V tistem trenutku sem videl, kako je njena fizična pojava izginila v razširjajoče se žarenje, ki se je širilo vse naokrog in pogoltnilo vse, kar je bilo vidno. Ta razširjajoča luč se je nenadoma skrčila v bleščečo točko neznosno slepeče luči in potem sem začutil, kot bi ta luč vstopila vame. Tri dni nisem mogel zaspati zaradi duhovne omame te izkušnje. Po vsem tem sem dan in noč mislil samo še na Sveto Mater. Odločil sem se, da bom ostal ob njej do konca svojega življenja, da bom od nje sprejel vodstvo in ji služil.«

Nealu se je skupaj z mladeničem vrnil v Tiruvannamalai, da bi tam uredil vse potrebno, nato pa se je znova vrnil v Vallickavu skupaj z Gayatri, ki si je zelo želela služiti Sveti Materi. Zelo zanimivo, Sugunanandan je prisrčno sprejel vse tri, kot da bi bili njegovi lastni

---

6 Podroben opis je mogoče najti v knjigi Svamija Paramatmanande»Na poti k svobodi«, M. A. Mission Trust, Amritapuri, Indija in M. A. Center, ZDA.

otroci. Nealu je prvič v treh letih začutil olajšanje od svoje bolezni in se lahko premikal naokrog ter opravljal drobna opravila.

Ko se je Nealu vrnil iz Tiruvannamalaija, je Sveti Materi izrazil svojo željo:»Nočem od tod. Kot tvoj ponižni služabnik želim za vedno ostati s teboj.« Mati mu je rekla:»Sin, nimam niti pedi lastne zemlje. Vprašaj očeta. Vsekakor potrebujemo prostor, da bi lahko ostal.«

Na veliko presenečenje vseh se je Sugunanandan strinjal in podaril majhen košček zemlje, na katerem je stala skromna koča iz pletenih listov kokosove palme. Pravijo, da je merila devet krat osemnajst čevljev (tj. približno 2,7 m x 5,5 m, op.p.). En kot se je uporabljal kot kuhinja za pripravljanje pijač za Sveto Mater, ostalo hrano pa so še vedno pripravljali v hiši. Ta koča je služila kot zavetišče za Sveto Mater skupaj z Nealujem, Balujem in Gayatri. To je bil neformalen začetek ašrama.

Balu je po svojem prvem srečanju s Sveto Materjo zapustil svoj dom in večino svojega časa preživel z Materjo. Imel je srečo, da je od Sugunanandana dobil dovoljenje, da lahko za stalno ostane v Idamannelu. Tako kot je Nealu prišel iz Tiruvannamalaija, da bi za vedno ostal v Idamannelu, se je tja priselil tudi Balu.

Po prihodu Nealuja in Gayatri sta prišla še Ganga in Madhu ter se nastanila ob stopalih Svete Matere. Četudi so z vso svojo predanostjo ponujali svoje premoženje Sveti Materi, ga ni hotela sprejeti, rekoč:»Če dosežete čisti značaj in popolnost v duhovnosti, bo to moje bogastvo. Če človek uresniči Bistvo v samem sebi, Ga bo videl v vsem. Ves svet bo postal njegov.«

Neke noči je nek moški iz sosednje hiše zbudil Gango, da bi si sposodil njegovo žepno baterijsko svetilko. Njegova hčerka je trpela zaradi akutnih astmatičnih napadov in sta morala v temi odhiteti v bolnišnico. Čez nekaj ur se je moški vrnil in mu vrnil svetilko. Naslednje jutro je Ganga povedal Materi o dogodku in dodal, da bi moškemu najraje razbil glavo, ker mu je zmotil spanec. Mati ga je oštela, rekoč:

»Kakšen duhovni aspirant pa si? Kaj pa si sploh dosegel z duhovnim življenjem v vseh teh letih, preden si prišel sem? Je to sad tega? Kdor je sledilec Poti Znanja, kot si domišljaš, da si ti, bi moral videti vse kot svoj lastni Jaz. Če je tako, kako si potem lahko jezen na tega človeka? Če bi te v nogo zbodel oster trn, mar ne bi čutil bolečine in jo nemirno umaknil? Predstavljaj si zaskrbljenost tega človeka, da bi rešil hčerko njenega trpljenja. Bolečino in trpljenje vseh živih bitij bi moral čutiti kot svojo lastno. Šele potem se bo tvoj um razširil in postal kot nebo, ki vsem enako služi. Zato bi moral tvoj um postati tako nedolžen kot je otroški, to pa je mogoče le s čisto predanostjo Bogu.«

Ganga je odgovoril s posmehljivim tonom: »Predanost te intelektualno sploh ne more izpolniti. Sledenje Poti Predanosti kaže določeno šibkost. Zakaj je potrebno vso to čustveno izražanje kot sta jok in petje? Tega ne morem početi. Šri Ramana ni nikoli predpisal Poti Predanosti. Svojim častilcem je predpisal le Pot Znanja. Raje imam Pot Znanja, ker se sklicuje na razum. Je bolj verodostojna.« Takšna je bila Gangova napačna predstava glede predanosti takrat, ko je prišel k Materi.

Mati je smeje odgovorila: »Pravkar sem videla sad tvojega urjenja po Poti Znanja. Če je to rezultat, potem se ti ni treba mučiti z življenjem žrtvovanja in odrekanja. Prav tako lahko uživaš v vseh čutnih užitkih! Si prebral vsa dela Šri Ramane in vse o njem? Če nisi, potem prosim izvoli, kajti obstaja mnogo njegovih del, ki so polna predanosti. Dejansko je bil on utelešenje predanosti Gospodu Arunačali. Že samo omemba tega Imena mu je prinesla solze Božanske Ljubezni v oči. Predanost ni kazatelj mentalne šibkosti kot misliš ti. Je največji dosežek, ki ga lahko človek doseže. Je zaznavanje Boga v vseh bitjih enako; je čista ljubezen Nesebičnega Bivanja. Sin, moral boš kultivirati ljubezen v samem sebi.«

Ker ga Materine besede niso prepričale, se je Ganga vrnil v Tiruvannamalai. Na svoje veliko presenečenje je nehote naletel na Šri Ramanino delo polno predanosti. Ob spominu na Materine besede ga je preplavil vse prežemajoč občutek ljubezni in začel je jokati. Molil je k Materi, da ga pokliče nazaj v svojo Sveto Prisotnost. Mati, ki je poznala njegovo duševno stanje, mu je prav takrat pisala pismo, v katerem ga je pozvala, naj se vrne. Jasno je spoznal njeno veličino in se z vso ponižnostjo predal njenim stopalom.

Madhu je, preden je prišel k Sveti Materi, srečal mnoge svetnike, toda ko je prvič videl Mater, je čutil kot da je prišel na konec svojega potovanja. S posvečanjem svojega srca in duše Materi je Madhu začel zbirati vse razpoložljive razlage o Šrimad Bhagavad Giti in jih prevajati v francoščino za duhovni blagor francoskih častilcev. Navdihnjen od Svete Matere je širil njeno duhovno poslanstvo v svojo domovino Reunion in tam zgradil lep ašram, posvečen njej. Z blagoslovi Svete Matere je bil orodje pri usmerjanju mnogih ljudi na duhovno pot.

V tistih dneh je Sveta Mati večino svojih noči prebila zunaj. Zato so tudi vsi drugi raje spali na pesku pod kokosovimi palmami. Celó če je Mati slučajno počivala v koči, je sredi noči vstala in odšla ven, da bi se ulegla na prostem. Naj se spomnimo dejstva, da je Sveta Mati spala zelo malo, jedla zelo malo in se velikodušno darovala. Celó po celonočnem sedenju v templju, kadar je trikrat na teden sprejemala častilce, si je za sprejemanje častilcev in poučevanje duhovnih aspirantov, ki so iskali njeno vodstvo, vzela čas tudi podnevi.

V začetku sta imela Nealu in Gayatri veliko jezikovnih težav. Za pogovor s Sveto Materjo sta vedno iskala Balujevo pomoč, toda počasi sta se kmalu naučila Materinega jezika, malayalam. V tem času je bil Balu zelo srečen, ker je lahko služil Sveti Materi, saj ni bilo nikogar drugega, ki bi skrbel za njene potrebe.

Nekega dne je Sugunanandan grobo pripomnil, da ni več pripravljen hraniti »saippus« (tujcev). Nato je Gayatri za Sveto Mater, Nealuja, Baluja in zase začela pripravljati hrano v koči. Mati ni jedla skoraj nič. Včasih je le zaradi vztrajanja Nealuja ali Baluja malo pojedla.

Nekega dne je Nealu še kar vztrajal, da Mati mora pojesti nekaj hrane. Nazadnje je Mati rekla: »Prav, jedla bom. Prinesi mi kaj.« Brez oklevanja je Nealu Materi prinesel pladenj poln hrane. Neverjetno, toda kot bi trenil z očesom, je pojedla vse. Nealu je Materi postregel znova in tudi tisto je v hipu zaužila. Ne da bi se premaknila s svojega sedeža je Mati pričakujoče pogledala Nealuja. Zopet ji je postregel. In tudi to je pojedla. Mati je jedla in jedla, toda zdelo se je, da je nič ne nasiti! Nealu in ostali so se začudeno spogledali. Iz bližnje čajnice je prinesel še več hrane. Tudi to je Mati brez obotavljanja pojedla. Nealu je bil izčrpan. Prebledel je. Nikoli več ni vztrajal, da mora Sveta Mati jesti!

V tem obdobju so se spet pojavile družinske težave. Od poroke Sugunamme je preteklo le dva meseca, ko se je Sugunanandan prenagljeno začel dogovarjati za poroke svojih drugih dveh hčera. Brez soglasja kogarkoli se je dogovoril za poroko najstarejše hčere Kasturi. Celó Sveta Mati je bila o tem obveščena šele po tem, ko je bila Sugunanandanova odobritev že poslana ženinovim sorodnikom.

Problem je bil, kako naj izpeljejo poroko povsem brez denarja. Sugunanandan ni imel prihodkov in v templju ni bilo denarja. Kot je že bila njegova navada, je Sugunanandan v tem kritičnem času zopet ‹poniknil›. Mati je bila mirna. Balu, ki je bil priča temu, je postal zelo žalosten in je vprašal: »Mati, kakšen je plan? Kako bi izpeljali poroko?« Nealu je rekel: »Mati, dal bom vse, kar imam. Dolžnost učenca je, da pazi in razbremeni odgovornosti svojega Guruja. Ničesar nimam, čemur bi lahko rekel, da je moje; vse, kar imam, je Materino. Zato prosim izpeljite Kasturijino poroko z denarjem, ki ga imam na razpolago.«

Sveta Mati je odgovorila: »Po poroki bosta dekleti živeli posvetno življenje. Kar imaš, je premoženje namenjeno za duhovnost. Potrošiti se mora le za prave namene. Če se ga dá posvetnim ljudem, si bodo naprtili greh. To pa bo prav tako vplivalo na nas in našo pot. Če je očetov dogovor za poroko Božje delo, naj jo Bog tudi izpelje. Ni nam potrebno namenjati pozornosti temu. Sugunanandana to nič kaj dosti ne skrbi; zakaj bi torej moralo skrbeti nas? Otroci, glede tega nam ni potrebno komplicirati.«

Čeprav se je Sugunanandanu mudilo dogovoriti za poroko, pa je, ko je prišlo do pomembnejših podrobnosti, kot so finance, samo stal ob strani. Mati je brez besed začela organizirati vse potrebno. Ko je Balu to videl, ga je zabolelo srce in je rekel Materi: »Prinesel bom svojo dediščino iz domače hiše.« Sveta Mati je bila odločno proti. Nato je Balu pisal nekaterim bližnjim častilcem in jih prosil za finančno pomoč. Pozneje, ko je Mati za to izvedela, ga je zaradi tega grajala, rekoč: »Sin, s tem se moramo soočiti mirno. Ničesar ni, za kar bi se morali razburjati.«

Nazadnje je bilo vse pripravljeno, razen ene reči: pet tisočih rupij. Ta denar je bil za stroške poroke nujno potreben. Čez nekaj dni je od anonimnega donatorja iz Madrasa, ki je za Sveto Mater slišal nedavno, prišel ček za pet tisoč rupij. Tako je bila Kasturi že sredi septembra leta 1980 poročena.

Ni še minilo tri mesece, ko se je Sugunanandan dogovoril že za Sajanino poroko. Ko je to storil, je spet izginil in težji del prepustil Sveti Materi. Vsa odgovornost za zbiranje zadostne količine denarja za doto, plačilo stroškov poročne slovesnosti in ročno izdelanega nevestinega zlatega nakita je padla na ramena Svete Matere.

Balu ni bil več žalosten, ampak jezen! Tudi Mati ni bila zadovoljna zaradi Sugunanandanove pomanjkljive razsodnosti. Čeprav nezadovoljna, je Mati ostala umirjena in je učinkovito opravila nalogo. Ženinovi sorodniki so zahtevali še več zlata. Kot običajno, je denar ostal veliko vprašanje. Sveta Mati je bila zelo dosledna, da se od tistega, kar je bilo dano na stran za prave namene, ne sme potrošiti niti centa. Niti ni dovolila, da bi se kaj denarja sposodilo. Torej kaj storiti?

V tem času se je Kasturi iz moževe hiše zaradi nekih nesoglasij vrnila v Idamannel. Ko je izvedela, da potrebujejo še več zlata, je rekla: »Poglejte, za tisti čas, da boste lahko izpeljali Sajanino poroko, vzemite moj nakit. Mi ga boste že pozneje vrnili.« Sedaj je bilo pripravljeno vse, razen ene ogrlice in enega prstana. Dva dni pred poroko še vedno ni bilo teh dveh stvari; Mati pa je bila kljub temu mirna in ravnodušna kot vedno. Naslednje jutro je po zaključku Bhava Daršana Gayatri, ki je čistila tempelj, opazila majhen zavitek, ki je ležal med daritvami. Odprla ga je in na svoje presenečenje našla ogrlico in prstan, katera sta ustrezala natančno takšnim zahtevam, kot so bile potrebne za poroko! Celó model nakita je bil enak kot pri ostalem, ki je bil izbran pred mesecem dni! Kakšen dokaz je še potreben, da bi verjeli, da Božanska Volja za vse poskrbi? Vendar to še ni bil konec težav, ki so spremljale to zadnjo poroko. Nekdo izmed lokalnih častilcev je ugovarjal Sugunanandanu. Zakaj se je dogovoril za poročno zvezo s tistimi, ki so bili prej sovražniki? Ali sinovi prijateljev in častilcev niso dovolj dobri zanj? Nekateri mladeniči, ki so bili Subhaganovi bližnji prijatelji, so se želeli poročiti s Sugunanandanovimi hčerami. Sedaj so se tudi oni obrnili proti njemu. Tako so sovražniki postali sorodniki, tisti, ki so bili prej prijatelji, pa so postali sovražniki. Prišli so se prepirat s Sugunanandanom in spletkarili, da bi ovirali Sajanino poroko. V upanju, da bo poroka razveljavljena, so širili obrekljive zgodbe in jih pošiljali tudi ženinu. Celó dan pred poroko so se vsi spraševali, če poroka sploh bo.

Na dan poroke je Sveta Mati odvedla bramačarje v sosednjo hišo. Tako je storila tudi pri obeh prejšnjih porokah. To je naredila za dobro bramačarjev, ki se takšnih slovesnosti ne bi smeli udeleževati.

Mati je pojasnila: »Aspirant se ne bi smel udeleževati poročnih slovesnosti in pogrebov. Ob prvem bo vsak mislil na poroko, ki je vezanost. Ob slednjem pa se pojavi bolečina po izgubi umrljivega bitja. V obeh primerih se udeleženci zadržujejo na ne-večnem. Ti miselni valovi so škodljivi za iskalca. Posvetne vibracije vstopijo v podzavestni um. Potem se iskalec vznemirja zaradi neresničnih reči.«

Tako je bila odstranjena glavna ovira, ki je bramačarjem onemogočala trajno bivati v prisotnosti Svete Matere. Vse tri Sugunanandanove hčere so bile zdaj poročene. Ne le to. Nejeverneži in racionalisti, ki so doživeli popoln neuspeh, so se drug za drugim umaknili. Nekateri med njimi so spoznali, da so bila njihova nespametna dejanja nesmiselna in so za vedno zapustili to organizacijo. Preostali člani so se začeli prepirati med sabo in tako se je »Odbor za ustavitev slepe vere« povsem razpustil. Tisti, ki so se prišli borit proti Resnici in Pravičnosti, so postali vzrok svojega lastnega uničenja. Ta razvoj dogodkov je zaznamoval začetek novega obdobja v duhovnem služenju lajšanja bremen in povzdigovanja trpečega človeštva Svete Matere.

Materina drža do vseh preizkušenj in bridkosti, ki jih je zaradi svojih sorodnikov in nevernežev trpela leta, je edinstvena. Nekega dne je pripovedovala:

»Njihovi zgrešeni koncepti so povzročili, da so govorili in se vedli tako kot so se, prav tako pa niso uvideli smisla in pomena duhovnega življenja. Zakaj bi bili potemtakem jezni nanje ali jih ne imeli radi? Če bi to storili, bi bilo to storjeno iz nevednosti in posledica bi bila le onesnaženost našega uma. Poglejte te sveže vrtnice! Kako lepe so! Kako lepo dišijo! Toda kaj jim dajemo, da zrastejo? Le čisto malo rabljenih čajnih listov in kravji gnoj! Kakšna ogromna razlika med temi lepimi cvetlicami in gnojilom, ki jim ga dajemo! Je v primerjavi z njihovo lepoto in vonjem to gnojilo primerno zanje? Enako so tudi ovire gnojilo, ki povzročijo, da zrastemo duhovno močnejši. Vse te ovire pomagajo našemu srcu, da se popolnoma razcveti. Čirikanje v nočeh je narava čričkov, toda ta zvok nikoli ne moti spanja nikogar. Enako je ustvarjanje težav narava nevednih. Zato moramo moliti Bogu, da jim odpusti in jih privede na pravo pot. Vse posvetite Bogu in pazil bo na vas!«

Mati nesmrtne blaženosti

Odkar so bile njegove hčerke poročene, je bil Sugunanandan srečen, zato je postalo mogoče, da se prva skupina bramačarjev relativno brezskrbno naseli ob stopalih Svete Matere. Zaradi močnega interesa ostati v družbi Svete Matere, kljub dejstvu, da ni bilo nastanitvenih možnosti, bramačarji niso polagali pozornosti na pomanjkanje hrane, oblačil in zavetja. Večino časa so morali preživeti na prostem in ker niso imeli niti rogoznice, spati na golih tleh. Karkoli so dobili, je prišlo, ne da bi za to prosili in si to delili med seboj. Ker niso imeli denarja, je tisti, ki je moral kam iti, šel peš. Čeprav je imel vsak le eno oblačilo, so se nekako naučili shajati.

Ker je bila njegova edina obleka umazana in obrabljena, se je nekega dne eden od bramačarjev počutil nekoliko potrtega in se je zaradi pomanjkanja najnujnejših potrebščin potožil Materi. Mati je odgovorila:»Sin, od Boga ne prosi takšnih malenkosti. Predaj se Njegovim Stopalom in dal ti bo vse, kar resnično potrebuješ.« Sveta Mati je sama živela na tak način in zato je govorila le iz svojih lastnih izkušenj. Že naslednji dan je nek častilec prinesel po eno novo oblačilo za vsakega bramačarja, čeprav sploh ni poznal njihove takratne situacije.

Zaradi težkih okoliščin, v kakršnih so živeli v začetnem obdobju ašrama, so bili ti fantje deležni vsestranskega urjenja v odpovedi. Da bi jih opogumila, jim je Sveta Mati rekla:»Če boste kos temu tukaj, boste lahko povsod doma. Če lahko že sedaj premagate vsako neugodno situacijo, boste zlahka kos vsem krizam ali izzivom v življenju.«

Ker se je število častilcev in stalno bivajočih bramačarjev večalo, pomanjkanje pa je še vedno ostajalo enako, se je rodila ideja po uradnem združenju kot Ašram. Vendar situacija ni bila videti preveč obetavna. Sveta Mati ni imela na razpolago niti zemljišča niti premoženja. Tudi zemljišče, kjer je Nealu zgradil kočo, je pripadalo Sugunanandanu. Čeprav je Sugunanandan dal Nealuju, Baluju in Gayatri dovoljenje, da v Idamannelu ostanejo za stalno, ni nikoli razmišljal, da bi njegov dom postal bodoči ašram. Niti slučajno si tudi ni predstavljal, da se bo nastanilo vedno več ljudi. Nekoč, ko je Sveta Mati z njim razpravljala o ideji o ašramu, je jezno in jasno izrazil svoje stališče:»Kaj je to! Smo premožni ali bogati? Kako pa boste začeli z ašramom? Če to postane ašram, kam pa bomo šli mi (družina)? Ne! Ne strinjam se, da bi tukaj registrirali ašram!«

Sprva tudi Sveta Mati ni bila navdušena nad idejo o ašramu. Ko je kdo izmed častilcev s tem predlogom prišel k njej, je odgovorila: »Mati je veliko slišala o tako imenovanem ašramu. Mati ne potrebuje ašrama. Mar to ne predstavlja jetništva? Še niste videli vedeževalca z dlani, ki hodi naokrog s papagajem v kletki, kateri je odvisen od namena drugega človeka? Nazadnje bo tudi Materina situacija takšna. Tega ne morem storiti. Mati ima svojo svobodo. Nič je ne sme omejevati.«

A ker se je pritok častilcev in učencev povečeval, ni trajalo prav dolgo, ko je potreba po organiziranem ašramu postala neizogibna nuja. Razen tega je bilo inozemskim učencem Svete Matere po zakonu dežele prepovedano dlje časa bivati v privatni hiši. Sedaj pa je tudi Sveta Mati sama postala prepričana o potrebi po od vlade odobrenem duhovnem centru. Mater so povprašali za mnenje, kako naj to izpeljejo. Nagajivo je odgovorila:»Vsekakor člani moje družine ne bodo ustanovili ašrama. Njihova samskara *(mentalna struktura)* je drugačna. Ne bomo čakali na njihovo dovoljenje, ker nikoli ne bodo sodelovali. Toda najbrž bomo morali poslušati njihovo grajanje!«

Tako sta bila 6. maja leta 1981 z namenom ohranjanja in propagiranja idealov in naukov Svete Matere ustanovljena ,Mata Amritanandamayi Math' in ,Mission Trust', registrirana pod ,Travancore-Cochin State Literary and Charitable Act of 1955' v mestu Kollam, Kerala, Južna Indija. Od tedaj je Sveta Mati uradno posvojila ime»Mata Amritanandamayi«, ki ji ga je podelil eden od njenih bramačarjev. Glede na to, da je Mati nesmrtne Blaženosti, kar njeno ime dejansko pomeni, je bilo to poimenovanje zares ustrezno.

Približno v tem času je eden od bramačarij, ki je potreboval nekaj knjig svetih spisov, prosil Mater, da zanj izbere številko pri loteriji, v kateri bi bilo zmagovalcu poklonjenih nekaj knjig. Mati mu je rekla:»Zakaj prosiš za takšne reči? Kmalu boš dobil veliko knjig.« Kmalu po tem dogodku se je Nealu, ki je iz Tiruvannamalaija za stalno prišel živet k Materi odločil, da bo od tam svojo knjižnico več kot dveh tisočih knjig v angleškem in različnih indijskih jezikih prestavil v ašram v Vallickavu. Tako je nastala ašramska knjižnica.

27. avgusta leta 1982 se je začela Vedanta Vidyalaya (šola) z namenom, da bi prebivalci ašrama pridobili tradicionalno znanje o vedanti in sanskritu. Kljub temu je Mati bramačarje ves čas opominjala na večjo pomembnost meditacije od samega učenja iz knjig. Ašramska rutina sestoji iz šestih do osmih ur meditacije za vse

prebivalce. Tiste, ki bi radi ves svoj čas posvetili meditaciji, se jih z vsemi sredstvi spodbuja in nekaj takšnih v ašramu tudi je. Mati pravi: »Sveti spisi so kot izveski[7]. So le sredstva, ne pa konec sam po sebi. Konec je nekaj onkraj njih. Študent poljedelstva vé, kako posejati semena, kdaj in kako pognojiti, kako se znebiti škodljivcev in kako preprečiti njihovo vrnitev itd. Prav tako nam študij svetih spisov daje navodila, kot na primer, kako izvajati svoje duhovne vaje.«

Spregovoriti moramo tudi besedo o ogromni spremembi, ki je prišla nad družino Svete Matere in vaščane. Sedaj, ko so jasno spoznali njeno božanskost, so bili ponosni na to, da so z njo v sorodu ali da živijo v isti vasi. Sugunanandan in Damayanti sta se pogosto začudeno spraševala, koliko zaslužnih del sta opravila v svojih prejšnjih življenjih, da sta postala »starša« Božanske Matere Same! Odslej sta postala zgledna hišna gospodarja in sta ljubeče igrala vlogo očeta in matere do vseh bramačarjev, ki so bivali v ašramu ter jih smatrala za svoje otroke.

Danes sta ‹Mata Amritanandamayi Math› in ‹Mission Trust› rastoč duhovni center pod vodstvom Božanske Matere, ki je zelo dosledna, da teče po starodavnih tradicijah te svete dežele Indije. Za vso delo v ašramu skrbijo njegovi prebivalci sami, ki namenijo vsak dan vsaj eno uro za vzdrževanje ašrama s kuhanjem, čiščenjem, negovanjem krav itd. Na ašram mnogi Materini častilci gledajo kot na svoj duhovni dom in kot na rodovitno polje, na katerem se obilno gojé plemenite duhovne lastnosti in požanje sadež Božanske Uresničitve.

V odgovor na ponavljajoče prošnje svojih otrok iz tujine je Sveta Mati od maja do avgusta leta 1987 izvedla svojo prvo svetovno turnejo. Potovala je širom po ZDA in Evropi. Vtis je bil čudovit. Sveta Mati je navdihnila in preobrazila mnogo ljudi, ki so izkusili njen edinstveni šarm in neizmerno univerzalno ljubezen. Decembra leta 1987 je Sveta Mati obiskala otoka Reunion in Mauricious na prošnjo Mata Amritanandamayi Mission centra, ki je tam pod

---

[7] Označevalne table, ki kažejo na kakšno obrtno dejavnost (op.p.)

vodstvom enega od njenih učencev deloval že od leta 1985. Pozneje je Sveta Mati nadaljevala s svojimi svetovnimi turnejami leta 1988, 1989, 1990 itd. V Kaliforniji, petinštirideset minut vožnje iz San Francisca, je prav tako nastalo lepo namestitveno duhovno središče Mata Amritanandamayi Center.

Blagoslovljenim dušam, ki so našle svojo pot do Materine Svete Navzočnosti, Mati prijazno svetuje:

»Ko kiparski mojster gleda kamniti blok, vidi v njem le skrito lepo podobo in se ne meni za njegov surov zunanji videz. Prav tako v Bogu uresničena Duša vidi v vsakomer brez izjeme le vselej sijoči Atman ali notranji Jaz in se ne meni za zunanje razlike. Pijanec ne more propagirati prenehanja pitja alkoholnih pijač. Najprej se mora odvaditi pitja sam, šele potem lahko prosi druge, da storijo enako. Prav tako, otroci moji, šele ko sami postanete moralno in duhovno popolni in vidite Božansko v vseh, lahko učite druge, da postanejo takšni.«

Naj to življenjsko zgodbo Svete Matere zaključimo z njenim ljubečim klicem vsemu človeškemu rodu:

»Hitro pridite moji dragi otroci, vi, ki ste Božansko Bistvo ,OM-a'. Odstranjujoč vse trpljenje rastite, da boste vredni čaščenja in se stopite s svetim zlogom ‹OM›!«

Enajsto poglavje

Pomen Božanskih Bhav

Božanske Bhave Svete Matere kot sta Krišna in Devi Bhava so téme onkraj dosega človeškega razuma, kljub temu pa nam resen študij le-teh daje bežen vpogled v neskončno duhovno moč Svete Matere. Z odgovorom na iskreni klic častilca popolni mojster počasi razkrije svoje neskončne lastnosti častilčevemu srcu. Ko postane proces oči-ščevanja intenziven, se bo gurujeva veličina, ki pa ni nič drugega kot prava narava učenca ali častilca, zaradi mojstrove milosti postopoma razkrila. Milost je seveda predpogoj za začetek doumetja pomena božanskih stanj Svete Matere.

Veliki mojstri Indije so božanske inkarnacije razvrstili v tri glavne kategorije: 1) Purna Avatara (celostna ali popolna manife-stacija), 2) Amsa Avatara (delna manifestacija) in 3) Avesa Avatara (začasna prežetost z božansko močjo). Beseda »Avatara« pomeni spust ali sestop. Purna Avatara je sestop brezimne, brezoblične in nespremenljive najvišje energije, ki prevzame človeško obliko in manifestira neskončno moč brez kakršnihkoli omejitev. Namen takšnih Enosti je, da ponovno vzpostavijo in ohranijo pravičnost (dharmo) ter prebudijo človeštvo tako, da se ljudje zavedó višjega notranjega Jaza. Amsa Avatara je spust Boga, ko se delno mani-festira nekaj Njegove moči, da bi izpolnil kakšen poseben namen ali cilj. Inkarnaciji Gospoda Višnuja, kot sta Vamana (pritlikavec) in Narasimha (človek-lev), sta tipična primera Amsa Avatarjev. Avesa Avatara je povsem drugačen od teh dveh tipov inkarnacij. To je začasen obisk ali obsedenost z božanskimi bitji, ki občasno uporabljajo telo nekaterih ljudi, da bi izpolnili določene naloge. Inkarnacija Gospoda Višnuja kot Parasurama, kakor je upodobljen v epu Šrimad Bhagavatam, je primer tega tipa. Tukaj je Gospod vstopil v telo Parasurame, ki je bil velik bojevnik, da bi uničil krute kšatrijske kralje, ki so postali zelo arogantni in egoistični. Kmalu po tem, ko je izpolnil svojo nalogo, ga je moč zapustila. Šri Rama, ki naj bi bil druga inkarnacija Gospoda Višnuja, je od Parasurame prevzel božansko moč nazaj takrat, ko se je po svoji poroki s Sito vračal v Ayodhyo. Sveti spisi pravijo, da demoni ali duhovi včasih obsedejo telesa ljudi, ki so mentalno šibki. Ljudje, ki so po naravi pretežno krepostni in dobri (satvični) bodo obsedle deve (manjši bogovi), tiste, ki so obdarovani s kreativnostjo in živahnostjo (radžasični), so lahko obsedeni z nebeškimi bitji (ki so nižja od manjših bogov) in ljudje, katerih narava je polna nevednosti in teme (tamasični), so lahko obsedeni z zli duhovi. Sveti spisi tudi omenjajo, da se lahko v telesu redkih duš, ki so izjemno čiste, za kratko obdobje manifestira Božanska Moč. Zato se Parasuramo šteje za Avesa Avatara.

Sledi oris, ki lahko bralcu pomaga doseči notranji uvid v Božanske Bhave Svete Matere. Nekoč, ko je Gospod Krišna živel v Dwaraki, si je želel videti svojega dragega častilca Hanumana. Njegova jezdna žival, Garuda, ki je kralj ptic, je bila poslana kot njegov sel v Kadali Vanam, kjer je prebival Hanuman, toda Hanuman ni hotel iti. Pojasnil je: »Ne grem gledat nikogar drugega kot svojega Gospoda Rama«. Ko je Hanumanov odgovor prispel do Gospoda Šri Krišne, je še enkrat poslal vladarja ptic k Hanumanu, rekoč: »Povej mu, da je prišel v Dwarako Gospod Šri Rama s svojo sveto ženo Sito in želita videti Hanumana.«

Ko je šel Garuda po Hanumana, so se v Dwaraki pripetili nekateri dogodki. Gospod Krišna je zgolj po Svoji volji prevzel obliko Gospoda Rama, ki je živel že mnogo stoletij prej. Rukmini, Krišnova žena, je postala Sita. V tem času je Hanuman prišel v

Dwarako. Potem, ko je videl svojega ljubljenega Šri Rama in Sito ter Ju počastil, se je vrnil v svoje bivališče.

Čeprav je bil tudi Šri Rama ena od inkarnacij Gospoda Višnuja, je živel v Ayodhyi tisoče let pred Šri Krišno. Kljub temu Hanuman, velik častilec Gospoda Rame ni dvomil, da se lahko Gospod Rama in Sita pojavita v Dwaraki, četudi se je vsevedni Hanuman popolnoma zavedal dejstva, da je bil sedaj Krišna Gospod Dwarake. Seveda je Hanuman vedel, da nihče drug razen Krišne, ne more manifestirati Rama Bhave. V resnici je bil Hanuman odločen izkoristiti priložnost, da bo še enkrat videl svojega Gospoda s Sito v človeški obliki. Gospod Krišna, služabnik svojih častilcev, je srečen izpolnil željo Svojega velikega častilca in ga blagoslovil. Le Purna Avatara lahko postane eno s katerimkoli drugim Božanstvom ali Boginjo. Ker je bil Krišna takšen Avatar, je zlahka manifestiral Rama Bhavo. Nekega dne je Gospod Krišna prosil Svoje žene vključno z eno od Njegovih dragih, Satyabhamamo, da prevzamejo Sita Bhavo, vendar tega ni mogla storiti nobena od njih. Nazadnje je Sita Bhavo zlahka prevzela Rukmini, inkarnacija Boginje Lakšmi.

V primeru Avesa Avatara božanske moči vstopijo v določeno osebo in se po izpolnitvi predvidenega cilja umaknejo. Vendar pri Šri Krišni in Rukmini ni bilo tako. Gospod Krišna je manifestiral Rama Bhavo ali lastnosti Rame, ki so že bile potencialne v Njem.

Podoben dogodek se je pripetil v življenju Gospoda Chaitanye iz Bengalije. Nekega dne je pandit (učenjak, op.p.) Šrivasa, goreč častilec Gospoda Narasimhe, sedel v družinskem svetišču in kot običajno recitiral mantre (mantra džapa). Nenadoma je nekdo potrkal na vrata. »Kdo je?« je vprašal pandit. »Poglej svoje ljubljeno Božanstvo, ki ga častiš,« je prišel odgovor. Pandit Šrivasa je odprl vrata in zagledal Gospoda Chaitanyo, ki je na pragu hiše stal pred njim v božanskem stanju. Vstopil je v svetišče in sedel na sedež, ki je bil narejen posebej za čaščenje. Pandit je videl Gospoda Narasimho, kako je sijal znotraj Gospoda Chaitanye in Ga je v podobi Gospoda

Chaitanye častil z veliko pobožnostjo. Gospod Chaitanya je blagoslovil tudi panditovo družino s tem, da jim je dovolil prisostvovati čaščenju.

Po tem, ko so vsi prejeli njegov blagoslov, je Gospod Chaitanya padel v nezavest. Ko se je čez nekaj trenutkov povrnil v svojo zunanjo zavest, je vprašal pandita: »Kaj se je zgodilo? Nič se ne spomnim. Sem kaj narobe rekel?« Z vso ponižnostjo je Šrivas padel na kolena pred svojega Gospoda in rekel: »O Bhagavan, prosim ne zavajaj več tega Tvojega ponižnega služabnika. Zaradi Tvoje Milosti sem lahko videl, kdo Si!« Ko je to slišal, se je Gospod Chaitanya prijazno nasmehnil in prikimal. Mnogi takšni dogodki v življenju Gospoda Chaitanye razkrivajo, da je svojim častilcem dajal daršan v različnih bhavah.

Iz teh orisov je mogoče dobiti jasen vpogled, kaj je Bhava Daršan. Daršan je manifestacija različnih Išvara Bhav ali božanskih stanj Božjih Inkarnacij po željah častilcev. Anandamayi Ma, ki je živela v Bengaliji, je med petjem badžanov manifestirala Krišna in Kali Bhavo. Te Bhave, ki so jih manifestirale Božanske Inkarnacije, so se dogajale le ob posebnih priložnostih, da bi izpolnile določen namen, zlasti kot odgovor na gorečo željo njihovih častilcev. Razen tega so trajale le kratek čas. Sveta Mati Amritanandamayi manifestira božanska stanja tri noči na teden in trajajo dolgo, od deset do dvanajst ur (in tudi več, op.p.), odvisno od števila častilcev prisotnih na daršanu. To je Materin način služenja človeštvu potopljenemu v globoko močvirje posvetnega življenja.

Pravijo, da je imel Gospod Chaitanya dve vrsti bhav, v eni je nastopal kot častilec in v takšnem stanju ga je bilo najpogosteje videti ter Bhagavat Bhavo, skozi katero je razkril svoje pravo stanje notranjega Jaza-Biti. Tudi Šri Ramakrišna Paramahamsa je razkril več kot eno vrsto bhav. Pravijo, da je v obdobju svojih duhovnih urjenj v Hanuman Bhavi razvil celó majhen izrastek podoben repu.

Sveta Mati med Krišna in Devi Bhavo razkrije Tisto, kar obstaja v njeni notranjosti. Ta Božanska Bitja manifestira zato, da bi blagoslovila svoje častilce. Nekoč je Sveta Mati o bhavah povedala:

»Mati med bhavami ne manifestira niti neskončno majhnega delčka svoje duhovne moči. Če bi jo, takšno kot je, ji nihče ne bi mogel priti blizu!« Nato je nadaljevala: »Vsa božanstva hindujskega panteona, ki predstavljajo neštete aspekte Enega Najvišjega Bitja, obstajajo znotraj nas. Božanska Inkarnacija lahko za dobro sveta samo z voljo manifestira kateregakoli od njih. Krišna Bhava je manifestacija Puruše ali aspekta čistega Bitja, Devi Bhava pa je manifestacija večne Ženske, Stvarnice, aktivni princip neosebnega Absoluta. Tu je noro dekle, ki se obleče v Krišno in čez nekaj časa v Devi, toda znotraj tega norega dekleta oboje obstaja. Potrebno je opozoriti, da so vse stvari, ki imajo ime ali obliko, samo mentalne projekcije. Zakaj okrasiti slona? Zakaj bi moral odvetnik nositi črn plašč ali zakaj policist nosi uniformo in kapo? Vse to so samo zunanji dodatki namenjeni temu, da ustvarijo določen vtis. Na podoben način se Mati obleče v Krišno in Devi, da bi okrepila pobožno držo ljudi, ki prihajajo na Daršan. Atman ali notranji Jaz, ki je v meni, je tudi v tvoji notranjosti. Če lahko uresničiš tisti nedeljivi Princip, ki večno sije v tebi, boš postal Tisto.«

Še zdaj nekateri ljudje verjamejo, da Gospod Krišna in Devi obiščeta telo Svete Matere tri noči na teden, po tem pa zapustita njeno telo. Ta napačna predstava izvira iz pomanjkanja pravilnega razumevanja božanskih stanj Svete Matere. Te Božanske Bhave niso nič drugega kot zunanje razodevanje njene trajne Istovetnosti z Najvišjim. Nič nimajo opraviti z obsedenostjo ali božansko Milostjo, kot se to običajno razume.

Medtem ko je Sveta Mati odgovarjala na vprašanja častilcev, je glede Bhav pojasnila mnogo dejstev:

Častilec: Mnogo častilcev pravi, da je Mati med Božanskimi Bhavami enaka kot ob vsakem drugem času. Če je tako, kakšen je torej pomen Bhav?

Mati: V času Bhava Daršana Mati odstrani dve ali tri plasti (tako imenovane koprene), tako da lahko častilci bežno uzrejo Najvišjega. Različni ljudje imajo različno vero. Materin namen je nekako pomagati ljudem približati se Bogu. Nekatere to zanima le, če vidijo Mater v obleki Devi ali Krišne. In ne samo to … zelo malo ljudi sploh kaj vé o duhovnosti. Nekaterim ljudem je med običajnim časom težko verjeti Materinim besedam, toda če Mati isto stvar pove med Devi Bhavo, verjamejo.

Častilec: Mati, ali je za manifestacijo te Bhave potreben kakšen poseben čas?

Mati: Ne, ni. Manifestirati jo je mogoče kadarkoli. Dovolj je le volja.

Častilec: Mati, zakaj nosiš oblačila Krišne in Devi?

Mati: Pomagajo, da se ljudje zavedo, kaj je Bhava. Otrok, na nek način je pomembna vsaka obleka. Rodimo se goli. Pozneje ljudje glede na vsako deželo in družbene navade posvojijo različne vrste oblačil. Kakršna koli že je obleka, oseba je vedno ista. V današnji dobi dajejo ljudje obleki večji pomen. Mati bo to jasno razložila z anekdoto. Nekdo je sekal drevo, ki je raslo ob cesti. Drugi, ki ga je pri tem slučajno opazil, mu je rekel:»Ne sekaj tega drevesa! Ni prav, da to počneš, to je proti zakonu.« Možakar, ne le da ni prenehal s sekanjem, ampak ga je tudi večkrat ozmerjal. Tisti, ki je skušal huligana odvrniti od sekanja drevesa, je bil policist. Odšel je in se kmalu vrnil v svoji uradni obleki. Ko je huligan že od daleč le bežno opazil policijsko kapo, je bilo dovolj, da je pobegnil, ne da bi se ozrl. Vidiš, kako drugačen vtis je ustvaril, ko je prišel v običajni in potem v uradni obleki. Za učenje nevednih ljudi je potrebna posebna obleka. Enako je z oblačili Krišna in Devi Bhave. Nekateri ljudje, ki so še vedno nezadovoljni, čeprav so se ure pogovarjali z Materjo, so med Bhava Daršanom po pogovoru z njo, ki je trajal le nekaj sekund, popolnoma zadovoljni. Ko so vse svoje skrbi neposredno povedali Bogu, se počutijo mirne.

Vse Božanske Inkarnacije so po naravi edinstvene. Ne moremo reči, da je bil Krišna večji kot Rama ali da je bil Rama večji kot Buda. Vsak od Njih je imel povsem Svojo nalogo, da bi povzdignil človeštvo na svojsten način. Vendar to ne pomeni, da so imeli različen pogled na življenje. Njihovih dejanj se ne da ocenjevati z uporabo merskih enot našega omejenega razuma in logike. Morda lahko dobimo s čisto intuicijo, ki je sad duhovnega urjenja, le bežen vpogled v njihovo veličino. Duhovne izkušnje, ki jih je na tisoče častilcev dobilo skozi Sveto Mater, močno osvetlijo to nerazložljivo duhovno moč Velike Duše. Na naslednjih straneh bomo z bralcem delili nekaj božanskih izkušenj častilcev Svete Matere, kakor so jih povedali sami.

Dvanajsto poglavje

Izkušnje duhovnih aspirantov

Unnikrišnan (Svami Turiyamritananda Puri)

Unnikrišnan je bil prvi, ki je imel tolikšno srečo, da je srečal Mater in za dolgo časa ostal z njo. Po šestem razredu ni več nadaljeval svojega šolanja. V njem vidimo čudovit primer Materine dobrote in milosti. Z Gurujevo Milostjo lahko celó polpismen mladenič postane vznesen pesnik. Unnikrišnanovo življenje je dokaz za to.

Po koncu svojega kratkega šolanja se je mladi Unni prosto potepal in se loteval različnih aktivnosti. Leta 1976, ko je imel dvajset let, je slišal za Sveto Mater in jo prišel obiskat. Že od svojega prvega srečanja z njo je do Amme občutil veliko vero in predanost. Nato jo je pogosto obiskoval in iskal njenega vodstva. Minilo je leto, ko ga je Mati nekega dne vprašala, če bo ostal pri njej, da bo v templju opravljal dnevno čaščenje. Vsak dan ga je učila recitiranja Lalite Sahasraname (Tisoč Imen Božanske Matere).

Od tedaj se je njegovo življenje dramatično spreobrnilo. Že sama prisotnost Svete Matere ga je navdihnila z močno željo po uresničenju Resnice. Njegovi dnevi so bili napolnjeni z opravljanjem stroge pokore, obredi čaščenja, pogovori z Ammo, branjem svetih spisov in drugimi duhovnimi aktivnostmi. Kot rezultat tega discipliniranega načina življenja je postopoma spoznal, da je veličastna Mati v Bhava Daršanu in mila Mati v svojih bolj običajnih stanjih v resnici ena in ista, da sta to le dve plati ali manifestaciji iste neskončne Božanske Moči, ki igra to vlogo za dobro sveta. Ta notranji uvid je močno vzpodbudil njegovo željo po izvajanju sadhane (duhovnih vaj) ter se je popolnoma predal Materinim stopalom in jo imel za svojo edino oporo v življenju. Sčasoma je njegova disciplina postajala čedalje strožja; jedel, spal in govoril je vedno manj. Občasno se je postil več tednov brez prekinitve. Brez vsega je spal na golih tleh, le pozimi in v času deževnega obdobja se je pokrival z eno odejo. Kadar je odšel na romanje, ki se ga je občasno udeležil, je vso pot potoval peš, ne da bi se kdaj peljal s kakšnim vozilom.

Nekega dne, ko so ga preplavila čustva, je s solzami v očeh vprašal Mater: »Kdo je moja prava Mati?« Sveta Mati ga je z veliko nežnostjo pogledala, njegovo glavo položila v svoje naročje in odgovorila: »Otrok moj, ti si moj sin in jaz sem tvoja mati.« Unnikrišnana je preplavila neizrazljiva blaženost, ki je privrela iz njegove notranjosti. Ko je tiho strmel v Materin sijoč obraz, je radostno jokal.

Zaradi neskončne Materine Milosti je Unnikrišnan postal ploden pesnik, katerega dela so polna filozofske resnice in predane miline. Ko so nekoč njegovi starši poslali sorodnike, da bi ga odpeljali nazaj domov, je odgovoril s sledečimi grenkimi verzi:

Že zdavnaj sem zapustil svoj dom,
če bi sedaj živel posvetno življenje, mar bi s tem
dosegel mir uma?
Ali je sploh bila kdajkoli
kakšna korist v takšnem življenju?

Ko si prizadevam osvoboditi samega sebe

iz popolne norosti sveta,
zakaj tlakujete pot norcu naravnost
v suženjstvo berača?
Se lahko kdaj pomirim s takšno usodo?

Unni opisuje svoje prvo srečanje z Materjo na sledeč evokativen način:

Akalatta kovilil

V oddaljenem templju je,
ne da bi ugasnil, gorel žareč plamen.
Neskončno sočutna Mati
je sedela tam kot vodilna luč tistim,
ki nebogljeni tavajo v temi.

Ko sem se nekega dne potikal tam,
me je to utelešenje milosti poklicalo na stran.
Odprlo se je notranje svetišče,
ko je s sandalovo pasto namazala moje čelo.

Ob melodičnem prepevanju vzvišenih hvalnic Gospodu
je zame napravila prostor na Svoji mehki in Sveti roki.
Približala se je in mi v čudovitih božanskih
Sanjah v uho zašepetala to resnico:

»Je kakšna potreba po solzah?
Mar ne veš, da si prišel k Vesoljni Materi?«
Z vzdihom sem se zbudil, Njen lotosov obraz pa
se je nepozabno vtisnil v mojo zavest.

Ko se je nekoč Unnikrišnan soočal z notranjim bojem, se je več tednov postil. Ko je to izvedela Sveta Mati, je tudi ona prenehala jesti in piti. Unni ni vedel, da se posti tudi Mati in tako nadaljeval svojo zaobljubo. Čez nekaj dni ga je zato, ker ni jédel, kar je bil vzrok, da je stradala tudi Mati, med opravljanjem rednih dnevnih obredov okaral oče Svete Matere. Kmalu po končanem čaščenju je s težkim srcem in s solznimi očmi prišel v vežo Materine koče. Poklicala ga je k sebi, ga z veliko ljubeznijo pobožala in ob pogledu na njegovo drhteče telo rekla: »Unni, sin moj, če čutiš kakšen notranji nemir, moraš o tem priti povedat Materi. Ne muči tako svojega telesa. Za izvajanje tapasa (stroge discipline, op. p.) potrebuješ telo. Jej vsaj za vzdrževanje svojega telesa.« Ko je to rekla, je prosila za krožnik riža in s Svojimi rokami hranila Unnija, hkrati pa je iz istega krožnika jedla tudi sama.

Nekaj mesecev po njegovi nastanitvi v ašramu, se je Unni, ki je bil po naravi potepuški berač odločil, da bo odšel. Ne da bi povedal komurkoli, se je pripravil na svoje potovanje. Ko je v noči Daršana ravno nameraval oditi, je nenadoma k njemu prišel nek moški z Materinim nasvetom: »Mati pravi, da sedaj ne smeš oditi, četudi si pripravljen na odhod.« Ker do Svete Matere ni mogel biti neubogljiv, je svoje potovanje odpovedal. Zopet je poskušal oditi pozneje, a se je zgodilo enako. Nazadnje pa je le odšel, vendar se je moral že čez dva dni vrniti. Tako se je prepričal, da brez Materine vednosti in blagoslovov ne more storiti ničesar.

Mati je nekoč rekla, da »Unnijeve pesmi privrejo iz njegove meditacije.« Kakšno je lahko še večje priznanje? Sledi prevod dveh njegovih pesmi:

Potikal sem se po daljnih deželah
in nosil težko breme bridkosti. Nazadnje sem prišel k Tebi
in se predal Tvojim Lotosovim stopalom.
O Mati, mi ne boš ljubeče sprala
mojo neskončno bedo in solze
z vodami Tvoje Ljubezni?

Ne imej tega reveža za grešnika brez primere,
Pač pa mi bodi v tem svetu za oporo in podporo.
O Utelešenje Sočutja, prosim, pobožaj me
z mesečino Tvojih čudovitih oči.

O Mati, naj med odstranjevanjem tega težkega bremena
misli sedim ob Tebi in se stopim v meditacijo.
O Ti, ki si opisana v Vedah in Vedanti!
O Mati vseh Bogov in Boginj! Mi ne boš izpolnila

te želje, ki prihaja iz moje Duše,
da dosežem Najvišji notranji Jaz?

O Mati, kdaj bo prišel tisti čas, ko se bom
odpovedal vsem nagnjenjem po iskanju užitkov
in postal eno s Tvojimi Svetimi stopali?

Balu (Svami Amritaswarupananda Puri)

Balu pripoveduje o naslednjih izkušnjah Materine Milosti:
»Ko je bilo mojih B. A. zaključnih izpitov konec, sem slišal o dekletu obdarjenem z nadnaravnimi močmi, ki nastopa v podobi Devi in Krišne. Čeprav je bila moja vera v obstoj Boga globoko ukoreninjena, nisem bil preveč zainteresiran, da bi jo srečal. Nekateri moji sorodniki in prijatelji, ki so jo obiskali, so zelo pohvalno govorili o njej in neprestano pritiskali name, naj obiščem njen ašram. Nazadnje sem nekega večera v spremstvu svojega strica ves skeptičen prišel v njen ašram. Čim sem se približal posestvu, je mojo pozornost pritegnila melodija ganljive duhovne pesmi, ki mi je zazvenela v ušesih. Ko sem se približal majhnemu svetišču, sem zagledal dekle v belih oblačilih, ki je z ljubeznijo in predanostjo prepevalo bridke pesmi. Med poslušanjem njene pesmi sem videl, kako je bilo njeno srce preplavljeno z božansko blaženostjo in ljubeznijo. Vibracije njenega prepevanja so prodrle v moje srce in prebudile najnežnejša čustva.

Ko sem prišel na vrsto, sem vstopil v svetišče, kjer je sedala na stolčku ali pručki. Priklonil sem se do tal in ko sem vstal, me je prijela za roko in me pogledala v oči. Njene oči so sijale kot polna luna. Ta pogled me je prebodel; ta nasmeh me je zvezal in prikoval. Na njenem obrazu se je manifestiralo neskončno sočutje. Počasi je položila mojo glavo na svojo ramo in mi mehko, toda s poudarkom rekla: ‹Otrok, jaz sem tvoja mati in ti si moj otrok.› Tisti sladek glas je vstopil globoko v moje srce in prevzela me je nerazložljiva radost. To je bilo tisto, kar sem iskal! Planil sem v jok. Ljubezen v vsej svoji čistosti, Materinstvo v svojem univerzalnem bistvu je prevzelo obliko. Drgetajoč zaradi te izkušnje sem vso noč sedel poleg Matere. Ko sem naslednji dan prišel domov, sem spoznal, da je v meni prišlo do velike spremembe. Postal sem popolnoma brezbrižen do vseh svojih običajnih aktivnosti. Moja želja, da bi jo ponovno videl, se je stopnjevala. Vse moje misli so bile usmerjene nanjo. Tisto noč nisem mogel spati. Kadarkoli sem poskušal zapreti oči, se je pred mano pojavila Mati. Naslednji dan sem se vrnil v ašram. Po drugem srečanju z Materjo se je moja želja, da bi pretrgal okove posvetnosti, še stopnjevala. Z neprestano mislijo na Mater sem postal kot norec. Pozabil sem jesti, spati in se okopati. Opustil sem modni način oblačenja in česanje las. Moji starši in drugi člani družine so bili zaskrbljeni zaradi spremembe v meni in so mi prepovedali hoditi v Vallickavu.

Naslednji dan sem po udeležbi pri petju badžanov vstopil v svetišče z namero: ‹Mati, če sem tvoj otrok, me prosim sprejmi.› Mojo glavo je položila na svoje ramo in mi ljubeče rekla: ‹Sin, ko te je Mati slišala peti, je razumela, da ta glas pomeni, da se stapljaš z Bogom. V tistem trenutku je Mati prišla k tebi in te napravila eno z njo. Popolnoma si moj.›

Neke noči sem na pol v spanju zavonjal poseben sladek vonj, ki je prežel sobo. Odprl sem oči in odkril, da je vonj resničen in ne samo sanje ali domišljija. Nenadoma sem začutil roke, ki so me pobožale po čelu. Odprl sem oči in na svoje presenečenje zagledal Mater, ki je stala ob vzglavju postelje nad mojo glavo. Nisem mogel verjeti svojim očem. Smehljala se mi je in mi rekla: ‹Sin moj, Mati je vedno s teboj, ne skrbi.› Po teh besedah je izginila.

Naslednje jutro sem zdrvel v Vallickavu, vendar Matere ni bilo tam. Vrnila se je šele ob štirih popoldne. Brez besed je stekla v hišo in se spet prikazala s krožnikom riža ter me z njim nahranila, kot mati nahrani svojega sina. Medtem, ko me je hranila, mi je rekla: ‹Sinoči je Mati prišla k tebi.› Prevzet od sreče sem zajokal kot majhen otrok. Pravzaprav tistega dne nisem ničesar več jedel.

Po tem, ko me je Mati iniciirala v mantro, nisem več mogel ostati doma. Moje hrepenenje, da bi živel v njeni prisotnosti in da bi se od nje učil, se je povečevalo iz dneva v dan. Ne oziraje se na vse ovire, ki so mi jih postavljali moji sorodniki, sem zapustil dom in se pridružil prebivalcem ašrama.

Dve leti pozneje, ko smo sedeli v hiši nekega častilca, mi je nenadoma rekla: ‹Moj sin Balu, dobiti moraš magisterij iz filozofije.› Že prej sem povedal Materi, da ne nameravam nadaljevati svojega študija, pač pa želim biti le nenehno osredotočen nanjo. Sedaj, dve leti pozneje, pa je zahtevala, da naj zopet študiram. Iz svojih izkušenj sem vedel, da ne izreče ali ne stori ničesar brez namena, zato sem se vpisal na podiplomski študij. Sedaj pa se je pojavil resnični problem; kdo me bo učil? Moral sem pripraviti osem referatov, štiri o indijski filozofiji, ki mi je bila nekako domača, in štiri o zahodni filozofiji, ki je bila zame nekaj povsem novega. Mater sem vprašal, kje naj najdem koga, ki me bo učil.

‹Ne skrbi glede tega. Nekdo te bo prišel poučevat sem. Potrpežljivo počakaj in videl boš,› je rekla. Toda bil sem nemiren in sem jo zato pogosto motil z vedno istim vprašanjem. Teden dni pozneje me je nek častilec napotil k nekomu, ki je bil profesor filozofije. Šel sem ga obiskat, da bi mu pojasnil svoj položaj. Bil me je pripravljen poučevati, vendar je odklonil, da bi prišel v ašram. Poskušal sem mu razložiti svojo težavo, da ne morem zapustiti ašrama zaradi študija. Nazadnje se je strinjal, da bo obiskal ašram, vendar je rekel: ‹Ne morem ostati tam ali ti tam predavati. Če želiš študirati, moraš priti k meni na dom. Če ne, potem takoj opusti vse skupaj.› Razmišljal sem, da naj vsaj, če že nimam druge izbire, pride v ašram in sreča Mater.

Naslednji torek sem odšel ponj na njegov dom. Ko sva prispela v ašram, sem ga povabil, da naj pride pogledat Mater, a je odklonil. Ko je Mati tako kot običajno pred pričetkom Bhava Daršana prepevala, jo je opazoval od daleč. Z oddaljenosti jo je opazoval tudi potem, ko se je Daršan že začel. Stopil sem do njega in mu predlagal, da gre lahko v tempelj in, če želi, prejme Materin Daršan. ‹Ne, še nikoli se nisem pred nikomer klanjal. Tega ne želim početi,› je odgovoril.

Pustil sem ga samega in se usedel, da bi pel. Nekaj minut pozneje sem ga videl, kako je prihitel v tempelj in slišal glasen jok. Pred Mater se je vrgel plosko na tla in jokal kot majhen otrok. Minila je ura ali dve. Ko je prišel iz svetišča, me je poklical na stran in mi rekel: ‹Zares je Velika Duša! Vsak teden bom prišel sem in te učil.› Tako mi je Mati Sama priskrbela učitelja.

Z navedbo virov iz različnih knjig mi je profesor narekoval veliko zapiskov, toda ničesar ni razlagal. Zaradi različnih razlogov na žalost tega študija nisva mogla nadaljevati redno in zahodna filozofija je zame še vedno ostajala neznan predmet. Do izpitov je bilo le še tri mesece. Profesor mi je narekoval še nekaj zapiskov in mi dal povzetek celotne snovi. Ker sem bil vključen v različne dejavnosti ašrama in sem pogosto potoval z Materjo, nisem mogel slediti svojemu študiju. Do izpitov je ostal le še mesec dni. Mati me je prosila, naj napišem vseh osem referatov v enem sklopu. Resnično me je skrbelo, kako je mogoče napisati vse referate skupaj, za prvi in zaključni letnik. Projekt sem posvetil Materinim stopalom in začel brati. Končno je prišel dan pred mojim odhodom v Tirupati (mesto v Andra Pradešu, tisoč sto kilometrov od ašrama), kjer sem bil kot študent filozofije vpisan na univerzo.

Opoldne sem se ravno nameraval lotiti pakiranja. Nenadoma me je Mati poklicala iz svoje sobe. Stekel sem v njeno sobo in videl, da neke stvari zlaga v torbo. Vanjo je položila še zadnjo stvar in jo zaprla. Na njeni mizi je bila pripravljena še ena velika torba. Z veliko ljubeznijo je naznanila: ‹Sin, spakirala sem vse za tvoje potovanje.› Nato je pokazala na torbo na mizi in rekla: ‹V tej torbi so dhotiji[1], srajce, brisače, dve odeji in druga oblačila, v tisti pa je kokosovo olje, milo, ogledalo, glavnik, nekaj za pripravo vroče pijače in druge koristne reči. Vse to sem ti spakirala zato, da boš prihranil čas za svoj študij.‹ Bil sem osupel. Preprosto sem strmel v njen ljubeč obraz. Moje srce je preplavila radost. Oči so se mi napolnile s solzami in jokajoč sem se zgrudil.

---

[1] tradicionalno indijsko moško oblačilo, op. p.

Bilo je prvič, da sem odhajal od nje in to za ves mesec. Moje srce je bilo zelo težko. Na vlaku sem sedel v kotu, da sem lahko skrival svoje solze. Vsi potniki so veselo kramljali, moj um pa je bil poln žalosti zaradi ločenosti od Matere. Vso pot nisem mislil na nič drugega kot nanjo. Naslednje jutro sem prispel v Tirupati. Moji dnevi so bili polni mučne bolečine ločenosti. Počutil sem se kot riba na suhem. Poskušal sem se osredotočiti na svoj študij, vendar mi ni uspelo. Vsaka minuta se je vlekla po polževo. Niti Materine slike nisem mogel pogledati. Vsaka stvar, ki sem jo prinesel iz ašrama, me je spominjala na Mater in njeno ljubečo podobo. Pozabil sem jesti in spati. Vsak dan se mi je vlekel kot leto. Sem ter tja sem se zrušil. Ker nisem mogel prenašati ločenosti, sem večkrat planil v jok. Do takrat, ko so se pričeli zaključni izpiti, sem nekako uspel napisati referate. Nikogar ni bilo, ki bi z mano delil mojo žalost.

Takrat sem prejel pismo od Matere. Vedno znova sem ga prebiral. Pismo se je zaradi mojih solza zmočilo. V Materinem pismu je pisalo:

Dragi Sin,
Tvoja Mati je vedno s teboj. Sin, Mati ne čuti, da si stran od nje. Otrok moj, Mati lahko vidi tvoje koprneče srce. Mati lahko sliši tvoj jok. Sin moj, ta svet je tako lep. Tukaj je cvetje, prostran ocean, ptičji ščebet, razsežnost neba, drevje, grmovje, gozdovi, gore in doline. Bog je napravil to zemljo lepo. Glej Ga v vsem. Ljubi Ga v vseh bitjih. Prereži vez, ki te ločuje od Boga. Naj tvoj um neprestano teče k Njemu. Sin, na tem svetu ni nič slabega. Vse je dobro. Glej dobri in krepostni del. Naj zacveti roža tvojega uma in širi svoj vonj vse naokrog.

Tiste noči sem sedel zunaj in opazoval, kako drevesa in druge rastline plešejo v nežnem vetriču. Nebo je bilo polno sijočih zvezd in srebrna luč lune je s svojim sijem preplavljala zemljo. Razmišljal sem: ,Morda ta vetrič pihlja moji Materi; morda ima srečo, da boža telo moje Matere. Da, brez dvoma prinaša božanski vonj moje drage Matere. Če bi imel krila, bi poletel k svoji Materi.' Tiste noči je bila napisana naslednja pesem:

Tarapathangale

O zvezde, se ne morete prosim spustiti?
Mati je tukaj, da vam zapoje uspavanko.
Ona je tok brezkončne ljubezni in
Ona je drevo, ki daje senco iščočim umom.
O hladni nežni vetrič, ki prihaja počasi šumeč
tihe pesmi v noči, kaj si mi tako sladko
zašepetal na moja ušesa? Sladke zgodbe moje Matere?
Sonce in luna počasi vzhajata in zahajata
na modrem nebu vsak dan.
Mar nimata želje, da bi videla mojo
Mater, ki vama je dala ta božanski sijaj?
Drevesa in ovijalke obilo rastejo v
tihih osamljenih dolinah in pobočjih.
Kot bi me tolažil ples njihovih nežnih vej v vetru.

Bil sem v napetem in neobičajnem stanju. Kot ponorel sem hodil gor in dol po sobi. Nekako sem se obvladal in se odločil, da bom naslednji dan odšel. Za spisat sem imel še en referat. Odločil sem se, da se ne bom prikazal na izpitih za prvo leto, ki so se pričeli čez štiri dni. Razmišljal sem: ,Mati me je prosila, da se udeležim vseh izpitov, toda tokrat ne bom poslušal njenega nasveta.'

Nazadnje sem se odločil, da bom na poseben način poiskal Materino dovoljenje. Vzel sem tri koščke papirja enake velikosti. Na prvi košček sem napisal: ,Sin, vrni se.' Na drugega sem napisal: ,Pridi potem, ko boš napisal vse referate,' in na tretjega sem napisal: ,Kot moj sin želi.' Vse tri listke sem zvil na enak način, jih stresal in iz torbe vzel Materino sliko. Papirčke sem ji ponižno daroval z molitvijo: ,O Mati, sedaj bom vzel enega od teh papirčkov. Naj izvem, kakšna je tvoja volja, kakršnakoli že je.' Z zaprtimi očmi sem s tresočimi rokami vzel enega od njih. Odprl sem ga. Ojoj! Bil je tisti, na katerem je pisalo: ‚Pridi potem, ko boš napisal vse referate.' Ker nisem bil zadovoljen s prvim poskusom, sem znova poskusil svoj žreb še s tremi dodatnimi listki, toda spet sem pobral listek z istim sporočilom. Moj um pa si je tako želel videti Mater, da sem se nazadnje odločil, da naslednji dan kljub temu odrinem.

Naslednjega dne sem po udeležbi na zadnjem od zaključnih izpitov na hitro spakiral svoje reči in bil na tem, da grem. Nenadoma sem v kotu sobe opazil ležati nekaj stvari. Bilo je nekaj nekoristnih časopisov, ki sem jih uporabil kot ovojni papir za stvari, ki sem jih prinesel iz ašrama in odlomljen košček embalaže za milo. Pomislil sem: ‚Kako globoka je bila moja bolečina, ko sem bil ločen od Matere. Morda so tudi te reči delile to bolečino z mano; če bi jih pustil tukaj, bi to bil greh.' Tudi te stvari sem previdno pospravil v svojo torbo.

Naslednji dan sem prispel v ašram. Na poti v Materino sobo sem srečal svojega brata Venuja. Osupel je rekel: ‚Sinoči mi je Mati povedala, da postajaš zelo nemiren in da boš prišel danes.' Vstopil sem v Materino sobo in jokajoč padel k njenim stopalom. Mati me je dvignila in tolažila, rekoč: ‚Sin, poznam tvoje srce. Ta ljubezen je dobra, toda poskušaj doseči več mentalne moči. Sadhak bi moral biti mehak kot cvetlica in trden kot diamant. Oditi moraš in napisati še ostale naloge. Četudi padeš, Mati ne bo imela nič proti. Jutri greš in se vrneš, ko bo konec izpitov.'

Naslednje jutro sem se odpravil nazaj v Tirupati. Čez teden dni, ko se je končal še zadnji izpit, sem se vrnil v ašram. Nisem bil zadovoljen s svojimi odgovori in sem se celó bal, da mi morda ni uspelo. Mati mi je mirno rekla: ‚Pozabi na to. Ne dvomi. Uspelo ti bo.' Ko so bili rezultati objavljeni, sem bil presenečen, ko sem videl, da sem naredil izpit z drugo najvišjo oceno. Biti preprosto v prisotnosti Svete Matere je tapas. Ob njej je vedno nekaj novega in svežega. Častilec vsak trenutek izkuša razsvetljene uvide, ki ga vodijo skozi različna področja duhovnosti in ga razvijajo iz ene ravni do druge. V začetnih fazah svojega duhovnega življenja sem včasih imel občutek, da razumem Sveto Mater. Pozneje sem spoznal, da o Materi nimam pojma.

Venu (Svami Pranavamritananda Puri)

Venu je Balujev brat. Oba sta bila še otroka, ko jima je umrla mati. Po njeni smrti je Balu odraščal pri očetu, Venuja pa je v religioznem in duhovnem ozračju vzgajala njegova teta, Saraswathy Amma. Venu je bil ljubljenec družine in ni nikoli občutil izgube materine ljubezni in naklonjenosti. Ko je pri petnajstih letih dokončal srednjo šolo, se je preselil k očetu, da bi nadaljeval izobraževanje na lokalni visoki šoli. Čeprav je že zelo zgodaj jasno pokazal svoje nagnjenje k duhovnosti, je v letih študija živel posvetno življenje. A kljub temu je že tedaj, kadar je gledal kakšen film z duhovno vsebino ali videl meniha v okra oblačilih, vedno znova občutil prebujanje spečega duhovnega impulza.

Medtem, ko je Venu obiskoval visoko šolo, se je njegov brat Balu že srečal s Sveto Materjo in se posvečal duhovnosti. Čeprav je Balu svojemu bratu večkrat pripovedoval o Sveti Materi, Venu na to ni polagal kaj dosti pozornosti. Še več, odprto je preziral Sveto Mater in trdil: »Ne grem k temu ribiškemu dekletu.« Kljub temu je Sveta Mati, še preden je srečala Venuja, prerokovala Baluju: »Tudi tvoj brat je moj sin. Tudi on bo prišel sem.« Balu je bil zaskrbljen zaradi teh besed, saj je bil v družini direndaj že zaradi njegove odločitve, da bo zapustil dom in posvetno življenje. Kaj šele bo, če bo tudi Venu sledil njegovim stopinjam? A Božanska Volja je najvišja in je onkraj dosega vizije običajnega smrtnika. Kakršna je usoda, se bo neizogibno zgodila.

Takrat, ko je Venu v zaključnem letniku študiral za diplomiranega naravoslovca, je Sveta Mati obiskala njegovo teto. Ko se je Venu tistega dne vrnil domov, je Sveta Mati stala na verandi. Ne da bi jo pogledal, je mimo Matere odkorakal v svojo sobo, kjer so sedeli Šrikumar in še nekaj drugih prebivalcev Materinega ašrama.

Nenadoma in povsem nepričakovano je Sveta Mati stopila k Venuju, ga kot ljubeča mati prijela za roke in rekla:»Kaj nisi ti brat mojega sina Baluja? Mati je že težko čakala, da bi te videla.«Venujevo srce se je začelo topiti in v trenutku je spoznal, da Mati ni običajna osebnost, ampak prej izvir materinske ljubezni in nežnosti. Venu je čutil, da ga vleče k njej kot košček železa k magnetu. Popoldne, ko je Amma hranila vsakogar, je dobil kepo riža tudi Venu. Bil je globoko ganjen, ko je videl njeno neskončno ljubezen, enak odnos do vsakogar in otroško nedolžnost. Njen obraz je žarel in bil prežet z duhovnim sijajem. Njen razumljiv način razlaganja duhovnih skrivnosti, ekstatične in čarobne badžane, predvsem pa njena absolutna ponižnost, so nanj naredili globok vtis. Venu je zelo hitro odkril, da ga vleče k Materi. Tudi ko je Sveta Mati govorila drugim, se je Venuju zdelo, da pravzaprav odgovarja dvomom, ki so se porajali v njegovem umu.

Prvo srečanje s Sveto Materjo je pustilo v Venujevem umu globok vtis in vsi predsodki, ki jih je imel o Sveti Materi in duhovnem življenju, so izginili. Njegovo hrepenenje, da bi spet videl Mater, se je vsak dan krepilo. Končno je februarja leta 1980 prišel v Vallickavu. Ko je Venu zagledal Mater, je planil v jok. Sveta Mati ga je prijela in ga posadila poleg sebe. Ko je tiste noči Venu med Krišna Bhavo odšel v tempelj, je imel občutek, da stoji pred Samim Gospodom Šri Krišno. Njegov um je preplavila radost in ni se mogel niti jokati niti smejati. Molil je k Materi, naj ga blagoslovi s podelitvijo čiste predanosti in samospoznanjem. Mati je rekla:»Sin, dobil boš, kar iščeš.«Mati mu je dala na košček papirja napisano mantro in venec pleten iz tulasijevih listov.

Po svojem prvem srečanju z Materjo je Venu izgubil vso željo po nadaljevanju svojega študija; njegova edina želja je bila živeti duhovno življenje. Na Materino vztrajanje se je Venu pripravljal na svoje visokošolske izpite, do katerih je bilo le še mesec dni. Profesorji in študentje so bili osupli, ko so videli prihajati Venuja na fakulteto z obrito glavo in svetim pepelom na čelu. Mislili so, da se mu je zmešalo. Njegov um je bil povsem pogreznjen v misel na Sveto Mater.

195

In resnično je bil tako osredotočen nanjo, da se je površno pripravil na prihajajoče ustne in pisne izpitne naloge. Nekako je uspel opraviti izpite in septembra leta 1980 je prišel živet k Sveti Materi. Nekega dne so v zvezi z nekim praznikom v ašramu pripravili sladki puding. Običaj je, da se ga ponudi Bogu, preden se ga razdeli med častilce. Venu je vzel polno čašo in jo postavil na majhen oltar pred templjem. Ker ni našel nič drugega, s čimer bi lahko pokril čašo, je najprej pogledal naokrog, da bi se prepričal, da Matere ni v bližini, nato pa odtrgal nežen list z majhne rastline, ki je rasla ob svetišču. Mati je od daleč opazila njegovo dejanje in glasno zaklicala: »Hej, Venu!« Ko je slišal Materin glas, je list poskušal skriti, toda v svoji naglici je čašo prevrnil in vsa vsebina se je razlila po pesku. Tedaj pa je Venu postal povsem izgubljen in ker je upal, da Mati tega ne bo opazila, je puding z rokami postrgal iz peska in ga napolnil nazaj v čašo, čeprav je vedel, da ni prav, da ga postavi nazaj na oltar.

Mati, ki je ves prizor opazovala od daleč, je stopila do njega in rekla z resnim tonom: »Sin, tega ne bi jedel niti pes! Kaj šele ljudje! Torej kako lahko to ponudiš Bogu? Sin, boš to jedel? Ne! To je resnični greh. Bog sprejme vse, kar Mu je darovano s čisto ljubeznijo in predanostjo, ne da bi mu bilo mar, kaj je to. Gleda le na držo v ozadju darovanja. Če se resnično ne bi zavedal svojega dejanja, se za to ne bi menila. A ti s popolno vednostjo, da je to, kar počneš narobe, še vedno nadaljuješ s tem. Ne le to! S tem, ko si odtrgal nežen list s tiste majhne rastline, si zagrešil še en greh. Kako si neusmiljen! Lahko vidim rastlino, kako joče v bolečini. Kako boli, če te kdo uščipne. Sin, četudi ne čutiš njene bolečine, jo Mati čuti.«

Venu je spoznal svoje storjene napake in jih obžaloval. Molil je za odpuščanje. Mati je rekla: »Sin, katerekoli zmote si zagrešil, jih prevzamem za svoje. Mati ni čisto nič jezna nate, toda, da bi te vodila po poti do Popolnosti, se mora pretvarjati, da je.«

Venu pravi: »Nič ni mogoče skriti pred Sveto Materjo. Vse vé. Pred približno petimi leti sem imel izkušnjo, ki ponazarja to dejstvo. Neke noči med večerjo, ko so vsi jedli kanji (riževo kašo), sem si nenadoma močno zaželel, da bi zraven jedel še mariniran mango. Že prej sem ga istega dne videl v ašramski kuhinji, a ker je bil namenjen za delavce in obiskovalce, naj ga mi, prebivalci, ne bi vzeli. Mati nam je tudi povedala, da kot duhovni aspiranti ne bi smeli jesti jedi, ki so zelo začinjene, kisle, slane ali sladke. V kuhinjo je pogosto prišla nenapovedano, da je preverila, če sledimo njenim navodilom. Čeprav sem se tega popolnoma zavedal, je želja po mariniranem mangu postala močnejša od mene.

Čisto tiho sem vstopil v kuhinjo in na skrivaj ukradel dva velika režnja mariniranega manga. Ravno sem nameraval oditi, ko sem nenadoma zaslišal Materin glas: ,Venu, kaj imaš v roki?' Bil sem šokiran in da me ne bi zasačila, sem režnja manga odvrgel proč. Potem je Mati tista režnja poiskala in našla; nato pa me je prijela za roke in jih privezala k stebru. Bilo me je sram in zelo sem se bal.«

Ko je videla njegov otroški strah in nedolžnost, je Mati prasnila v smeh. Dejansko je Sveta Mati uživala ob pogledu na Venuja, ki je bil tak kot otrok Krišna, katerega je Njegova mati Jašoda privezala na možnar, ker je iz hiš gopijk ukradel maslo in mleko. Čez nekaj sekund ga je Mati odvezala in mu ljubeče postregla z nekaj režnji mariniranega manga. Rekla je:»Sin, človek lahko uživa okus srca le, če je okus jezika pod nadzorom.«

Mati ima svoje lastne metode, kako izčrpati negativna nagnjenja njenih duhovnih otrok. Včasih pravi:»Jaz sem noro dekle, ki ničesar ne vé.« Pretvarja se, da je nevedno, nedolžno vaško dekle, toda njene oči prodrejo v resnico vsega. Ko pa enkrat odkrije napako, tedaj njeno Materinstvo začasno prekrije Veliki Učitelj, ki se dvigne v njej in učenca primerno pouči.

Šrikumar (Svami Purnamritananda Puri)

Preden je prišel k njej, je bil Šrikumar inženir elektronike. Ko je leta 1979 še študiral za svoj B. A., je slišal o ženski, ki lahko prevzame božanska stanja in blagoslovi častilce na različne načine, odvisno od njihovih specifičnih problemov. Čeprav je verjel v Boga, je dvomil, da se lahko Božansko manifestira skozi človeško bitje. Ob opazovanju narave tega sveta, kjer jih je le malo srečnih in jih večina trpi, je njegova vera v dobrotljivega Boga venela. Nazadnje se je le odločil, da se bo osebno prepričal, če Sveta Mati resnično poseduje božansko moč.

Skeptičen je marca leta 1979 prišel v ašram in vstopil v svetišče ter se približal Sveti Materi. Njen ljubeč in sočuten pogled je prodrl globoko v Šrikumarjevo srce. Že sama njena prisotnost ga je odnesla v drug svet, v katerem so obstajali le Bog, Njegovo sveto Ime in on osebno. Povsem je pozabil na svojo okolico. Ta izkušnja ga je zavezala Materi in njegov um je napolnila ena sama misel, misel nanjo.

O svojem drugem srečanju s Sveto Materjo Šrikumar pripoveduje:»Nekatere ljudi sem slišal, da jo kličejo ,otrok' (kunju), spet drugi pa so jo klicali ,Mati' (Amma). Po Bhava Daršanu se je pogovarjala s častilci. Kar nenadoma pa se je vedla kot nedolžen majhen otrok in se igrala s svojimi častilci. Ko so videli njeno nedolžno vedenje, so se njihova srca radostila in so pozabili na vse ostalo. Včasih je prepevala in plesala, že naslednjo minuto pa je med poslušanjem pesmi jokala in nepremično sedela, kot bi se izgubila v drugem svetu. Nekateri so se klanjali pred njo, drugi so ji poljubljali roko in spet drugi so prepevali duhovne pesmi. Nato se je valjala po tleh in se smejala, kot bi se ji zmešalo.« V začetku je Šrikumar domneval, da je bila Mati začasno obsedena z Božansko Materjo Kali in tudi s Krišno, toda postopoma je v tesnem stiku z njo spoznal, da se v resnici manifestira njena notranja identiteta z Najvišjo Resničnostjo.

Šrikumarjeva povezanost s Sveto Materjo se je krepila iz dneva v dan. Vedno težje mu je bilo biti brez njene bližine. Čim je imel kaj časa, ga je prebil s Sveto Materjo. Včasih ga je Sveta Mati hranila s svojimi rokami in mu ob tem dajala duhovne napotke. Nekega dne ga je vprašala: »Ti je Mati dala mantro?« Odgovoril je: »Da, napisana je bila na majhen listek in sem jo dobil zato, da bi izboljšal svoj študij.« Nato mu je Mati rekla: »Sin, med Devi Bhavo te bo Mati iniciirala.« Šrikumar je bil tisto noč iniciiran v mantro. Od tistega trenutka dalje se je odločil, da bo pod vodstvom Svete Matere svoje življenje posvetil duhovnosti.

Čeprav so bili Šrikumarjevi starši predani Sveti Materi, niso odobravali, da bi postal menih. Ugovarjali so predvsem zato, ker je bil njegov oče že upokojen, njegova sestra pa še vedno neporočena. Zato so mu priskrbeli službo v Bangaloreju, okrog šeststo kilometrov vstran. V dneh, ko je z zlomljenim srcem boleče hrepenel po njeni prisotnosti, je imel o njej videnja. V tolažbo mu je Mati pošiljala priložnostna pisma. V tem času je napisal naslednjo pesem:

Arikil undenkilum

O Mati, tudi če Si blizu,
tavam, ne da bi Te mogel prepoznati.
Tudi če imam oči,
Iščem, ne da bi Te mogel videti.
Ali Si čudovita luna,
ki se razcveta v modri zimski noči?
Jaz sem val, ki nezmožen doseči nebo,
udarja z glavo ob obalo.

Ko sem prišel, da bi spoznal resnico,
da je vse posvetno udobje brez vrednosti,
sem prelivajoč solze dan in noč
hrepenel po tem, da bi Te spoznal.

Me ne boš prišla tolažit,
mene, ki sem utrujen zaradi bremena žalosti?
Z željo, da boš prišla,
te vselej čakam.

Njegova intenzivna želja, da bi videl Sveto Mater in ostal z njo, je vodila Šrikumarja k temu, da se je vrnil domov že pred koncem prvega meseca v Bangaloreju. Ker je obležal z vročino, je bil takoj po prihodu domov sprejet v bolnišnico. Njegovo hrepenenje po tem, da bi videl Mater, se je še poglabljalo, dokler ni imel nekega jutra ob štirih zjutraj čudovite izkušnje. »Moj oče je odšel ven, da bi mi prinesel kavo. V sobi sem bil sam, ko sem naenkrat začutil, kot da so moje roke in noge paralizirane. Pobožal me je hladen, nežen vetrič in na svoje veliko presenečenje sem videl v sobo vstopiti Mater. Z blagim nasmeškom na obrazu je prišla do mene. Pričel sem jokati kot majhen otrok. Potem je sédla poleg mene in mojo glavo položila v svoje naročje. Ničesar ni rekla. Prevzela me je ganjenost. Besede so mi zastale v grlu. Sobo je preplavil sijaj iz Materinega telesa in obdana je bila z božansko lučjo. V tistem trenutku so se odprla vrata in v sobo je vstopil moj oče. Sveta Mati je takoj izginila.«

Nekaj dni pozneje je Mati zjutraj obiskala Šrikumarjevo hišo. Sedela je pred hišo in se igrala z otroki. Nenadoma je vstala in z rokami v položaju mudre odšla čez polje proti vzhodu. Nato je prišla v gozdiček, kjer je neka družina ravno opravljala obred čaščenja kač. V polzavestnem stanju in s priprtimi očmi je družini poklonila očarljiv nasmešek in sedla na majhen oltar, ki je bil namenjen čaščenju kač. Zbralo se je več ljudi, da bi videli ta nenavaden prizor. Drugi pa so se bali vstopiti v gozd, ki je bil znan po strupenih kačah. Ko se je o tem razširila vest, so prišli tudi lastniki gozdička in stali pred Materjo z združenimi dlanmi.

Vprašali so: »Mati, čaščenje opravljamo brez premora. Ali moramo še kaj storiti?« Mati je odgovorila: »Skrbite, da bo tukaj vsak dan kozarec sveže vode. To bo zadostovalo.« Ko se je Sveta Mati vrnila v hišo, jo je družina vprašala: »Mati, kaj te je vodilo tja?« Odgovorila je: »Čaščenje kač se tam vrši že zelo dolgo. Mati je odšla tja, da bi zadovoljila želje vladajočih božanstev v gozdu. Od trenutka, ko sem prišla sem, sem imela občutek, da so me poklicali.«

Kmalu za tem so mu njegovi starši našli službo v Mumbaiju. Tako odločno so vztrajali, da Šrikumar nazadnje ni imel nobene druge izbire, kot da gre tja. Zelo nerad je odšel v Mumbai, kjer bo znova ločen od Svete Matere. Med potovanjem z vlakom je začutil intenzivno navzočnost Svete Matere. V napol budnem in napol spečem stanju je užival nenehna videnja nje in se predajal blaženosti njene Božanske Navzočnosti. Nazadnje, po osmih mesecih, ni mogel več prenašati ločenosti od nje in je svojemu delodajalcu dal odpoved.

Med svojim bivanjem v Mumbaiju je Šrikumar napisal sledečo pesem, ki razkriva bolečino njegovega srca:

Azhikulil

Sonce je zašlo v zahodni ocean
in dan je začel z žalovanjem …
To je le igra Univerzalnega Arhitekta.
Torej zakaj bi morali biti, o zaprti lotosi, potrti?

Ta svet, poln bede in žalosti
je le Božja drama in jaz gledalec,
sem le lesena lutka v Njegovih rokah,
ki nima solza, da bi jokala.

Kot plamen gori moj um v
ločenosti od Tebe v tem oceanu žalosti.
Premetava me sem in tja,
nezmožen sem najti obalo.

Še preden je prišel k Materi, da bi se resno lotil duhovnega življenja, je Šrikumar že imel izkušnje na astralni ravni bivanja. Ko se je ulegel, je čutil, kako se je njegovo subtilno telo dvignilo iz njegovega fizičnega telesa in potovalo naokrog. V takšnih trenutkih je lahko kljub zaprtim očem jasno videl objektivni svet.

Med svojim bivanjem v Mumbaiju je imel vznemirljivo izkušnjo. Bilo je podnevi in z zaprtimi očmi se je sproščal po meditaciji. Nenadoma je njegovo telo postalo togo. Začutil je, da se je njegovo subtilno telo ločilo od fizičnega in zaslišal gromovit zvok, ki je sledil takoj po izlivanju valujočih meglic v ozračje, sredi katerih je ugledal postavo Svete Matere oblečeno v živobarvna oblačila, kakršna nosi med Devi Bhavo. Veličastna podoba Svete Matere je njegov um napolnila z globokim občudovanjem in spoštovanjem. To veličastno videnje je trajalo kar nekaj minut in medtem ni mogel premakniti ali odpreti oči.

Osemindvajsetega januarja zvečer leta 1980 se je Šrikumar odpravljal obiskat svoje starše v domačo hišo, ko ga je Mati ustavila, rekoč: »Ostani tukaj. Danes ne hodi nikamor.« Z njegovimi besedami: »Zaradi Materinih besed sem bil srečen in sem preklical svoje načrte o odhodu. Okrog šestih zvečer sem stal zunaj in se pogovarjal z ljudmi, ko me je nenadoma nekaj pičilo v nogo. Zavpil sem od bolečine, kar je slišala Mati in pritekla k meni. Takoj, ko je našla rano, je iz nje izsesala kri in strup ter ju nato izpljunila. Kljub temu je bolečina postala neznosna. Ko me je videla, kako se zaradi strašne bolečine v mukah valjam po tleh, me je poskušala potolažiti. Nazadnje je zaradi vztrajanja drugih dovolila, da so me odpeljali k zdravniku, specialistu za kačje pike. Zdravnik je rekel: ‹Kača, ki te je pičila, je bila izredno strupena, toda čudno, zdi se, da strup ni prizadel tvojega telesa ali krvi.› Zaradi Materine ljubeče in vdane nege sem ob treh zjutraj končno zaspal in šele potem je šla k počitku tudi Mati.

Naslednje jutro mi je Mati povedala: ‹Sin, kjerkoli bi bil, bi ti bilo usojeno, da te piči kača. A ker se je to zgodilo v Materini prisotnosti, iz tega ni nastalo nič resnega. Zato ti je Mati včeraj preprečila, da bi odšel od tod.› Pozneje, ko sem prišel domov, sem pregledal svoj horoskop in bil presenečen, ko sem odkril, da je v njem pisalo nekaj glede usodnega dogodka. Pisalo je: ‹Pri dvaindvajsetih letih obstaja verjetnost zastrupitve. Zato bi se moralo za dobro zdravje izvajati posebno čaščenje in daritve v templju›.«

Zaradi Milosti Svete Matere je imel Šrikumar več duhovnih izkušenj, ki so mu vedno služile kot izvor inspiracije, da je svojo sadhano nadaljeval z vedno večjim zanosom. Po tem, ko je za svoje starše in sestro zaslužil nekaj sredstev, se je za stalno naselil v ašramu.

Ramakrišnan (Svami Ramakrishnananda Puri)

Ramakrišnan je sin braminskih staršev iz Palghata v Kerali. Leta 1978, ko je bil nameščenec travancorske državne banke, je od enega izmed svojih prijateljev izvedel za Sveto Mater. Nekega večera sta s prijateljem prišla k njej. Čeprav vzgojen v pravoverni družini, je Ramakrišnan zapadel v težave, ko je na visoki šoli padel pod vpliv slabe družbe. Ko je videl Sveto Mater, je planil v jok. Raztopila in omehčala se je vsa njegova notranja robatost, dokler ni bilo v teh očiščujočih solzah odplavljeno vse. Odtlej je, da bi videl Mater v božanskem stanju, skoraj vedno prihajal na Daršan. Jokal je kot majhen otrok in molil, da bi mu dala videnje Madurai Meenakshi, njegovega ljubljenega Božanstva. Določene dni se je v globoki žalosti, ker še ni uspel doseči tega videnja, celó postil. V tistih dneh ga je Sveta Mati hranila s sladkim pudingom, ne da bi ji kadarkoli omenil svoj post. Medtem ko je med Devi Bhavo ležal v Materinem naročju, jo je ob intenzivnem hrepenenju med jokom vprašal: »Mati, boš jutri prišla k meni? Naj vsaj slišim žvenket tvojih nožnih obročkov.« Mati je uslišala njegove ponižne molitve in mu dala mnogo videnj njegovega ljubljenega Božanstva. Včasih je slišal žvenketanje Materinih nožnih obročkov in videl Božansko Mater; drugič pa je vonjal božanski vonj, ki je prežemal ozračje okrog njega.

Pripetila sta se dva pomembna dogodka, ki sta Ramakrišnana navdihnila, da je zapustil posvetno življenje in pričel živeti življenje odpovedi in duhovnosti. Prvi je bil njegova iniciacija od Svete Matere. Na ta srečni dan je čutil neizrazljivo moč, ki se je iz nje prenesla nanj in povsem spremenila njegov koncept razmišljanja in cilj življenja. Drugi dogodek pa je bil sledeč:

Nekega dne je Mati Ramakrišnanu pokazala sliko Šri Ramakrišne Paramahamse in mu rekla: »Oba imata enako ime, sedaj pa še postani kot on.« Te besede Svete Matere so kot strela prodrle v notranje globine Ramakrišnanovega srca in okrepile njegovo željo, da bi postal pravi duhovni aspirant.

Nekega poletnega večera je Šri Ramakrišnan prišel, da bi med Devi Bhavo prejel daršan od Matere. V templju, kjer je sedela Mati, je bilo izredno vroče. Mati ga je prosila, naj jo pahlja. Vendar se je obotavljal, ker je zunaj pred templjem stala skupina mladih dam. Sam pri sebi je razmišljal: »Če mladenič kot sem jaz, nameščenec v državni banki, pahlja žensko, se mi bodo bržkone smejale.« Zaradi takšnih misli Matere ni pahljal. Ko je po Daršanu zapuščal tempelj, je z glavo grdo zadel ob lesen podboj nad vrati. Ko so videle njegovo okornost, so vse mlade dame, ki so stale tam, prasnile v smeh. Ramakrišnan je prebledel in se počutil osramočenega. Naslednji dan, ko je spet prišel po Daršan k Materi, ga je poklicala in mu rekla: »Včeraj me nisi hotel pahljati, čeprav sem te prosila. Zato sem mislila, da bi bilo dobro zate, da postaneš predmet posmeha mladih dam, katerih posmeha si se bal!« Od naslednjega Daršana dalje je Ramakrišnan redno pahljal Mater, ne da bi ga bilo potrebno prositi.

Ramakrišnan je bil naenkrat premeščen v neko podružnico banke približno sto kilometrov od ašrama. Ena od njegovih dolžnosti je bila, da nosi s seboj ključ sefa in prihaja vsako jutro točno ob desetih. Ko je po nedeljskem nočnem Daršanu naslednje jutro odšel iz ašrama, je vstopil na avtobus in se z njim pripeljal do avtobusne postaje, ki je bila od njegove službe oddaljena okrog trinajst kilometrov. Pozanimal se je za naslednji avtobus in izvedel, da v njegovo smer pred deseto dopoldne ni nobenega avtobusa. Potem je poskušal dobiti taksi, vendar ni bilo nobenega na razpolago. Zaskrbljen in vznemirjen je zaklical: »Amma!« V nekaj minutah se je pripeljal mimo nek moški na motorju in se ustavil pred njim. Bil je popoln tujec. Obrnil se je k Ramakrišnanu in rekel: »Jaz grem v Pampakudo (prav tista vas, kjer je delal Ramakrišnan). Do nekaj minut čez deseto ni avtobusa, torej če želiš, te lahko peljem.« Ramakrišnan je hvaležno zlezel na zadnji sedež, se pripeljal v vas in natanko ob desetih vstopil v banko! Ko je Ramakrišnan pozneje povprašal Mater o tem, mu je odgovorila: »En klic je dovolj, če je opravljen s koncentracijo. Bog ga bo slišal.«

Leta 1981 je imel Ramakrišnan izkušnjo, ki ga je dobro naučila lekcije poslušnosti duhovnemu Mojstru. Ker so se bali, da bi Ramakrišnan utegnil postati menih, če bi predolgo živel v ašramu, so ga njegovi starši skušali premestiti v podružnično banko v domače mesto poleg njihovega doma. Ker so nenehno pritiskali nanj, je nazadnje Ramakrišnan, ne da bi poiskal nasvet pri Materi ali jo prosil za dovoljenje, vložil prošnjo za premestitev. Nekaj dni za tem si je premislil in bančnim oblastem poslal pismo, v katerem jih je zaprosil, da naj ne upoštevajo njegove prejšnje prošnje.

Nekega dne mu je Mati rekla: »Bolje, da se pozanimaš o drugem pismu, ki si ga poslal banki. Pismo ne bo nikoli prispelo do banke.« Ramakrišnan je odgovoril: »Ni nujno, Mati. Morali so ga prejeti in sprejeti.« Mati je večkrat vztrajala, da naj se pozanima o drugem pismu, toda Ramakrišnan njenih besed ni jemal resno.

Kmalu je Ramakrišnan prejel premestitveni nalog od uradnikov v Trivandrumu, kjer se je nahajal sedež banke. Pohitel je k odgovornim uradnikom, vendar je bilo že prepozno. Kot mu je govorila Mati, niso prejeli nobenega pisma, v katerem naj bi jih prosil, da naj ne upoštevajo prejšnje prošnje. Nekako se je izgubilo. Tako se je Ramakrišnan naučil grenke lekcije, da niti dozdevno nepomembne izjave Guruja, ne bi smele biti prezrte.

Nekoč se je sredi pogovora Mati z namrščenim obrazom obrnila k Ramakrišnanu in rekla: »Tukaj je nekdo, ki še vedno pogleduje dekleta, pa čeprav je že sprejel življenje odpovedi.« Ramakrišnan je vprašal: »Kdo je to, Mati?«

»Ti!« je odgovorila Mati. Ramakrišnan je bil prepaden.

»Kaj, jaz? Nikoli ne gledam žensk! Mati me graja za napako, ki je nisem storil,« se je branil.

V naslednjem hipu je Mati izrekla ime ženske, ki jo je Ramakrišnan dobro poznal in mu začela naštevati še druge podrobnosti, ime njenega moža, imena njenih otrok in drugih družinskih članov. Ramakrišnan je ostrmel s široko odprtimi usti. Ko je slišal natančen opis, od kod je in druge podrobnosti o ženski, ki jih Sveta Mati sploh ne bi mogla poznati, mu je zaprlo sapo. Mati ga je zopet vprašala: »Hej, Ramakrišnan, povej resnico! Je ne pogleduješ vsak dan?«

Ramakrišnan je molčal. Res je, da je to žensko opazoval vsak dan, toda zakaj? Po zunanjosti je bila zelo podobna Sveti Materi. Ko jo je gledal, se mu je zdelo, kot bi gledal Sveto Mater Osebno. Ko ga je Mati videla, kako brez besed stoji s pobešeno glavo, je prasnila v smeh. Ni potrebno reči, da po tem Ramakrišnan tiste ženske ni pogledoval nikoli več.

Gornji dogodek nazorno prikazuje, kako Sveta Mati skrbno opazuje zunanja dejanja in notranje misli svojih duhovnih otrok in jih nato poučuje.

Preden je bil ašram uradno registriran kot dobrodelna institucija, je bilo le malo ljudem dovoljeno ostati tam. Skrbeti za potrebe tolikšnega števila ljudi je bilo nemogoče, saj takrat še ni bilo ustreznih sredstev. Nekateri od bramačarjev, ki so pustili svoje službe, so od Ramakrišnana pričakovali hrane in oblačil. Ker je bil še vedno zaposlen, je rade volje zadostil njihovim potrebam, četudi ga za to niso prosili.

V prvih dneh ašrama se je Ramakrišnanu zdelo, da ima Mati dve različni osebnosti, svoj običajni jaz in Božansko Bitje med Bhava Daršanom. Ta misel je v njegovem umu povzročala veliko zmede in kadar je tako razmišljal, se je pogosto počutil nesrečnega. Nazadnje je prosil Mater, da ga blagoslovi in razjasni njegov zmotni način razmišljanja. Neke noči je imel videnje Svete Matere v njenem običajnem stanju, ko je bila oblečena v belo. To se je zgodilo v dneh, preden se je Mati začela oblačiti v belo. Po tem videnju je Ramakrišnan verjel, da je Mati v bistvu ista oseba, ne glede na njeno stanje.

Ramakrišnanova vera v Mater se je poglabljala in njegov um je postopoma postal vse bolj osredotočen na njeno božansko podobo in ime. To stanje je pri njegovem delu povzročalo mnogo težavnih situacij. Včasih se je zmotil med štetjem denarja ali pa delal napake pri bančnih računih. Leta 1982 je prišel živet v ašram in hkrati še vedno nekako nadaljeval s svojim uradniškim delom. Pozneje, leta 1984, pa je dal v službi odpoved, da bi za stalno živel v ašramu.

Rao (Svami Amritatmananda Puri)

Ramesh Rao se je rodil v premožni braminski družini v Haripadu, Kerali. Odraščal je kot sodobna mladina, ki uživa in se prepušča posvetnim užitkom ter sledi svojeglavemu in zgrešenemu načinu življenja. Čeprav je bil potopljen v posvetno življenje, je vseeno hodil v bližnji Devi tempelj molit in se kesat za svoja lahkomiselna pota.

Preden se je lotil kakršnegakoli dejanja, dobrega ali slabega, je šel v tempelj in tam molil, da bi prejel blagoslove Božanske Matere.

Nekoč ga je prijatelj povabil v ašram Svete Matere, vendar je povabilo odklonil. Pozneje, ko je poskušal iti v tujino, da bi se tam zaposlil, se je odločil, da bo obiskal ašram, da bi izvedel, kakšna je njegova prihodnost, saj je slišal, da je Sveta Mati obdarjena z božanskimi močmi in lahko človekovo prihodnost vidi vnaprej. Tako je junija leta 1979 vstopil v tempelj in med Krišna Bhavo pristopil k Sveti Materi. Preden je rekel karkoli, ga je Sveta Mati ogovorila:»Sin, poskušaš oditi čez ocean. Mati ti bo to omogočila, če želiš. Ne skrbi.«

Že ob tem prvem srečanju je bil Ramesh prepričan o božanskosti Svete Matere in se čutil povezan z njo z močnim občutkom božanske ljubezni. Ko se je vrnil domov, je svoj um poskušal osredotočiti na posle s tekstilom, ki jih je podedoval od svojega očeta, a tega ni mogel, saj je bil njegov um napolnjen le še z mislimi o Sveti Materi. Včasih je postalo njegovo hrepenenje, da bi jo spet videl, tako intenzivno, da je zaprl trgovino in odhitel v ašram. Nekega dne mu je Sveta Mati, ko je od nje odhajal domov, rekla:»Sin, kam greš? Namenjeno ti je ostati tukaj.«

Neke noči je Ramesh imel sanje o končnem uničenju vesolja; povsod so deževale ognjene krogle. Oceanski valovi so se dvignili do neba in pretili, da bodo preplavili zemljo. Ramesh je zbral vse svoje moči in zaklical:»Amma!« Iz razburkanega oceana se je takoj dvignila žareča luč in se razširila v vse smeri. Iz tega bleska se je pojavila očarljiva podoba Boginje Durge, ki je bila oblečena v rdeč svilen sari in je sedela na strašnem levu. V vsaki od Svojih osmih rok je držala božansko orožje. Ramesh je ves začuden opazil, da je bil sočutni obraz Boginje, obraz Svete Matere. Potolažila ga je, rekoč: »Čemú strah, če sem s teboj? Ti si Moj sin. Ne skrbi.« Po tem je imel Ramesh v sanjah še mnoga videnja Svete Matere.

S tolikšno povezanostjo s Sveto Materjo se je okrepila Rameshova notranja težnja, da bi uresničil Boga in živel v Materini prisotnosti. Ko je nekega dne sedel v njeni navzočnosti, je imel izkušnjo, ki je še bolj razplamtela njegovo stremljenje. Ura je bila štiri popoldne in

Ramesh je kot običajno prišel k Materi, ki je sedela v svetišču. Vstopil je v tempelj in se po priklonu k stopalom Svete Matere usedel poleg nje. Medtem, ko je zrl v njen sijoč obraz, se je v templju nenadoma spremenilo celotno ozračje. Svet množtva je izginil iz njegovega vidnega polja, vidna je bila le Mati. Jasno jo je prepoznal kot svojo lastno Mater, sebe pa videl kot dveletnega otroka. Omamljen od božanske ljubezni je Ramesh pozabil na svet. Sveta Mati je njegovo glavo ljubeče položila v svoje naročje. Ker je vedela, da se je Rao potopil v notranjo blaženost, je Mati nežno dvignila njegovo glavo in poklicala nekaj častilcev, da so ga položili na tla v templju. Ob devetih zvečer se je Mati vrnila v tempelj in ga našla še vedno ležati v tem stanju. Šele po tem, ko je slišal, da ga Mati kliče: »Sin«, se je povrnil v normalno zavest.

Po tem dogodku se je Rameshovo življenje dramatično spremenilo. Njegovo hrepenenje po Materi se je močno okrepilo. Komaj je še skrbel za posvetne zadeve. Prenehal je hoditi v trgovino. Njegovi obiski Svete Matere so postali vsakdanjost. Pri Sveti Materi je preživljal dneve in tedne. Ta nenadna sprememba v Rameshu je zaskrbela njegovo družino. Njegovi starši in sorodniki so vse svoje napore osredotočili na to, da ga privedejo nazaj v posvetno življenje in ga prepričevali, da naj se poroči. Toda vsi njihovi poskusi so se izjalovili. Nekega dne je Mati rekla Rameshu: »Sin, tvoji starši hrepenijo po tem, da bi te videli. Pojdi domov in dôbi njihovo dovoljenje, da si lahko tukaj.« Ramesh je rekel: »Mati, ali me zapuščaš? Samo težave mi bodo delali.« Mati je odgovorila: »Pogumen moški je tisti, ki lahko premaga vse takšne težave.«

Mati je Raa skupaj s še enim prebivalcem ašrama poslala domov. Člani njegove družine so Ramesha s silo zadrževali pod svojim nadzorom. Mislili so, da Sveta Mati vpliva nanj z uporabo kakšne zlohotne moči. Da bi prepričali svojega sina, naj se vrne v posvetno življenje, so izvedli posebne obrede. Starši so zahtevali, da mora Ramesh pojesti poseben ghee, ki ga je pripravil duhovnik ob uporabi določenih manter, ki naj bi povzročile, da bo zapustil ašram in se vrnil v posvetno življenje. Ramesh je glede gheeja poiskal nasvet Svete

Matere. Mati je rekla: »Sin, pojej ga. Četudi je kaj zlega v njem, naj bo. K meni si prišel zaradi svojih duhovnih nagnjenj. Nič se ti ne bo zgodilo, četudi boš pojedel tisti ghee.« Ramesh je njene besede ubogal in pojedel ghee, toda nič se ni zgodilo. Njegova žeja po duhovnem življenju ni oslabela. Sedaj je družina spremenila svojo taktiko in postala še bolj kruta in neusmiljena. Zaključili so, da je sinovo nenadno spremembo povzročila neka duševna anomalija, ki se je pojavila zaradi njegovega razočaranja, ker ni dobil službe v tujini. S pomočjo njegovih prijateljev, ki so prav tako obsojali njegov nov način življenja, so ga na silo odpeljali na psihiatrično zdravljenje.

Ramesh je zdravniku rekel: »Nisem nor. Strogo se bom držal besed svojega Guruja. Ti si tisti, ki je nor za ta svet. Zato poskušaš vsiliti svojo norost tudi drugim.« Na vztrajanje sorodnikov je zdravnik zdravil Raa deset dni. Njihov cilj je bil spreobrniti sina, da bi si znova zaželel posvetnega življenja. Takoj po psihiatričnem zdravljenju so se odločili, da ga pošljejo k sorodnikom v Bhilai, ker so mislili, da mu bo sprememba okolja pomagala k povrnitvi na njegov star način življenja. Najti so mu poskušali tudi primerno nevesto.

V tej duševni stiski je Ramesh pisal Materi: »Mati, do tega trenutka nisem podlegel njihovim plehkim skušnjavam. Zdaj pa, če me Mati ne reši, se bom zlil z Njo v nebesih. Naredil bom samomor.«

Po mesecu bivanja v Bhilaiju so Raa pripeljali nazaj domov. Njegova družina je bila prepričana, da se je odrekel svojemu duhovnemu načinu razmišljanja in življenja. Silili so ga, da naj nadaljuje s svojimi posli s tekstilom. Nekega dne je brez vednosti kogarkoli obiskal Sveto Mater in ji proseče rekel: »Mati, če me zapustiš, bom umrl.« Ne da bi čakal na njen odgovor, je Ramesh sklenil, da ostane v ašramu. Med njegovim kratkim tridnevnim bivanjem ga je Mati večkrat posvarila o namenih njegovih sorodnikov, da mu bodo povzročali ovire na njegovi poti. Celó svetovala mu je, naj gre nazaj domov in počaka, dokler ne privolijo v to, da nadaljuje s svojim duhovnim življenjem. Toda Rao se ni zmenil za to, rekoč: »Če se vrnem domov, mi ne bodo dovolili nadaljevati mojega duhovnega urjenja.«

V tem času je Raov oče proti Sveti Materi vložil peticijo z zahtevo policijskega posredovanja, da bi dobil nazaj svojega sina, za katerega je trdil, da je prisilno zadržan v ujetništvu Svete Matere. Tretji dan so Raov oče in nekaj drugih sorodnikov prišli v ašram s polnim kombijem policistov. Rao je policistu drzno rekel: »Dovolj sem star, da si sam izbiram svoj način življenja in svobodno odločam o tem, kje bom živel.« Na njegove besede se niso ozirali in njegovi sorodniki so se odločili, da ga bodo ob pomoči policije odpeljali v bolnišnico za duševne bolezni v Trivandrumu. Na svoji poti so se ustavili v Kollamu na kosilu. Rao ni hotel jesti in je ostal v avtu. Nenadoma je zaslišal glas iz svoje notranjosti, ki mu je rekel: »Če pobegneš zdaj, boš rešen. Sicer te bodo uničili.«

Že naslednji trenutek je prav pred njim ustavila avtorikša. Brez oklevanja je skočil vanjo. Vozniku je povedal naslov in ga prosil, naj vozi hitro. V svojem žepu ni imel niti centa. Takrat je eden od prebivalcev ašrama začasno bival v Kollamu, ker se je pripravljal na magisterij iz filozofije. Rao mu je povedal, kaj se je zgodilo. Tisto noč je Rao s pomočjo nekaj častilcev zapustil Keralo in odpotoval v misijon Chinmaya v Mumbaiju. Ko so sorodniki odkrili, da je v Mumbaiju, so ga znova poskušali aretirati. Da bi si rešil življenje, se je Rao odpravil proti Himalaji. S seboj je imel komaj kaj denarja za vlak in hrano, toda nobenih toplih oblačil, da bi ga ščitila pred ostrim mrazom. Nekako je prispel do Himalaje, kjer je taval od vasi do vasi. Odkar je mladenič postal potepuški menih, ki je beračil za hrano in meditiral pod drevesi ali v votlinah, je njegova obleka postala strgana in razpadla. Minevali so dnevi in meseci. Končno je prejel pismo od Svete Matere na naslov, ki ji ga je dal. Preprosto mu je napisala: »Sin, vrni se. Nič več problemov.«

Rao se je vrnil v ašram Svete Matere. Potem ga je poslala obiskat starše, ki so se naučili dobre lekcije. Zdelo se je, so se omehčali in bili srečni, da so zopet videli svojega sina doma. Kljub temu pa so ga še vedno poskušali pregovoriti. Ko so spoznali, da je bil njihov nasprotovalen pristop neumen, so ga poskušali spremeniti zlepa. Toda vse njihovo prizadevanje je izgorelo v ognju Raove globoke ravnodušnosti. Sedemindvajsetega avgusta leta 1982 se je Rao kot stalni prebivalec pridružil ašramu in nemoteno nadaljeval svoje duhovno urjenje.

Nealu (Svami Paramatmananda Puri)

Neal Rosner, ki se je leta 1949 rodil v Chicagu, ZDA, je zaradi svojih preteklih *samskar* že od mladosti skozi razlikovanje odkrival dobre in slabe plati posvetnega življenja. V Indijo je odšel kot samostojna osebnost. Od leta 1968 do leta 1979 je prebival in opravljal svojo sadhano v Tiruvannamalaiju. V Vallickavu je prišel leta 1979. Ves čas potovanja z vlakom je bil bolan in priklenjen na posteljo. Trpel je zaradi bolezni, kot so utrujenost, šibkost, bolečine v hrbtenici, bolečine želodca, izgube teka, nezmožnosti sedenja ali hoje, itd.

Ko je prispel v ašram, po svojem prvem srečanju z Ammo ni Nealu izkusil nič posebnega. Toda naslednjo noč je med Krišna Bhavo izkusil, kako je iz starega svetišča vanj vstopilo nekaj zelo duhovnega in ga potopilo v blaženost. Zaradi neznanega razloga je začel jokati. Tedaj je popustila bolečina, zaradi katere je tako dolgo trpel. Vstopil je v svetišče in ko je pogledal v Materine oči, je videl luč miru in notranje blaženosti. Ko je videl Materino umirjenost in hudourniški tok miru, ki je izžareval skozi Njeno bitje, ja bil zaradi božanske izkušnje, ki je izvirala od Nje, prepričan, da je *jivanmukta* (osvobojena duša). Z Njeno božansko Milostjo je Nealu že od samega začetka spoznal, da Mati manifestira svojo božanskost le med Bhavami, ves preostali čas pa jo skriva. Nealu je odkril, da se je povzdignil na raven božanske blaženosti. Molil je Materi, da mu pokaže pot do večne blaženosti in Mati je uslišala njegovo prošnjo.

Nekoč, ko je Nealu prosil Mater, če ga lahko blagoslovi s predanostjo Njej, če je takšna Njena volja, se je Mati nedolžno zasmejala kot otrok in rekla: »Kaj pa lahko storim? Jaz sem nora.« Tistega dne, ko se je Devi Bhava bližala koncu, je Mati poslala po Nealuja, ki je stal pri vhodu in strmel Vanjo. Nenadoma je Nealu opazil, kako je zasijal Materin obraz. Sijaj je naraščal, dokler ni videl vsepovsod naokrog nič drugega kot žarečo luč. Vse je izginilo. Ni bilo Matere niti templja niti okolice niti sveta. Tam, kjer je bila prej Mati, je sedaj žarela bleščeča luč. To žarenje ali luč se je širilo v vse smeri. Zaobjelo je celotno vesolje. Potem se je začela luč krčiti in krčiti, dokler se ni skrčila na velikost svetleče pege in nazadnje je tudi ta izginila. Nealu je bil zbegan. Povsem mu je vzelo sapo. Izkusil je Materino Navzočnost znotraj sebe. Dosegel je stanje, ko mu je že samo misel na Materino vizijo luči prinesla solze v oči. Po tem videnju štiri noči ni mogel spati. Bil je potopljen v božansko izkušnjo. Izkušal je tudi nenehen božanski vonj. Odločil se je, da bo ostal v Vallickavu in tu nadaljeval svojo sadhano. Amma se je strinjala. Mati mu je podarila *rudrakša malo* (ogrlico). Še mnoga leta so ob različnem času iz *male* izhajale različne vonjave.

Brez vsakršnih zdravil je Nealu znatno ozdravel le skozi Ammino božansko *sankalpo* (namero). Sedaj je lahko sedel, stal, hodil, jedel, itd. Znotraj sebe je začutil nenehno Navzočnost Matere, prav tako pa je izkusil tudi stalen tok miru in blaženosti.

Nekoč je imel hud napad kašlja. Bil je neznosen in neobvladljiv. Med Krišna Bhavo je Mati položila Svoje roke na Nealujeve prsi in glavo. Potem je zopet dobil božansko videnje luči. Izkusil je, da je bila to ista luč, ki je bila v njegovi notranjosti in da telo ni bilo povsem njegovo (ni se istovetil s svojim telesom). Ta opojna božanska izkušnja je ostala v njem zelo dolgo. S tem je njegova bolezen oslabela.

Nekega večera se Nealu zaradi hudega glavobola ni mogel udeležiti petja badžanov. V svoji sobi je legel, zaprl oči in pred sabo zagledal luč, ki je kmalu izginila. Potem jo je ponovno zagledal in izkusil Materino božansko Navzočnost. Njegov glavobol je takoj prenehal, zato je vstal in se udeležil petja.

Z Ammino Milostjo so Nealujeve fizične bolezni oslabele. Toda še mnogo veličastneje kot to je, da je Nealu kjerkoli je bil, izkušal Materino božansko Navzočnost, nenehno blaženost in mir. Vse to je dosegel skozi svojo tesno povezanost z Materjo. Če se je v Tiruvannamalaiju odločil za *jnanamargo* (Pot Znanja), je sedaj dajal prednost *bhaktimargi* (Pot Predanosti). Nealu zatrjuje:»To je blagoslov, ki sem ga prejel od Amme.« Pravi, da nikoli ne bi bil sposoben razumeti ali vsrkati Materinih duhovnih nasvetov, ker toliko let ni izvajal nobenih strogih duhovnih vaj. Trdno verjame, da lahko človek doseže cilj že samo skozi Materine blagoslove.

V prvih letih je bilo hudo pomanjkanje denarja. Nekdo je izrazil svoj strah Materi: »Kako bomo začeli z ašramom?« Na to je Amma odgovorila: »Naj vas to ne skrbi. Človek, ki bo upravljal ašramske dejavnosti, bo kmalu prišel sem.« Zelo kmalu je prišel v ašram Nealu in si naložil finančne odgovornosti ašrama. Nealu je iskreno služil Materi s pozornostjo tudi najmanjšim podrobnostim ter s služenjem z največjo potrpežljivostjo in *sraddho.*

Saumya (Svamini Krišnamrita Prana)

Bilo je leta 1982, ko je Saumya prvič prišla v ašram Svete Matere. Za duhovno življenje se je zanimala že v Avstraliji in je v tamkajšnjem ašramu živela več mesecev preden je odpotovala v Indijo na glavni sedež tamkajšnjega ašrama blizu Mumbaija in ostala tam. Takrat, ko je živela tam, jo je nekdo predstavil Amminemu častilcu, ki je v tistem času študiral v misijonu Chinmaya. Veliko je govoril o Ammi in svojih izkušnjah z Njo ter rekel Saumyi, da čuti, da je tudi ona Ammin otrok in da bo v primeru, če Jo bo obiskala, zagotovo hotela ostati tam. In prav tako se je nazadnje zgodilo. Po tem, ko je živela v ašramu z več tisoč ljudmi, od katerih so bili mnogi Zahodnjaki, je bil za Saumyo obisk majhnega in skromnega Amminega ašrama, kjer je takrat v nekaj slamnatih kočah živelo le štirinajst ljudi, veliko in razveseljivo presenečenje.

Amma, katere častilec jo je s pismom že obvestil o njenem prihodu, je takoj, ko je Saumya prvič vstopila v kočo za daršan, pohitela k njej, da bi jo objela. Saumya je bila presenečena zaradi ljubezni in nežnosti, ki ju je Amma izkazala do nje. V ašramih, kjer je bila doslej, si se lahko le globoko poklonil in dotaknil Gurujevih sandalov, medtem ko je Guru nedotakljiv sedel v varni razdalji, tukaj pa Amma nežno ljubkuje svoje častilce z ljubeznijo in sočutjem, česar si Saumya ni mogla niti v sanjah nikoli predstavljati.

V tistih časih se je Amma občasno vedla kot noro dekle in je legla na pesek ali jedla hrano s tal. Medtem ko je prepevala badžane ali preprosto dajala daršan ljudem, je pogosto je zdrsnila v samadhi. Amma je živela tako, da je preprosto vsako uro dneva in ves Svoj čas dajala Bogu in ljudem. Ničesar ni počela Zase. Sedela je v pesku izgubljena v ljubljenem Bogu, jokala po Bogu in ves čas prepevala Bogu. Bog je bil Njena edina osrednja točka in kadar ni bila potopljena v Boga, je izkazovala ljubezen do nas in vseh drugih. Te ljubezni ni mogla skriti, ker je pronicala iz vsake pore Njenega telesa.

Preden je prišla k Ammi, je Saumya razmišljala, da bo nekega dne imela družino in je zelo rada potovala, toda po srečanju z Ammo so te želje popolnoma odpadle. Potem, ko je od Amme slišala duhovne resnice, da je namen tega življenja le uresničitev Boga, je čutila, da se ne bo mogla vrniti nazaj in živeti na Zahodu ter se pretvarjati, da je tisto življenje resnično. Želela je živeti z Ammo kot s Svojim Gurujem in za Ammo, da jo bo disciplinirala.

Po krajšem času bivanja v ašramu je Amma prosila Saumyo, da naj prevzame skrb za Njene potrebe med Bhava daršani. To je bila velika čast in večino časa tudi užitek, a hkrati tudi zelo težko, ker ni razumela malayalamskega jezika. Ena od njenih dolžnosti je bila brisanje Amminega obraza med Devi Bhavo. Čeprav se Njeno telo ni nikoli potilo, je bil včasih Njen obraz zaradi znoja častilcev vlažen, saj je bilo v templju vedno zelo vroče in veliko ljudi. Zato je Amma želela imeti svoj obraz obrisan po vsakem ali vsakem drugem človeku, da se tisti, ki so prihajali na daršan, ne bi počutili neprijetno.

Saumya se je pogosto bala z brisačo brisati obraz vesoljni Božanski Materi, vendar ni imela izbire, saj Amma ni nikoli ničesar počela Zase.

Ponoči se je Saumyi v sanjah pojavljala Devi Amma in strmela vanjo, ko je spala ter jo spraševala, če Ji ne namerava obrisati obraza. Te sanje so bile tako resnične, da je Saumya v postelji skočila pokonci in včasih začela iskati Njene brisače za obraz ter se močno počutila krivo, ker je legla spat. Včasih je z njo čez noč delilo sobo še eno dekle in jo spraševalo, kaj počne v temi sredi noči.

Ko se je končno zbudila in spoznala, da je še noč in da se je Devi Bhava že končala ter da so bile to resnično samo sanje, se je opravičila Ammi, ker je legla in šla nazaj spat. Saj kaj drugega bi pa lahko storila? Te sanje so se ponavljale vsaj enkrat na teden, včasih pa celó trikrat in se nadaljevale več let preden so končno prenehale.

Ko je prvič prišla k Ammi, je želela izvedeti, kako naj živi duhovno življenje po tem, ko je videla, da je vsako veselje posvetnega življenja samo začasno. V prvih letih ašrama je Amma veliko govorila o služenju, toda Saumya ni nikoli razmišljala, da bi to na kakršenkoli način vključevalo tudi njo. Bolj ko so tekla leta, bolj se je zdelo, da Amma o služenju govori vedno več. Želja po služenju svetu je postopoma rastla in cvetela iz majhnega semena, ki ga je Amma posadila v Saumyino srce in ga ljubeče negovala s Svojo ljubeznijo in pozornostjo. Sedaj je to postala najmočnejša želja njenega srca. Njena skrita molitev je: »Amma, daj mi moč in čistost, da bom sposobna služiti svetu.«

Madhu (Svami Premananda Puri)

Madhu se je rodil na Réunionu (francoski otok v Indijskem oceanu) in je bil po poreklu Indijec. Že od sámega otroštva je imel močno željo, da bi postal *sanjasin*.

Leta 1976 je Madhu prispel v Indijo in se seznanil z ašramom Ramakrišne. Svamija Vireshwaranando iz Belur Matha je vprašal, ali naj gre delat sadhano v Himalajo. Svamiji mu je priporočil, da naj gre raje v južno Indijo, češ da je ta najprimernejša zanj. Po njegovih navodilih se je nato odpravil delat duhovne vaje na Arunačalo, kjer mu je nek častilec rekel: »Zdi se, da si častilec Kali. Kali je v Vallickavu. Pojdi jo obiskat.«

Tako je Madhu 1. junija leta 1980 prispel v Vallickavu. Bilo je v času Bhave. V starem tempeljskem svetišču je Mati rekla Gayatri: »Zunaj čaka moj sin Madhu. Pojdi in ga privedi noter.« Ko je stopil v tempelj in videl Mater, je Madhu planil v jok. Mati mu je rekla: »Kako dolgo že čakam nate!«

Naslednji dan je Mati, medtem ko je v roki držala fotografijo Vireshwaranande, začela vse spraševati, čigava je ta fotografija. Madhu, ki je sedel poleg Matere, je rekel: »To je Vireshwaranandaji.« Amma je odgovorila: »On je prijeten možakar.« Amma mu je povedala, da ga je videla med meditacijo. Prav on je poslal Madhuja v južno Indijo! Med Devi Bhavo je Mati dala Madhuju mantra dikšo.

Leta 1982 je Madhu proslavil Ammin rojstni dan na Réunionu. Z ustanovitvijo podružnice Mata Amritanandamayi Math na Réunionu je Madhu pričel s širjenjem Sanatane Dharme (večne religije). Madhu je bil dober sadhak, ki je posedoval lastnosti, kot so ponižnost, izobrazba (znanje), sočutje in dobre sposobnosti za delo.

Madhusudan, ki je 24. februarja leta 1985 po Amminih navodilih prejel bramačarja dikšo, je postal Prematma Chaitanya. Madhu je izkazal svojo vdanost Materi z besedami: »Amma je tista, ki je napravila iz mene to, kar sem. Če ne bi srečal Matere, bi morda živel običajno posvetno življenje. Samo zaradi Materine milosti sem lahko ostal trdno na poti odpovedi. Veliko bolj kot individualna sposobnost je za duhovno napredovanje pomembna Gurujeva Milost.«

Trinajsto poglavje

Mati kot duhovni Mojster

Kdo je popolna oseba? Če bi to vprašanje postavili modernemu mladeniču, bi rekel, da je idealen človek čeden, visoko vpliven multimilijonar ali morda najvišji politični vodja; ali pa bi povedal imena nekaterih sanjskih filmskih zvezd ali športnikov. Škoda je, da si danes mladina ne more predstavljati družbe brez filmov, politike in romantike. To je vitalna sila v njih. Toda, mar ima vse to kaj opraviti z našim življenjem in izgradnjo značaja? Kaj napravi človeka lepega in popolnega? Kaj doda milino in privlačnost človekovim dejanjem? Kateri je tisti dejavnik, ki naredi človeka nesmrtnega in oboževanja vrednega? Je to katera od pravkar omenjenih stvari? Zrela oseba obdarjena z razlikovanjem bo nedvomno rekla:»Ne, absolutno ne!« Kaj pa je to potemtakem? Z enim stavkom je to integracija notranjih vrlin, ki se v krizi skozi človekovo celotno bitje manifestirajo kot večne vrline. To je tisto, kar lahko človek izkusi v prisotnosti Svete Matere Amritanandamayi, čudoviti zmesi brezpogojne ljubezni in blaženosti.

Ljudje z različnih družbenih položajev, vsak glede na svojo stopnjo razumevanja in mentalno zrelost, različno govorijo o Sveti Materi. Na primer, če vprašate, kdo je Mata Amritanandamayi nekoga, katerega razum se vedno zadržuje na grobi ravni, bo le-ta rekel:»Ona je izjemna ženska, ki lahko le z dotikom ali s pogledom ozdravi strašne in neozdravljive bolezni.« Lahko bo tudi rekel: »Lahko reši tudi tvoje posvetne probleme in zlahka izpolni vse tvoje želje.« Če se isto vprašanje postavi nekomu s subtilnejšim razumom, pa bo le-ta rekel: »O, Sveta Mati je resnično neverjetna. Podari vam lahko mnogo psihičnih moči. Je mojster telepatije in jasnovidnosti. Zanjo ni nič spremeniti vodo v pančamritam in mleko. Obvlada vseh osem mističnih moči,« in tako naprej. Odgovor pravega duhovnega iskalca na isto vprašanje pa bi bil: »Mati je Najvišji Cilj, ki ga lahko uresniči aspirant. Je vir in podpora pravim iskalcem in jim pomaga prečkati nenehno spreminjajoč Ocean preseljevanja duš. Njena prava narava sta ljubezen in sočutje; je verodostojna priča resnicam izraženih v Vedah in vseh drugih svetih spisih sveta. Če se zatečeš k njenim stopalom, je Cilj vsekakor pri roki. Je Popoln Mojster kot tudi Velika Mati.«

S stališča osebe, ki sledi Poti Predanosti (Bhakti joga), je Sveta Mati prava častilka brez primere. V njej lahko vidimo različne aspekte Najvišje Predanosti, ki se nemoteno manifestirajo. Kadar tisti, ki sledi Poti Znanja (Dnjana joga) opazuje Mater, lahko v njenih besedah in dejanjih prepozna popolnega Poznavalca notranjega Jaza. Za človeka, ki iskreno sledi Poti Delovanja (Karma joga) je Sveta Mati nedosegljiva med Karma jogiji. To so samo delni vidiki rojeni iz omejene izkušnje in razumevanja različnih posameznikov. Toda skozi tesno povezanost in opazovanje brez predsodkov in domnev, lahko človek jasno razume, da je Sveta Mati integracija vsega tega.

V malayalamu obstaja rek: »Potrpežljiv kot Zemlja.« Mati Zemlja prenese vse. Ljudje jo brcajo, pljuvajo, jo orjejo s plugom, kopljejo po njej in razparajo njene prsi s krampom za obdelovanje in druge namene. Na njej gradijo celó stonadstropne zgradbe, ona pa vse potrpežljivo prenaša. Nič se ne pritožuje. Nikogar ne prezira, temveč služi vsem in jih hrani na najboljši način. Prav tako tudi Sveta Mati kaže neskončno potrpežljivost pri ponovni izgradnji značaja svojih otrok. Potrpežljivo čaka, dokler učenci ne postanejo dovolj zreli, da se disciplinirajo. Dotlej pa jih kopa v svoji nesebični ljubezni ter pozablja na vse napake, ki jih morda delajo.

Če skrbno pregledamo velike linije starodavnih svetnikov in modrecev Indije ter opazujemo načine učenja, ki so jih privzeli in s katerimi so razsvetlili svoje učence, ni težko razumeti edinstvene narave odnosa Guru-učenec, ki se ga ne da videti nikjer drugje na svetu. Sveta Mati je povedala: »V začetku Satguru (Popoln Mojster) svojemu učencu ne bo dajal strogih navodil. Preprosto ga bo le ljubil. Učenca bo povezal s svojo brezpogojno ljubeznijo. Močan vtis, ki ga ustvari Gurujeva ljubezen, bo pripravil učenca za Gurujevo delo na njegovih vasanah ali mentalnih nagnjenjih. Počasi bo Guru s strogim, a še vedno ljubečim poučevanjem discipliniral in preoblikoval učenčevo osebnost. V pravem odnosu Guru-učenec je težko razlikovati, kdo je Guru in kdo učenec, ker je Guru ponižnejši kot učenec in učenec ponižnejši kot Guru.« Spočetka lahko Guru poleg tega, da kaže do učenca veliko ljubezen, do neke mere celó ustreže učenčevi muhavosti in fantaziji, toda ko odkrije, da je učenec dovolj zrel, da lahko resno prične z duhovno prakso, ga bo Guru počasi pričel disciplinirati. Ko pa se discipliniranje enkrat prične, čeprav poln ljubezni do svojega učenca ali učenke, ki mu je resnično kot sin ali hčerka, mu ali ji ne bo več kaj dosti izražal svoje ljubezni. Njegov edini cilj bo ozavestiti učenca njegovega lastnega čistega notranjega Jaza. Z drugimi besedami, discipliniranje sámo je drug način izražanja njegove ljubezni. To je prava ljubezen, ki preobrazi učenca v čisti dragulj.

Ko je opozarjala in popravljala senčne strani svojih otrok, je Sveta Mati povedala: »Sem kot vrtnar. Vrt je poln pisanega cvetja. Nisem bila poklicana, da bi pazila na lepe cvetlice, ki nikakor niso nepopolne, pač pa zato, da odstranim mrčes in črve iz napadenih cvetlic in rastlin. Da bi odstranila mrčes, je morda treba uščipniti cvetove in liste, kar je boleče, vendar je to edini način, da rešim rastline in cvetlice pred propadom. Na enak način bo Mati vedno delala s slabostmi svojih otrok. Proces odstranjevanja je boleč, toda za tvoje dobro. Vrline ne potrebujejo nobene pozornosti, če pa tvoje šibkosti niso odstranjene, bodo le-te prav tako uničile tvoje vrline. Otroci moji, morda mislite, da je Mati jezna na vas. Sploh ne. Mati vas ljubi bolj kot vsi drugi in zato počne vse te reči. Mati ničesar ne pričakuje, razen vašega duhovnega napredka.«

Nikoli ni mogoče videti, da bi Sveta Mati sedela na prestolu in ukazovala svojim duhovnim otrokom in častilcem, da naj postorijo to in ono. Vzgaja, hkrati pa je s svojimi dejanji vzgled. Ponižnost in preprostost sta blagovni znamki njene veličine. Sveta Mati je živ primer tega. Je bolj ponižna od najponižnejšega in bolj preprosta od najpreprostejšega. O sebi pravi:»Sem služabnica služabnikov. To življenje je za druge. Sreča njenih otrok je Materino blagostanje in zdravje.«

Materina metoda izčrpanja ega in drugih negativnih nagnjenj njenih otrok je čudovita. Vedno je nepremagljiva bojevnica. Mati sáma pripravlja bojno polje, da bi z ustrezno situacijo preizkusila mentalno zrelost in duhovni napredek svojih otrok. Ne da bi vzbudila najmanjši sum vodi človeka na bojno polje. Ko le-ta sčasoma spozna resnost situacije, se vsi notranji sovražniki dvignejo in razlikujoč razum da prosto pot čustvom. V tem trenutku Sveta Mati pravilno izkoristi priložnost, da odstrani sebičnost svojih otrok. Njeno mogočno orožje natančno zadene tarčo in negativna nagnjenja tistih, ki iščejo njeno vodstvo, sčasoma postajajo vedno šibkejša. Sledi eden od takšnih dogodkov.

Nekoč, pred nekaj leti, je bramačari Nealu prinesel prenosni pisalni stroj iz Tiruvannamalaija, kjer je prej stanoval. Čeprav se Balu ni še nikoli učil tipkati, je vzel polo papirja in nanj le za zabavo natipkal: ‹Mati, napravi me za tvojega sužnja.› Mati, ki je sedela poleg in se pogovarjala z Nealujem, se je nenadoma ozrla k Baluju in ga vprašala: »Sin, kaj tipkaš?« Nato ji je Balu prevedel pomen stavka v jezik malayalam. Ne da bi še karkoli vprašala ali rekla o tem, je spet nadaljevala svoj pogovor z Nealujem.

Po petnajstih minutah je Mati rekla Nealuju: »Baluja name-ravam poslati v tujino.« Ko je Balu slišal te besede iz Materinih ust, je bil šokiran, saj je odpovedal že dve službi z namenom, da bo za vedno ostal v Materini prisotnosti. »Kaj si rekla, Mati?« jo je zaskrbljeno vprašal.

»Da, potrebujemo denar za začetek ašrama. Število prebivalcev narašča in nimamo nobenih prihodkov, da bi jih podpirali. Torej moraš iti delat,« je odgovorila Mati. Baluju je bilo dovolj. Njegovi notranji sovražniki so dvignili svoje glave in srdito je rekel:»Ne, nočem delat. Ne morem iti odtod. Sém sem prišel, da bi ostal z Materjo, ne pa da bom opravljal posvetno delo ali služil denar.« Mati pa je vztrajala, da mora iti, dokler se mu jeza ne bo ohladila. Njegova negativna nagnjenja so bila pripravljena za napad.

Nenadoma je Mati rekla z mehkim glasom:»Sin, kaj si natipkal pred nekaj minutami? Če hočeš postati Božji služabnik, moraš vse, kar je tvoje, predati Njegovim Stopalom. Če um ni čist, Bog ne bo hotel prebivati v tvojem srcu. To, da postaneš Božji služabnik pomeni, da sprejmeš vse izkušnje, dobre in slabe, ugodne in neugodne z uravnoteženim umom. Vse glej kot Božjo Voljo. Sin, ne želim tvojega denarja. Ko te vidim jokati po Bogu, sem tako srečna in moje srce se izliva k tebi.« Čim je izrekla zadnjo besedo, jo je prevzelo božansko stanje. Po licih so ji polzele solze in njeno telo je postalo negibno. To se je nadaljevalo kakšno uro, potem pa se je počasi spustila na raven posvetnega bivanja.

Balujev um je bil poln skesanosti. Padel je k njenim stopalom in jo rotil odpuščanja. Molil je:»Mati, prosim, očisti moje srce. Reši me vseh nečistih misli in dejanj. Naredi me kot popolno orodje v tvojih rokah.« Tolažila ga je in mu rekla:»Sin, ne skrbi. Prišel si k Materi in sedaj je njena odgovornost, da pazi nate in te izpopolni.« Ko je slišal te besede, je Balu občutil polno miru in radosti.

Nekoč je Sveta Mati rekla:»Otroci, srečni ste, če Mati vedno kaže smejoč obraz. Če pravi Mati kaj, kar nasprotuje vaši želji, potem mislite, da vas nima rada, vendar ni tako. Mati vas vedno poskuša okrepiti. Da bi okrepila vašo duhovnost, bi morale biti vse vaše mentalne šibkosti odstranjene. Da bi dosegla ta cilj, bo včasih na zunaj pokazala jezo. Včasih je to potrebno, da vas kaj izuči. Vzemimo za primer kravo, ki veselo jé nežne liste mlade kokosove palme. Ni dovolj, če ji rečete: ‹Draga krava, prosim, ne jej nežnih listov. Rastlina bo odmrla.› Krava se zagotovo ne bo premaknila niti za ped. Toda če vzamete dolgo palico in nanjo zavpijete: ‹Pojdi proč, pojdi proč!› bo krava takoj prenehala delati škodo. Enako je z Materino jezo. Otroci, Mati nima niti kančka jeze do vas. Za vedno si zapomnite, da nima Mati nobenih sebičnih motivov in deluje le za vaš duhovni napredek. Če bi vam Mati vedno kazala svojo ljubezen in naklonjenost, potem ne bi hoteli iskati svojega pravega Jaza v svoji notranjosti. Otroci, za posvetnega človeka je dovolj, da pazi na svojo ženo in otroke, pravi sanjasin pa si mora po drugi plati naprtiti breme vsega sveta. Zato se morate okrepiti.«

V nekem primeru po običajnem daršanu je Mati lahko šla počivat šele okrog štirih zjutraj. Ko je vstopila v svojo kočo in legla po tem, ko je za sabo zaprla vrata, je eden od prebivalcev ašrama tako kot običajno spal pred njeno sobo, da bi poskrbel, da je ne bi nihče zmotil. Natanko takrat pa je neka mlada ženska, ki je zamudila avtobus in zato vso pot iz Kollama, tj. petintrideset kilometrov, prehodila peš, prišla v ašram po Materine blagoslove. Ko je izvedela, da je šla Mati v posteljo, je postala potrta, a je še vedno z iskrico upanja nekajkrat glasno poklicala Mater. Ko je prebivalec ašrama, ki je ležal pred Materinimi vrati slišal njen klic, je vstal in gospo okaral, ker moti Mater ter celó zahteval, da odide. Prav v tem trenutku pa je Mati, ki je ugotovila, kaj se dogaja, odprla vrata in stopila ven, da bi se srečala s častilko. Po ljubečem spraševanju jo je Mati potolažila in ji zagotovila, da se bodo problemi, s katerimi se sooča, rešili.

Nato se je Mati ozrla k človeku, ki je spal pred njenimi vrati in spregovorila z resnim tonom: »Tukaj nisem zato, da bi uživala počitek ali kakršnokoli udobje, ampak vsekakor zato, da služim drugim in lajšam njihovo trpljenje. Njihova sreča je moja sreča. Nočem, da kdo služi meni. Tukaj sem zato, da služim vsem. Na voljo moram biti vsakomur ob kateremkoli času. Nikomur ne bom dovolila, da bi mi preprečeval srečevanje s častilci, ki so k meni prišli po tolažbo in pomoč. Mar veš, kako težko pridejo sem s svojimi bornimi prihranki le zato, da bi mi izpovedali svoje boleče srce? Če boš še kdaj tako grob in mi poskušal vsiliti pravila, da srečujem častilce le ob tem in tem času, bom razpustila to organizacijo. Nočem nobene takšne stvari kot je misijon, če ne služi trpečemu človeštvu. Namen misijona mora biti služenje.« Ko je to povedala, je prepovedala temu in vsem ostalim prebivalcem ašrama spati pred njeno kočo.

V drugem primeru pa je neka bolna gospa, ki je v ašram prišla po Materin nasvet, bruhala na Materino obleko. Prebivalka ašrama, ena od deklet, ki je osebno skrbela za Mater, je s palico pobrala umazano obleko in jo že skoraj predala pralcu. Ko je Mati to videla, je okarala dekle in rekla: »Če ne moreš videti Božansko v vseh in služiti vsem enako, kakšna je torej korist, da toliko let meditiraš in služiš? Je kakšna razlika med mano in to bolno gospo?« Ko je Mati izrekla te besede, je sama vzela obleko in jo oprala, dekletu pa za nekaj dni po tem dogodku prepovedala, da skrbi zanjo.

Že sama prisotnost Svete Matere navdihuje častilce. Navdihuje jih in jim daje moč, da karkoli in vse naredijo ob kateremkoli času. Na primer, če je v ašramu kakšno delo, kot je nošenje opek, peska in drugih materialov za gradbene namene ali celó praznjenje greznice, čiščenje prostorov ašrama ali pomoč zidarjem pri konkretnem delu itd., bodo prebivalci hitro stekli tja in poskušali zbrati še več častilcev za pomoč. Včasih se to zgodi ob treh ali štirih zjutraj, ko se konča Bhava Daršan in se vsi častilci pripravljajo, da bi odšli spat. Nenadoma pride Sveta Mati tja, kjer je treba opraviti delo. Ona je vedno prva, ki prične z delom. Kljub dejstvu, da je sedela že od šestih zvečer prejšnjega dne vse do treh ali štirih zjutraj naslednjega dne, jo bomo polno veselja in navdušenja videli delati. Zelo hitro se razširi vest, da Mati nosi opeke, vodo ali karkoli drugega in potem z vseh smeri pritečejo častilci. Najbolj zanimiv del vsega tega pa je, da je delo, ki normalno vzame šest ali sedem ur, dokončano v eni ali dveh urah.

Da bi častilci pozabili na obremenjenost z delom, jih Sveta Mati spravlja v smeh s svojim velikim smislom za humor in v bližini, kjer delajo, celó zakuri majhen ogenj, pripravi pijačo in pražene arašide za vse, ki delajo ter jih Osebno razdeljuje svojim častilcem. Sredi dela Sveta Mati poučuje vse, rekoč: »Otroci, kadar opravljate katerokoli delo, vedno skušajte ponavljati svojo mantro ali prepevati duhovne pesmi. Le tista dejanja, ki so predana Gospodu, se štejejo kot resnična dejanja in potem delovanje (karma) postane joga. Sicer je to Karma bhoga (dejanje, ki ga motivira nagon po užitku).«

»Tudi, ko so gopijke iz Vrindavana prodajale mleko, sirotko itd., so klicale: ,Krišna, Madhava, Jadava, Kesava …' Celó v kuhinji so napisale in na vse stekleničke z začimbami in druge potrebščine nalepile različna imena Krišne. Prav tako so opravljale gospodinjske dolžnosti. Nikoli niso sedele brez dela, ampak vedno v svojem srcu nosile podobo Krišne in na svojih ustnicah Njegova Božanska Imena. Otroci, poskušajte biti takšni kot so bile one.«

Kakršnokoli vprašanje je bilo postavljeno in ne glede na to, kdo je bil spraševalec, bodisi teist, ateist, racionalist ali antagonist, mu je Sveta Mati, ne da bi prizadela ali podcenjevala njegove ideje, nežno, mirno in ljubeče odgovorila. Nekega dne je na primer nek mladenič, ki je obiskal ašram, rekel Sveti Materi: »Sploh ne verjamem v duhovno filozofijo in duhovne mojstre. Mar ni bolje služiti človeštvu? Mnogo ljudi trpi zaradi revščine in lakote. Kaj ti tako imenovani ‹duhovneži› naredijo zanje? Ali ne zapravljajo samo svojega časa, ko sedijo v brezdelju?«

Sveta Mati je mirno odgovorila: »Sin, kar praviš, je res. Seveda je služenje človeštvu pomembno. Življenje pravega duhovnega iskalca mora biti posvečeno temu. Mati se v tem popolnoma strinja s teboj. Toda kaj je pravo služenje? Pravo služenje je nudenje pomoči brez kakršnegakoli pričakovanja. Kdo to počne? Če ima kdo idejo, da bo pomagal neki ubogi družini, je za tem brez dvoma sebični motiv. Za imenom in slavo je vedno nekdo. Mati vé, da duhovni nasvet ne bo zadovoljil lakote osebe, ki je pogreznjena v revščino. Imeti moramo sočutje in ljubezen do takšnih ljudi. Pravo sočutje in ljubezen pa prideta šele po urjenju duhovnosti. V svojem življenju moramo imeti visok ideal. Vse moramo biti pripravljeni žrtvovati, da bomo podprli ta ideal. To je pristna duhovnost. Preprosto razdeljevanje hrane tudi ne bo rešilo problemov lačnih. Spet jih bo doletelo pomanjkanje hrane. Zato je najboljši način pomagati drugim zunanje in notranje, to pomeni, da jih nahranimo in hkrati ozavestimo nujnosti, da se razvijajo tudi notranje. To pa je mogoče le skozi duhovno izobrazbo. Takšno služenje bo pomagalo človeku živeti srečno in uravnoteženo življenje v vseh okoliščinah, tudi če strada. V resnici je duhovnost tista, ki nas uči, kako živeti popolno življenje v svetu. Sin, vse je odvisno od uma. Če je um miren in neprizadet bo tudi v najnižjem peklu postal bivališče sreče, če pa je vznemirjen, pa bodo celó najvišja nebesa postala mesto strahovitega trpljenja. To je tisto, kar človek dobi od duhovnosti in duhovnih mojstrov, mir in neprizadetost, brez katerih ne more živeti.«

Celó najbolj razvpit iskalec, ki je v očeh svojih staršev in bližnjih sorodnikov krut in ga sovražijo, je dragi sin Sveti Materi. Celó tak človek pravi: »Mati me najbolj ljubi. Ljubim jo bolj kot svojo lastno mater, ki me je rodila. Sem Njen otrok.« To je vtis, ki ga ustvarja Sveta Mati v srcih svojih častilcev. Celó o malopridnežu Sveta Mati pravi: »Kako dober sin je on. Zelo je nedolžen.« Ne meneč se za njihove slabe lastnosti bo hvalila njihovo dobroto, ki je v resnici morda komaj minimalna.

S svojo neposredno izkušnjo lahko spoznamo, da je Sveta Mati izvir neizčrpne duhovne energije in dinamične kreativnosti. Čeprav Sveta Mati močno skrbi tako za duhovne kot materialne potrebe svojih častilcev, še zmeraj tako kot vselej ostaja nenavezana in čista.

Da bi izrazil svojo predanost in hvaležnost, morda častilec pripomni: »O Mati, tako si sočutna do mene. Zaradi tvoje milosti imam dobre meditacije in moj um je popolnoma miren.« Nekdo drug bo rekel: »O Mati, zaradi tvojih blagoslovov so sedaj rešeni vsi moji družinski problemi in mnogo mojih najglobljih želja se je izpolnilo.« Ko Sveta Mati sliši takšne besede svojih častilcev, se včasih glasno nasmeje in odgovori: »Namah Šivaja! Kdo je Mati, ki vse blagoslavlja? Je le noro dekle, ki se potika naokrog, ker ni nikogar, ki bi jo odvedel v norišnico. Ničesar ne počnem. Bog počne vse, ne da bi karkoli storil.«

Ljudje, ki pridejo obiskat Sveto Mater, so zelo različni. Nekateri postavljajo vprašanja o Kundalini jogi (tehnikah, ki prebujajo kačjo silo), medtem ko bi drugi radi kaj izvedeli o Nirvikalpa samadhiju, trajnem stanju v najvišjem Jazu. Naslednji se morda pritožuje zaradi slabega zdravja. Nekateri starši pridejo in se jočejo rekoč, da je njihov edini sin povsem zavêden in počne vse vrste pregrešnih dejanj ter prosijo Mater, naj ga reši. Nekateri mladi ljudje se pritožujejo, da še vedno, čeprav je že dolgo tega, odkar so končali svoj študij, ne morejo najti službe. Pravijo: »Prosim Mati, blagoslovi me, da bom dobil službo.« Možje prihajajo rekoč, da je njihova žena nezvesta. Žene pravijo, da jih mož ne ljubi. So tudi ljudje, ki molijo k Materi, da naj kaznuje njihovega soseda ali ki ji povedo, da njihova krava ne daje dovolj mleka ali da kokosova palma na njihovem dvorišču ne obrodi obilice kokosovih orehov. Nekateri iščejo njene blagoslove, da bodo naredili izpite, medtem ko drugi pridejo z neozdravljivo boleznijo. Nekateri starši so popolnoma iz sebe, ker njihov sin kaže nagnjenje, da bo začel živeti življenje odpovedi. Malo jih je, ki po tem, ko so srečali Sveto Mater, postanejo resni duhovni praktikanti in ki pridejo iskat njeno neposredno vodstvo, da bi napredovali s svojo sadhano. Na ta način lahko vidimo ves svet, ki prihaja iskat njene blagoslove. Sveta Mati nikogar ne zavrne. Z vsakim od njih ravna enako, mu dá isto količino ljubezni in naklonjenosti in ga poučuje skladno z njegovo mentalno zrelostjo in potrebo. Ne posluša le njihovih problemov, temveč tudi izpolni vse želje.

Sveta Mati vsako jutro okrog devetih pride na srečanje s častilci, ki v velikem številu pridejo k njej po daršan. Ko vsakogar pokliče k sebi, jih pozorno posluša o njihovih težavah. Sveta Mati pravi: »Otroci, ničesar ne potrebujem od vas, razen vaše breme žalosti. Mati je tukaj, da si ga naprti na svoje rame.« Sedi, dokler ne sprejme in potolaži vseh. Skoraj vsak dan konča daršan šele ob dveh ali treh popoldan. Ko se vrne v sobo, pregleda vso pošto ali poučuje prebivalce. Zaposlena je z dajanjem nujnih nasvetov o vodenju administracije ašrama. Celó med jedjo koga poučuje ali prebira kakšno pismo. Pogosto pokliče kakšno družino ali posameznika, ki je prepozno prišel na daršan. Če je dan Bhava Daršana, zopet pride okrog petih popoldne in vodi duhovno prepevanje. Po prepevanju se prične Bhava Daršan, ki lahko traja do treh ali štirih zjutraj naslednjega dne. Vse dotlej Sveta Mati sedi v templju , kjer častilce enega za drugim sprejema in posluša o njihovih problemih, bodisi duhovnih ali posvetnih. Ne le, da jih posluša, temveč tudi rešuje njihove probleme, že s samim dotikom, pogledom ali skozi čisto sankalpo (namero). Sveta Mati Amritanandamayi je edinstven pojav celó v tej sveti deželi Indiji. Ko prevzame Bhavo Adi Parašakti (Božanska Mati) Prvotne Najvišje Energije, neprestano, z vsakim svojim dihom služi Gospodovemu Stvarstvu. V duhovni zgodovini Indije je v svoji brezmejni manifestaciji Milosti in Sočutja do blodečega človeštva brez primere. Naj njeno božansko življenje služi kot zvezda vodnica za vse tiste, ki si prizadevajo uresničiti Najvišji Mir in Blaženost Samouresničitve.

Om Namah Šivaja

www.ingramcontent.com/pod-product-compliance
Lightning Source LLC
LaVergne TN
LVHW051550080426
835510LV00020B/2935